Nous autres,
gens des rues

Du même auteur

Ville marxiste, terre de mission
Cerf, 1957

Alcide
Seuil 1968
Coll. «Livre de Vie», 1980

La joie de croire
Seuil, 1968

Communautés selon l'Évangile
Seuil, 1973

Madeleine Delbrêl

Nous autres, gens des rues

textes missionnaires

introduction de Jacques Loew
postface de Louis Augros

Éditions du Seuil

Nihil obstat : Paris, le 28 août 1966
H. Leclère p.s.s.

Imprimatur : Paris, le 9 septembre 1966
J. Hottot, v.g.

ISBN 2-02-000558-1
(ISBN 2-02-003109-4 1re publication)

C'est au Père Jean Gueguen, o.m.i., que Madeleine Delbrêl avait demandé que soient soumis ses papiers après sa mort. C'est à lui que nous devons en grande partie le collationnement et le regroupement des textes qu'elle a laissés.

Avec le Père Loew et l'équipe de Madeleine Delbrêl, il a choisi, au milieu de beaucoup d'autres, ceux que nous éditons ici.

Ces textes n'avaient pas été écrits dans l'intention d'une publication : ce sont des notes de conférences, des essais de réponse à des questions posées, des notations, des réflexions personnelles. De ce fait, certaines constantes de la pensée de Madeleine Delbrêl peuvent donner l'impression de redites : celles-ci ne font en réalité que nous indiquer les thèmes qui lui étaient essentiels.

En tête de chacune des cinq parties de ce volume, après avoir rappelé en exergue la dominante de la pensée et de l'action de Madeleine durant cette période, nous indiquons, dans une brève chronologie, certains événements de la vie de l'Église qui purent susciter plus particulièrement sa réflexion et nous notons également ce que fut sa vie pendant cette même période.

Enfin une table analytique, à la fin du volume, permettra au lecteur de retrouver, sur chaque thème essentiel, les textes qui s'y rapportent.

Introduction

Si *introduction* signifie « conduire quelqu'un à l'intérieur », ce mot a ici son plein sens : car ce n'est ni à une vie de Madeleine Delbrêl, ni à un commentaire de ses textes que ces pages préliminaires sont destinées. Elles sont véritablement, au service du lecteur, une introduction : en jalonnant l'itinéraire humain, spirituel, apostolique de cette femme préparée par Dieu durant trente ans pour nous faire vivre l'après-concile, elles veulent faire naître et faciliter la rencontre avec elle.

De Madeleine Delbrêl ses meilleurs amis ne connaissent que des fragments de sa pensée [1] ou des morceaux de sa vie. Or, il y a chez Madeleine une logique du développement apostolique liée au développement interne de sa vie. Éclairer l'un par l'autre fera mieux comprendre l'actualité de ce message, en même temps que nous serons vivifiés au contact de cette missionnaire de type nouveau.

1. PORTRAIT ET VIE

Présenter quelqu'un semble facile : il suffit d'ouvrir la porte, de dire quelques mots et de se retirer ensuite, laissant chacun en tête à tête avec l'auteur. Mais avec Madeleine Delbrêl, c'est sans doute plus difficile.

Elle échappe à tout portrait-robot, à toute catégorie où l'on prétendrait l'enfermer : « Son originalité si riche, une fois mise au service de l'originalité inventive de Dieu et s'en nourrissant,

1. On trouvera p. 303 la liste des ouvrages et articles de Madeleine Delbrêl déjà publiés.

faisait d'elle un être extraordinairement unique [1]. » C'est pourquoi, bien que beaucoup d'entre nous aient dans le cœur plus de vingt ans de souvenirs et de rencontres, ce serait une trahison de Dieu et de Madeleine — de la grâce et de l'amitié — que de ne pas citer les témoignages, multiples et un, de ses amis; et ce faisant il ne s'agit pas d'accumuler les éloges mais simplement d'introduire à sa rencontre.

Ce portrait presque impossible de Madeleine nous est cependant donné, et avec une étonnante fidélité, grâce à la double intuition de femme et de Polonaise de Krystyna W. :

« Vue de loin, c'est une silhouette mince, agile, frêle, mais dont l'allure même, ainsi que tous les gestes, portent une marque d'énergie et de décision. On croirait un ancien combattant chez lequel le réflexe d'être toujours prêt à agir selon les ordres reçus a laissé des traces ineffaçables.

« On s'approche et voilà d'abord les yeux : grands, lumineux, couleur marron-jaune, qui vous regardent avec une attention vigilante. La bouche sourit doucement, timidement parfois, l'ensemble crée un climat de calme, de force, de gaieté.

Même si vous n'en aviez pas envie jusqu'à ce moment, un entretien, une conversation éclot, dans le sens profond, étymologique de ces mots.

« Si vous êtes un pur intellectuel, si vous tenez à l'échange des idées, vous êtes ravi de trouver une pensée riche, profonde, précise, qui surgit sous un front haut, dont la peau délicate laisse voir un réseau de veines bleuâtres.

« Si vous n'êtes pas capable de parler, ou si vous n'en avez pas besoin, tout peut se borner à une poignée de main, à un regard profond.

« Mais si, se laissant entraîner par son expression, vous prenez enfin l'immense risque de laisser entrevoir un peu de votre joie ou de votre peine, voilà tout le visage qui s'anime, comme si le vent faisait frémir la surface transparente de l'eau : les expressions de compassion, de compréhension authentique, de souffrance réellement subie, permettent de voir, comme par une porte entrouverte, l'immense route qui a dû être faite pour parvenir à une telle rencontre.

« Si vous êtes un misérable, un blessé, un mutilé, si vous avez subi l'injustice, les pupilles s'agrandissent, les yeux devien-

1. Lettre de N.C.

nent bleu foncé, presque noirs, tout le corps se rétrécit comme pour se mettre en marche, agir, défendre.

« Et c'est alors qu'agissent parfois aussi les mains : minces, délicates, sensibles, intelligentes, qui savent donner une étreinte de bon copain, de camarade de travail ou d'action, mais aussi prendre votre tête dans un geste de tendresse dont le secret vous semblait réservé seulement aux mères.

« Et qui que vous soyez : enfant ou adulte, homme ou femme, vous vous trouverez dans ce fragile abri, près de ce cœur, pour une minuscule seconde d'éternité, où « il n'y aura plus de pleurs », comme un tout-petit, soulagé et ébloui par le pur soleil de l'enfance retrouvée.

« Et en s'éloignant — car il le faut, un jour — vous vous rendrez peut-être compte, douloureusement humilié, qu'il y a en tout homme, toujours, la possibilité de passer outre à une si grande richesse, seulement à cause de ce qu'elle demeure dans ce tout petit rien du tout qu'est le corps d'une femme vieillissante.

« Et, à ce moment d'adieu qui, aux yeux des personnes sérieuses, paraît si grave, puisqu'il est déchirant, vous serez peut-être surpris encore une fois par le charme imprévu de l'expression toute joyeuse du visage et du geste décidé avec lequel elle se détournera de vous, pour poursuivre ce qu'elle trouvera dès maintenant le plus important.

« Et il faut y consentir car c'est vraiment la plus importante action du monde, et vous en avez déjà l'expérience : creuser avec une pelle d'enfant des trous dans le sable desséché du grand désert de la misère humaine pour faire jaillir des sources qui ne s'épuisent pas : métier d'Espérance. »

La dernière image de ce portrait, les sources d'espérance jaillissant de ces trous dans le sable sec, rejoint les ondes d'un autre témoignage :

« Mes souvenirs de Madeleine, ce sont des faits, en eux-mêmes ni plus ni moins significatifs ou importants que d'autres faits qui lui sont étrangers. Ce que ces faits ont d'important, c'est l'onde qu'ils ont déterminée et qui n'a jamais fini de se propager. Mais comment en parler? Comment rendre compte d'une onde [1]? »

Madeleine, si énergique par ailleurs, était toute sensibilité.

1. Témoignage de A.H.

L'impassibilité était à l'opposé de son être, mais en s'identifiant à l'incertitude des événements et à l'instabilité des êtres, elle faisait surgir « paix, confiance, courage ». Elle faisait de l'éternel avec le temps.

« Que de fois je pense à cet être unique qu'était Madeleine; dans ce désert qu'est le monde, des êtres comme elle donnent à leurs amis la force missionnaire pour continuer. Je crois que ce qui les caractérise, c'est *l'intelligence d'amour*. On trouvait en elle ce qu'on trouve si rarement : donner à chacun la forme d'amour suivant ce qu'il est, suivant « sa faim », c'est évidemment une grâce, et quelle grâce! que d'avoir cette intuition des cœurs [1]. »

« Madeleine est le seul être au monde qui m'ait aimé en espérance. Elle a deviné mon vrai moi, défiguré pour tous, inconnu de lui-même, haï de lui-même, enchaîné, inconscient dans ces prisons dont j'arrive après dix ans et avec son appui à me libérer. Grâce à elle, j'ai existé pour un de mes semblables avant d'exister dans ma conscience, alors que tous les autres ne pouvaient que m'ignorer... S'il n'y a pas de plus grand amour que de donner sa vie pour ceux que l'on aime, comment situer celui qui rend la vie à qui l'a perdue, qui la donne à qui ne l'a jamais connue [2]? »

Dons naturels, richesses de la grâce, oui, mais aussi une humble honnêteté d'un artisan de l'intelligence et du cœur.

« Elle parlait pour dire quelque chose à quelqu'un, apportant une préparation minutieuse à ses écrits et ses interventions. Elle travaillait « sur mesure », disait-elle. Elle aimait sur mesure. Il faudrait parler de ses inventions du cœur, des trouvailles de son amitié dont elle avait le secret. Madeleine savait donner à tous autant d'attention, de temps et d'amour : aux plus pauvres comme aux moins pauvres. Une « petite affaire personnelle » la mobilisait autant qu'une « affaire officielle et publique ». De près, de loin, on venait la voir; au plan international, elle nouait des amitiés et assurait une importante correspondance [3]. »

Mais nous avons de Madeleine, de son attention vivante et mouvante aux plus humbles choses par un rejaillissement

1. Lettre de N.D. — 2. Lettre d'un ami.

3. J.P. Guérend, article du *Journal de la Paix*, *Pax Christi*, déc. 1964.

logique de ses plus hautes convictions, un autre portrait, écrit de sa propre main lorsqu'elle dit de sainte Thérèse de l'Enfant-Jésus :

« *Peut-être Thérèse de Lisieux, patronne de toutes les missions, fut-elle désignée pour vivre au début de ce siècle un destin où le temps était réduit au minimum, les actes ramenés au minuscule, l'héroïsme indiscernable aux yeux qui le regardaient, la mission ramenée à quelques mètres carrés, afin de nous enseigner que certaines efficacités échappent aux mesures d'horloge, que la visibilité des actes ne les recouvre pas toujours, qu'aux missions en étendue allaient se joindre des missions en épaisseur au fond des masses humaines, en profondeur, là où l'esprit de l'homme interroge le monde et oscille entre le mystère d'un Dieu qui le veut petit et dépouillé, ou le mystère du monde qui le veut puissant et grand. Elle prouve à elle seule que les consolidations missionnaires près du marxisme ne sont pas des étayages, un renforcement artificiel, mais une reprise de forces vitales là même où l'on voudra miner la foi* [1]. »

Madeleine était un être extraordinairement original mais c'était tout le contraire d'une excentrique. Les déracinements de son enfance, des circonstances familiales douloureuses, une soif de vie « où l'âme, l'esprit, le cœur, le corps, la sensibilité, l'imagination étaient emmêlés avec ce que cela a d'inconfortable pour notre logique [2] », auraient pu l'y prédisposer; mais tout en elle s'était unifié sous une double mouvance, celle d'une nature trop riche pour accepter de laisser tomber la moindre parcelle d'être et celle de la grâce dont le propre est aussi de ne négliger aucun iota ni aucune cédille. Madeleine a toujours voulu et su tout intégrer. Là encore, à la façon de sainte Thérèse de l'Enfant-Jésus, elle « choisit tout ».

Gasconne, — elle aimait à le redire et se servait de son origine comme d'un bouclier ou d'un étendard lorsque, intimidée, elle devait affronter un nombreux public — elle était née en 1904 à Mussidan, en Dordogne, dans la maison de ses grands-parents maternels. Contiguë, se trouvait la petite fabrique « Cier-

1. *Ville marxiste*, p. 148. — 2. Souvenirs de M.M.C.

ges, cires, bougies » qu'avait créée en 1869 son grand-père De ce côté l'ambiance était traditionnelle et affectueuse : Madeleine reviendra souvent pendant son enfance auprès de sa grand-mère, entretenant, dès qu'elle saura écrire, une correspondance suivie avec elle. Son père était cheminot, — autre titre que Madeleine revendiquait volontiers. Originaire du Lot, son ascendance était diverse et colorée, « faite de tout ». Outre un aïeul conventionnel, Pierre Delbrêl (1764-1846), Madeleine avait un grand-père ouvrier chaudronnier, c'est-à-dire martelant le cuivre, et une grand-mère qui, après un stage à l'Assistance publique de Paris, avait été nommée sage-femme à l'Hospice de Périgueux. Ce n'était pas si fréquent à l'époque.

Au fil de l'avancement, M. Delbrêl fut muté de Lorient à Nantes, puis à Bordeaux, Châteauroux et enfin en 1913, Montluçon. Ces résidences successives, jointes à la santé fragile de l'enfant, ne sont guère favorables à une instruction suivie : Madeleine fera ses classes par leçons particulières, « de façon quelque peu anarchique », dira-t-elle. Il en est de même au plan religieux; elle est formée non dans sa famille où l'on était très indifférent, mais également en leçons particulières. A Châteauroux, puis à Montluçon, elle rencontre des prêtres qui savent éveiller en elle une foi simple et profonde. Ils la préparent à sa première communion qu'elle fit à douze ans et qui fut très fervente.

Mais Madeleine, très vite soumise à d'autres influences, ne devait pas rester croyante. En 1916, M. Delbrêl fut nommé à Paris, et les amis qui fréquentaient chez lui, les professeurs qu'il choisit à sa fille exercèrent sur elle une emprise intellectuelle nouvelle et très forte.

Ce n'était pas un homme ordinaire que M. Delbrêl : cheminot passionné, excellent organisateur, patriote ardent, il était aussi ami des lettres et poète à ses heures. Madeleine fut sensible aux discussions brillantes de ce milieu cultivé, plus ou moins agnostique, qui salue et encourage les premiers poèmes qu'enfant « prodige », puis adolescente, elle est invitée à déclamer. Très particulièrement elle fut influencée, semble-t-il, par un grand ami de ses parents, le docteur Armaingaud qui, « disciple de Littré, athée convaincu, se disant légat de Montaigne sur la planète [1] » se plut à façonner sa vive intelligence.

1. *La Vie intellectuelle*, août-sept. 1956, p. 15.

« *Si des gens exceptionnels m'avaient donné, de sept à douze ans l'enseignement de la foi, d'autres gens non moins exceptionnels me donnèrent ensuite une formation contradictoire. A quinze ans j'étais strictement athée et je trouvais chaque jour le monde plus absurde* [1]. »

Une amie d'adolescence, devenue par la suite (et par quels détours!) religieuse, rappelle ces années :

« Madeleine était alors une adolescente lyrique et grave, sans la finesse d'humour qu'elle montrera par la suite.

« La poésie nous ayant réunies, ce fut sous le signe de l'art que nous aimions alors à nous retrouver : visites dans les musées, discussions sur les livres, promenades au Luxembourg. Pas plus elle que moi (toujours malade) ne suivions un enseignement régulier, ce qui nous laissait pas mal de temps pour « découvrir » ensemble. La foi était absente de notre vie.

« Vers 1920, nous suivions ensemble les cours de philo de Léon Brunschvicg à la Sorbonne. Sortant un jour, la tête farcie de thèse et d'antithèse, nous remontions le boulevard Saint-Michel en échangeant nos impressions — et il y en avait! — et il en ressortit une grande décision, bien en accord avec le printemps qui fleurissait le carrefour Médicis, les arbres verdoyants du Luxembourg, sous un soleil éblouissant : celle de *rester toujours jeunes* quoi qu'il arrive, quoique les années passent... *Être jeunes*, voilà notre vocation... Elle a tenu parole.

« Vers 1922, ce fut ensuite la saison des bals pour l'une et pour l'autre. D'autres soucis et d'autres goûts terrestres habitaient nos cœurs. Je me souviens d'une grande soirée chez les Delbrêl pour les dix-neuf ans de Madeleine. Elle était vêtue à la grecque, ce qui mettait en valeur son profil de camée. Elle était surtout épanouie par la joie d'être fiancée officieusement à un grand garçon brun qui ressemblait à Lacordaire. La ressemblance allait plus loin; tout en dansant avec moi, il me demanda ce que je pensais du thomisme : et moi, ignorante de la scolastique et plus ouverte aux religions asiatiques, je pensais qu'il faisait allusion à quelque philosophie chinoise... Heureusement le rythme de la danse dissimula ma confusion [2]. »

Mais, pour Madeleine, ces années étaient bien autre chose que simple ignorance du thomisme ou plaisir de la danse. Littéralement elle se débat autour des deux mots : « mort »

1. « La leçon d'Ivry », p. 283. — 2. Souvenirs de M.M.C.

et « absurde ». Lorsque plus tard elle définira la jeunesse comme « l'aptitude maxima pour démasquer l'absurde [1] », elle décrira exactement le combat de ses dix-sept à vingt ans. D'un côté, « Dieu au XXe siècle était absurde, incompatible avec une raison saine, il était intolérable parce que inclassable [2] » : Dieu est mort. D'autre part, Madeleine, sous l'influence de son milieu rationaliste, avait cru « à l'Intelligence avec un grand I », mais voilà que « le monde et l'histoire de notre monde se révélaient comme la plus sinistre farce qu'on puisse imaginer [3] » : la science suprême de l'homme est qu'il sait qu'il meurt. Et, comble de l'absurde, c'est une parole du Christ qui poussait jusqu'au bout l'angoisse née de l'absurde : « Que sert à l'homme de gagner tout l'univers s'il vient à perdre son âme? » :

« *A ce moment-là, j'aurais donné tout l'univers pour savoir ce que j'y faisais* [4]. »

Un fait déclencha le mécanisme de sa réflexion :

« *La rencontre de plusieurs chrétiens, ni plus vieux, ni plus bêtes, ni plus idéalisés que moi, c'est-à-dire qu'ils vivaient la même vie que moi, discutaient autant que moi, dansaient autant que moi. Ils avaient même à leur actif plusieurs supériorités : ils travaillaient plus que moi; avaient une formation scientifique et technique que je n'avais pas; des convictions politiques que je n'avais pas et ne pratiquais pas* [5]. »

A les rencontrer « elle ne pouvait pas laisser Dieu dans l'absurde » :

« *A vingt ans* (*nous sommes en 1924*) *une conversion violente suivit une recherche religieuse raisonnable* [6]. »

Sur ce que fut cette recherche, nous savons peu de chose. Les poèmes de cette période — 1922 à 1925 — permettent de pressentir l'évolution de Madeleine qui s'inscrit dans les titres eux-mêmes.

1. Causeries à des étudiants de l'Enseignement supérieur technique, 1960, texte inédit.
2. *Ville marxiste*, p. 224. — 3. *Ibid.*, p. 223.
4. Causerie à des étudiants, 1960. — 5. *Ville marxiste*, p. 224.
6. « La leçon d'Ivry », p. 283.

GEL[1]

... Ma gaieté jettera ses mots, riches et faux
Sur le passage lent des heures solennelles

... Alors sous le manteau d'un bonheur irréel,
Portant le bouquet mort des corolles flétries
Et les pesants bijoux des fontaines taries,
Je cacherai mon cœur sous un masque de gel.

LA ROUTE[2]

... La route n'est pas la lumière,
Elle est l'espoir de la clarté;
Elle n'est pas flamme première,
Mais promesse de vérité

Elle est le terme de l'attente
Et l'éternité de l'effort :
Le but de la route montante
Est le passage de la mort.

RÉSURRECTION[3]

O Christ, le dernier doute avait percé ton flanc...
... Il me disait « Je suis le pasteur des troupeaux
Qui n'ont pas de bergers et tremblent sur la plaine..

... Je t'apprendrai les mots qui blessent le néant,
Et morceau d'infini que roule un océan,
Tu participeras au flux montant de l'Être. »

... Il a franchi mon seuil, s'est assis à ma table,
Et je l'ai reconnu quand il rompit le pain.

Pour savoir ce que fut pour Madeleine l'itinéraire de sa rencontre de Dieu, il faut surtout relire les quatre dernières pages de son livre *Ville marxiste, terre de mission* :

« *Si je voulais être sincère, Dieu n'étant plus rigoureusement impossible ne devait pas être traité comme sûrement inexistant.*

1. *La Route*, p. 35. — 2. *La Route*, p. 1. — 3. *La Route*, p. 133.

Je choisis ce qui me paraissait le mieux traduire mon changement de perspective : je décidai de prier (...) Depuis, lisant et réfléchissant, j'ai trouvé Dieu, mais en priant, j'ai cru *que Dieu me trouvait et qu'il est la réalité vivante, et qu'on peut l'aimer comme on aime une personne* [1]. »

De cette recherche, Madeleine gardera existentiellement le sens du *don* de la foi, la certitude d'un trésor extraordinaire et absolument gratuit. Autant que les athées, elle voudra éveiller à ce don les chrétiens trop habitués à la foi, « cloîtrés dans leur certitude de Dieu, et sans surprise en face de gens totalement habitués à la disparition de Dieu ». Mais cet éveil ne peut se faire qu'en criant que la foi n'est pas un dû, que Dieu n'est pas notre propriété ni notre capital personnel, qu'il n'est pas le Dieu de « certains hommes seulement », mais qu'il est un « bonheur prodigieux et bouleversant » reçu de Dieu qui a aimé le monde, qui a aimé les hommes d'un amour premier et gratuit.

Madeleine ne cessera, de vingt à soixante ans, d'être une convertie, une « éblouie de Dieu », sa « force majeure sera la passion de Dieu, qui nous fait quitter sans même nous en apercevoir les routes dangereuses [2] ». Mais, pour aimer avec passion la lumière de Dieu, il faut avoir non moins passionnément approfondi l'absurde et la ténèbre d'un Dieu vraiment mort. Dans cette perspective, l'un des pôles de la vie de Madeleine, le préambule et le secret ressort de son action missionnaire, naîtra de l'extraordinaire négation de ses dix-sept ans : *Dieu est mort, vive la mort* [3].

Le passage de la lumière de l'enfant pieuse de douze ans au « nulle part », au « rien du tout » de la liquidation de Dieu quatre ans plus tard, c'est déjà la gestation de la compréhension tendre et désolée de l'incroyant qu'elle manifestera par la suite.

Mais une autre réalité va marquer aussi la vie de Madeleine : on voudrait n'en point parler, car elle-même était d'une discrétion absolue à ce sujet, mais tout un pan de sa vie profonde serait inexplicable si quelques lumières n'éclairaient ce qui fut trente années d'une épreuve sans fin et sans limites, toujours rejaillissante dans l'imprévu.

Vers 1924, à cinquante-quatre ans, M. Delbrêl perd la vue. Cette épreuve aggrave chez lui des difficultés de caractère déjà

1. *Ville marxiste*, p. 225. — 2. « Lumière et ténèbres », p. 210.
3. Voir ce texte dans ce volume, p. 53.

grandes. Il commence peu à peu à mener une vie anarchique en marge de sa femme et de sa fille, mais pesant sur elles de tout le poids de ses excentricités. Il mêle à un amour exclusif de Madeleine une sorte d'hostilité maladive. Jusqu'à la mort de ses parents, survenue à quelques mois de distance en 1955, Madeleine connaîtra dans son cœur et son esprit le déchirement le plus total : Krystyna ne s'était pas trompée quand elle parlait, à propos des capacités de l'accueil de Madeleine « de l'immense route qui avait dû être faite pour parvenir à une telle rencontre » : la faculté de compassion de Madeleine a vraiment été le fruit de la Croix, et beaucoup plus crucifiante que nous ne pouvons dire ici et imaginer.

Convertie, Madeleine pense entrer au Carmel. Puis elle y renonce à cause de la vie si douloureuse de sa mère qui, pourtant, avait accepté ce sacrifice. En 1927, après des jours de réflexion, de prière et d'épreuve, Madeleine est certaine de faire la volonté de Dieu en restant à travailler pour lui dans le monde. C'est donc en pleine vie laïque qu'elle s'orientera. Vers cette époque aussi, Madeleine fait du scoutisme : des réunions de cheftaines s'organisent avec l'abbé Lorenzo, leur aumônier, autour de l'Évangile. Ce qu'elle a reçu de lui, Madeleine le dira elle-même à la mort du Père [1] :

« *Combien parmi nous furent bouleversés de fond en comble par ce qu'il aimait lui-même à appeler la* « *metanoia* », *ce retournement, cette conversion par l'irruption de la Parole du Seigneur dans leur vie, d'une Parole qui s'adressait à eux-mêmes, le jour même.*

Le Seigneur Jésus tellement vivant qu'il pouvait parler, qu'il pouvait leur parler, appeler chacun d'eux, demander, exiger, conseiller, entraîner. Le Père Lorenzo ne parlait pas du Seigneur, il disait : « *Le Seigneur dit ceci; le Seigneur demande cela; le Seigneur ne veut pas ceci; le Seigneur te veut comme cela.* »

« *Et le Père ne le disait pas avec des mots à lui. Non, on entendait :* « *Le Seigneur te dit ceci; Il t'appelle comme il t'a toujours appelé.* » *Et puis :* « *Regarde le Seigneur dans ses paroles, il te dit lui-même comme il est, il te dit ce qu'il est, regarde.* »

L'annonce de l'évangile ne cessera d'accompagner partout Madeleine. Libre à l'égard de tout, un chrétien n'est cependant

1. « Le Père Lorenzo, Une voix qui criait l'Évangile. »

pas libre à l'égard de l'Évangile. Aux heures où elle connaîtra la tentation du marxisme, comme plus tard lors des événements missionnaires de 1955 à 1960, Madeleine donnera aux paroles du Seigneur leur valeur d'absolu : le « Et moi je vous dis » de Jésus est le « minimum vital » au-dessous duquel on ne peut plus être appelé chrétien. Et son amour sans condition du prochain n'aura pas d'autre source.

« *Le chrétien est un captif.*

« Captif *d'une vie : la vie du Christ. Il n'est pas le propagandiste d'une idée mais le membre d'un corps qui vit et qui veut croître.*

« Captif *d'une pensée : il n'est pas un libre penseur, ni le propagandiste d'une idée, mais la voix d'un autre : « la voix de son Maître ».*

« Captif *d'un élan : d'un désir à taille de Dieu, qui veut sauver ce qui est perdu, guérir ce qui est malade, unir ce qui est séparé, perpétuellement et universellement.*

« *Être chrétien, c'est être captif d'un état de fait, captif de dimensions qui en tout ne sont plus les nôtres, captif, si je puis dire, d'une liberté qui a choisi d'avance pour nous.*

« *C'est dans cette captivité que le missionnaire doit annoncer le Christ qu'il vit, annoncer un message qu'il a reçu et qu'il ne doit pas modifier, transmettre un salut qui ne vient pas de lui et qui a la taille du monde entier. Ce Christ qu'il vit, il ne peut pas le modifier. Il en est captif. Ce message, il ne peut pas le rectifier. Il en est captif. Ce salut, il ne peut pas le restreindre. Il en est captif*[1]. »

De cette fréquentation de l'Évangile devait sortir l'orientation majeure de la vie de Madeleine : « Vivre cet Évangile librement et publiquement en plein monde. »

Dès 1931, avec l'appui sacerdotal de ce « passionné de l'Évangile » qu'était le Père Lorenzo, Madeleine prépare dans la prière son départ à Ivry, avant de le réaliser avec deux coéquipières en octobre 1933. En même temps, elle achève ses études d'assistante sociale « à tout hasard ». Mais le service social ne fut jamais pour elle l'essentiel. Ce ne fut qu'un élément d'une vie qui voulait « suivre le Christ dans une disponibilité sans conditions aux tâches mêmes de l'Évangile ».

1. « Mission et missions », note personnelle inédite.

Un petit groupe s'était joint à elle qui voulait comme elle, tout en restant laïque, essayer de vivre ces exigences dans des métiers divers : « petite cellule d'Église née dans notre temps, à l'aise dans ce temps ».

La grande richesse de Madeleine jaillit de sa libre obéissance à cette vocation. Cette vie d'équipe, elle l'a vécue pendant trente ans, « sans secret ni rien à cacher », « sans autre commandement que celui de la Charité ». A Ivry sa maison était une vraie maison de famille où pouvaient se rencontrer des gens très divers, appartenant aux milieux et aux idéologies les plus variés. Chacun se sentait là « chez soi », parce qu'il était compris pour ce qu'il était et parce qu'il y trouvait une atmosphère de partage.

Quand, à vingt-neuf ans, Madeleine arrive à Ivry, elle franchit le seuil de la première ville communiste et comme le haut lieu du marxisme en France. Durant treize ans, de 1933 à 1946, Madeleine a déployé une grande activité dans le service social, service privé d'abord, service public ensuite.

C'est bien à contrecœur que, dès les premiers mois, elle s'était trouvée annexée par l'animation des œuvres paroissiales; mais c'est pourtant à travers elles que prit corps, dans sa propre chair, la rencontre de l'Église et des hommes incroyants, de l'Église et de la Ville. Cette rencontre si importante, elle nous la décrit elle-même :

En 1933, date de mon arrivée à Ivry, l'Église et la Ville étaient en plein antagonisme d'agression. Les chrétiens subissaient une réelle oppression publique de la part de la municipalité. Dans les rues, ils recevaient les injures des jeunes, et les prêtres des volées de pierres. Dans les fêtes officielles, l'organisation des « Sans Dieu » faisait une propagande tapageuse. Les chrétiens répondaient par la guerre froide : excommunication pratique de certains commerçants, cloisonnement des professions libérales, repliement sur soi entre gens de même foi. Dans les H.B.M., dans les écoles, les enfants se battaient.

« En 1935, Maurice Thorez prend l'initiative de la « main tendue ». A Ivry, la première de ses manifestations est l'apposition, sur les murs de la ville, d'affiches invitant toutes les organisations, quelles que soient leurs idéologies, à participer à une réunion pour la constitution d'un comité d'entraide aux chômeurs. Ils étaient des milliers à cette époque.

« L'abbé Lorenzo, curé d'Ivry-Centre, prend alors l'initiative, en accord avec les autres curés d'Ivry, d'inviter à cette réunion

un représentant de chaque organisation catholique et d'y aller lui-même. Une quarantaine de chrétiens étaient là.

« *Ce comité fit un énorme travail pratique. Ce n'est qu'avec du recul que je devais mesurer le fait beaucoup plus énorme qu'il était en réalité : la rencontre de l'Église avec les hommes incroyants* dans *la ville* [1]. »

De ce travail, Madeleine prend sa lourde part, plus encore lorsque, à la déclaration de guerre, en septembre 1939, elle est mobilisée avec ses compagnes dans les services sociaux officiels.

Dès le début des hostilités, le gouvernement avait remplacé les municipalités communistes par des délégations nommées par la Préfecture. Pourtant, à l'intérieur même de la mairie, les chefs de service, les employés restaient les mêmes. Madeleine, malgré la méfiance qu'une telle situation pouvait entraîner, sut créer dans les services où elle travaillait une atmosphère de franche collaboration et de mutuelle confiance.

Simultanément elle assume la responsabilité confiée par la Préfecture de « déléguée technique », c'est-à-dire de liaison avec tous les services sociaux, les œuvres, etc. du canton d'Ivry; la création, en tant que déléguée du Secours national, d'œuvres d'urgence nécessitées par la guerre (cantines, vestiaires, sessions pour assistantes sociales, orientation et formation d'aides sociales dont le besoin se faisait grandement sentir). Pour les assistantes, elle écrivait une brochure et un livre qui sont restés pour beaucoup un livre de chevet [2]. C'est aussi l'aide aux familles de prisonniers — celle plus difficile encore et plus secrète d'aide aux victimes de l'occupation; c'est encore la création d'œuvres types telles que la Maison de la Mère, l'aide aux vieillards, les groupements de jeunes.

A la Libération, Madeleine garde à la mairie rendue aux communistes les fonctions sociales qu'elle y avait précédemment. Lorsque le 25 août 1944 survint le deuxième bombardement d'Ivry, un Comité se crée dans le style de celui des chômeurs avec une large participation chrétienne. Ce fut, dit-elle : « une nouvelle rencontre « libre » de l'Église et des hommes *dans* la ville. Elle durera plusieurs mois... »

Dans toutes les circonstances, qu'il s'agisse d'une cantine ou d'un vestiaire, d'un centre d'accueil de gare, d'une session

1. Note inédite.
2. *La Femme et la Maison*, 1941 et *Veillée d'Armes*, 1942.

de service social ou d'un secours d'urgence au moment des bombardements, c'est toujours à travers une organisation minutieusement préparée ou magistralement improvisée, avec une ferme autorité et en liaison avec ses chefs, souvent avec un personnel de rencontre, que tout se passait le mieux possible pour les tristes bénéficiaires de tout ce travail : pour tous, pour chacun des participants, à chacune de ces rencontres (si diverses!) elle avait une cordialité, une chaleur de contact humain, dont beaucoup ont été durablement marqués.

Quand, plus tard, elle insistera sur la nécessité pour un chrétien d'être une compétence « véritable, capable de faire quelque chose bien et à fond, alerté par les faits [1] », elle sait de quoi elle parle.

Quand elle décrira également la séduction communiste, ses attraits réels, le dévouement héroïque des militants, leur lutte sincère contre l'injustice, c'est qu'elle a vu cela et l'a vécu quotidiennement avec les plus « grands types » du Parti : et il est normal que, très honnêtement, ces mêmes hommes aient espéré « convertir » Madeleine, qu'ils savaient en accord si profond avec eux « sur le monde scandaleux où nous vivions ensemble et l'efficacité qu'exigeait la suppression de son scandale ». Ce fut pour Madeleine « sa tentation du marxisme à une époque où y succomber eût été original ».

Il y eut là, vers 1944, comme une deuxième conversion de Madeleine : certes jamais une minute elle n'avait pensé « mettre Dieu dans le marché ou lâcher le Christ même d'un cheveu [2] », mais ne pouvait-elle, en laissant leur athéisme à ses amis et en gardant elle, son Dieu, participer entièrement à la même lutte pour une même justice humaine?

Madeleine n'a jamais rien vécu en surface : ce débat de la rencontre du chrétien et du monde athée, elle n'en veut diminuer aucune dimension. Elle ne peut accepter qu'un chrétien soit étranger au monde ou « pas dans la course », ni qu'un chrétien soit tacitement complice des injustices. Mais d'un autre côté, « manquer de Dieu est pour l'homme plus que toutes les misères réunies ». C'est sa misère *propre* d'homme : manquer de nourriture est une misère qui peut être aussi celle du monde animal, mais être sans Dieu atteint ce qui est spécifiquement

1. « Athéismes et Évangélisation », p. 265.
2. Causerie à des étudiants de l'Enseignement supérieur technique, 1960, texte inédit.

humain en lui et le monde qu'il construira restera « dénaturé », « inhumain ». Ce n'est pas la violence des révolutions qui fait problème, c'est la condition même de l'homme qui est en jeu.

Madeleine dira elle-même, dans ces pages, comment elle résista à cette ultime tentation et comment elle « donna ses références : les Paroles du Christ ».

Désormais, Madeleine a vécu et possède les matériaux nécessaires pour bâtir un christianisme à la mesure de notre temps.

Volontairement nous arrêtons ici le récit de la vie de Madeleine qui désormais se déroulera tout entière à Ivry et se confondra avec sa vie missionnaire. Les événements importants qui la jalonneront se trouveront indiqués en tête de chacune des parties de ce volume.

II. UN MESSAGE POUR L'APRÈS-CONCILE

L'UN ET L'ESSENTIEL.

L'unité de la pensée de Madeleine est l'unité même de sa vie : elle qui sait que Dieu est vivant, qu'il aime et qu'il est Dieu, rencontre des hommes « sans espoir que Dieu vive, sans espoir que Dieu aime, sans espoir qu'un Dieu soit Dieu ». En venant à Ivry en 1933, « ce que je voulais c'était la liberté de vivre coude à coude avec les hommes et les femmes de toute la terre et mes voisins de temps, les années de nos mêmes calendriers et les heures de nos mêmes horloges [1] ».

Mais, chrétienne ayant découvert la qualité inexprimablement extraordinaire de l'amour que Dieu lui porte et comprenant qu'elle doit imiter cet amour vis-à-vis de Dieu lui-même et de « tout homme dont Jésus-Christ a dit qu'il faut l'aimer comme nous-même », voilà que ce coude à coude porte en lui une finalité « une intention religieuse » que Madeleine déclare « être le but premier et principal » de sa vie.

1. *Ville marxiste*, p. 17.

Quand elle se décidera à publier son livre *Ville marxiste, terre de mission* — et là encore « l'intention qui m'a amenée à écrire est uniquement religieuse » — elle fait suivre le titre de la mention « rédigé à Ivry de 1933 à 1957 » qui marque l'unité interne de sa vie, de sa pensée et de son action.

Mais unifier sa vie entre Dieu et l'Église d'une part, — « le mot Église je voudrais l'écrire à toutes les lignes autant de fois que j'écris le mot Dieu » — et d'autre part l'amour de ceux qui méprisent Dieu et l'Église est une contradiction qui paraît insurmontable : comment unifier l'affirmation et la négation? A cette quasi-impossibilité Madeleine répond par un fait : « La présence d'hommes incorruptiblement religieux et apostoliques donnant librement leur vie à ce que l'amour de Dieu exige [1]. »

Elle n'a jamais parlé de double fidélité. Pour elle, il ne pouvait être question d'une double appartenance car elle n'appartenait qu'à Dieu. Mais cette appartenance unique lui donnait une telle force d'affection, une telle capacité d'amour, à la fois spontanée et lucide, pour tous les êtres, qu'elle en devenait réellement le prochain dès l'instant où elle les rencontrait. C'est un fait, d'apparence minime, qui, un jour, avait frappé le cœur de Madeleine, toujours si attentif à recevoir des êtres et des événements ce qui pouvait lui être une parole de Dieu. Un militant, membre important du Parti, ardent dans son athéisme et, par surcroît, profondément lié à Madeleine qui l'estimait beaucoup, avait sa propre sœur religieuse cloîtrée. Tout les séparait. Cependant, à cause de leur tendresse fraternelle antécédente, jamais deux êtres ne s'étaient mieux compris : pour lui, cette religieuse était vraiment sa sœur avant d'être religieuse et, pour elle, cet homme athée était son frère avant d'être athée. Ce qui était lien de chair entre ces deux êtres, Madeleine avait su le transposer dans le lien de la grâce, qui dans le Christ et par lui, nous unit à tout homme venant en ce monde. Et parce que l'amour qui en résulte est enraciné antérieurement à toutes les divergences et plus solide qu'elles, il ne cherche pas à les atténuer dans des mimétismes trompeurs.

« *Car s'il y a des chrétiennes dont les maris ou les enfants, ou les frères ou les sœurs sont communistes, elle les aime d'un amour que Dieu fait sien. Pour les aimer, elles ne sont pas forcées*

1. *Ville marxiste*, p. 11 et 12.

de prendre une carte du Parti qui les déclarerait contre Dieu... En refusant cette carte il ne leur est pas demandé de renier leur chair, leur cœur, leur tendresse.

Depuis des années et des années j'ai refusé et je refuse la carte de mes amis, elle est l'insertion dans l'organisation vivante du marxisme, elle m'unirait localement à mes amis, mais elle m'opposerait à Dieu vitalement, par la solidarité du Parti. Depuis des années, j'ai été et je suis toujours leur amie, comme le Christ et son Église nous apprennent à l'être [1]. »

De ce centre d'unité, la vie et la pensée de Madeleine va s'étendre — se distendre — à tout ce qui est l'essentiel du marxisme, à tout ce qui est l'essentiel de la foi. Impitoyablement, chemin faisant, Madeleine élaguera le secondaire, l'accidentel, les caricatures de l'un ou de l'autre. C'est un des traits majeurs de son tempérament et de son effort : le « Manifeste du chrétien au monde athée » est tout entier bâti autour de ce thème :

« *Si vous critiquez le chrétien médiocre que nous sommes, nous n'acceptons pas la contradiction sur des définitions qui n'ont amais été celles d'un chrétien, des fantaisies ou des caricatures. Le chrétien veut ressembler au Christ. Discutez le Christ : nous acceptons la discussion* [2]. »

Et si la foi du chrétien est souvent fragile, c'est qu'elle est encombrée, mélangée d'accessoire, de facultatif qui n'est pas elle.

L'essentiel pour le chrétien est son baptême : les trois phrases du premier dialogue entre l'Église et le futur baptisé, Madeleine en a fait l'axe lumineux et inflexible de sa vie apostolique :

— *Que demandes-tu à l'Église de Dieu? — La foi.*
— *Que te procure la foi? — La vie éternelle.*
— *Si donc tu veux posséder la vie éternelle, observe les commandements : tu aimeras le Seigneur ton Dieu de tout ton cœur, de toute ton âme et de tout ton esprit, et ton prochain comme toi-même.*

Elle n'aura pas d'autres points d'appui que ceux-là : la foi, « le rien de plus et le rien de moins » de l'Évangile, l'attente de la vie éternelle, les deux commandements. Mais elle ira jusqu'au bout de leur réalisme :

1. *Ville marxiste*, p. 14.
2. « Manifeste du chrétien au monde athée », p. 195.

« *Demander et recevoir comme au jour de son baptême la foi telle que le chrétien l'a demandée et reçue, telle qu'il continue à la recevoir s'il la demande, la foi qu'il a reçue de Dieu par l'Église de Dieu.*

« *Posséder, au jour le jour, la vie éternelle en gardant les deux commandements.*

« *Enfoncé dans l'Église, devenu Jésus-Christ, Fils d'un Dieu qui est Père, frère de tous les hommes, ruisselant pour eux de la bonté dont Dieu nous aime, c'est tout cela qu'il ne faut cesser de regarder dans la foi, c'est à cela qu'il faut sans relâche obéir dans la foi, ce qui doit être comme à l'intérieur même de nos yeux quoi que nous regardions, dans notre esprit préalablement à toute réflexion, dans notre volonté avant toute décision.*

« *Nous devons en être obsédés et possédés, à la fois fascinés et saisis* [1]. »

DIEU, JÉSUS-CHRIST, L'ÉGLISE.

On l'a vu dès le début de cette introduction, Madeleine est une convertie : en avançant dans la vie, de plus en plus, elle en prend conscience et n'hésite pas à l'exprimer publiquement comme dans son tout dernier texte un mois avant sa mort :

« *J'avais été et je reste éblouie par Dieu. Il m'était, comme il me reste, impossible de mettre sur une même balance Dieu d'un côté, de l'autre tous les biens du monde, que ce soit pour moi ou pour toute l'humanité* [2]. »

Ce bonheur prodigieux et bouleversant reste aussi précieux trente ans après sa conversion qu'au premier jour, parce qu'elle réalise de plus en plus qu'il n'est ni « une idée », ni une « propriété », un « capital » dont on disposerait, mais un cadeau sans cesse renouvelé et, au sens le plus fort, un don toujours redonné. Tout la mène à cette redécouverte quotidienne, aussi bien l'incroyance des athées que l'engourdissement des chrétiens « habitués ».

Le mot qu'elle emploie souvent, « dévitalisation » de la foi, signifie cette perte du sens du divin :

« *Un monde qui a été christianisé semble se vider par le dedans, d'abord de Dieu, puis du Fils de Dieu, puis de ce que Celui-ci*

1. « La bonté », p. 151. — 2. « La leçon d'Ivry », p. 286.

communique de divin à son Église et c'est souvent la surface qui s'effondre en dernier [1]. »

Ainsi s'expliquent tant d'illusions : le christianisme semble encore tenir alors que depuis longtemps en réalité le Dieu vivant digne de ce nom était effacé.

Quant aux chrétiens engourdis, le vrai drame est qu'ils ont réduit la croyance en Dieu à une donnée naturelle, à une « naturalisation » dénaturant le surnaturel :

« *Dans cette mentalité le don gratuit de Dieu, don de connaître ce qu'il est, don d'agir comme il veut, don de la vie créée et de la vie éternelle, don de la création et don de l'Incarnation rédemptrice, est devenu une sorte de propriété innée du chrétien de souche, le bien héréditaire des familles chrétiennes* [2]. »

Comment un tel chrétien pourrait-il être missionnaire? Quand on a perdu « le sens du don de Dieu, don de sa révélation, don de sa vie, on ne peut avoir le sens de l'athée [3] ».

Il faut maintenant reprendre, mais en positif, le texte cité plus haut sur le processus de la dévitalisation de la foi pour trouver unis, liés, vivants, inséparables en l'âme de Madeleine, cette trinité source de sa joie et de sa force : Dieu, le Christ, l'Église, mais tout transfigurés par cette divine lumière dont ils sont la source.

Dieu, « c'est un Quelqu'un »; par là, Madeleine veut exprimer qu'il n'est pas une idée, mais qu'il est « vivant, efficace » : il agit, il vit, il aime... Elle emprunte cette qualification au langage populaire d'Ivry quand on parle d'un personnage, et ce mot lui-même n'est jamais prononcé sans être accompagné par une mimique expressive.

L'obscurité de la foi n'est que la suite logique de ce littéral éblouissement de tout nous-mêmes par Dieu : aveuglés par tant de lumière, nous nous laissons conduire par la foi.

« *Au sens large et réel du mot, notre vie devient une vie religieuse, une vie référée, rattachée à Dieu. (...) C'est la présence dominante, envahissante de Dieu, c'est un appel à rencontrer Dieu, et Dieu ne se rencontre que dans la solitude* [4]. »

1. « Caractéristiques d'une paroisse missionnaire », p. 180.
2. « Athéismes et Évangélisation », p. 253. — 3. *Ibid.*, p. 255.
4. « Celui qui me suit... », p. 75-76.

On ose à peine souligner de tels textes et y ajouter son mot, mais il ne faudrait pas non plus les lire trop vite. Madeleine nous livre le secret de la vie contemplative en plein monde : la solitude que les générations de moines et moniales déclarent nécessaire à qui veut trouver Dieu, Madeleine, fidèle à tout intégrer du trésor du Royaume, la veut, la cherche et la trouve en plein monde :

« *A ceux qui vivent chez les hommes, il semblerait que cette solitude soit refusée.*

« *Ce serait croire que nous précédons Dieu dans la solitude : c'est lui qui nous attend. Le trouver c'est la trouver car la vraie solitude est esprit et toutes les solitudes humaines ne sont que des acheminements relatifs vers la parfaite solitude qui est la foi.*

« *La vraie solitude ce n'est pas l'absence des hommes, c'est la présence de Dieu* [1]. »

Nulle montagne solitaire n'est plus haute.

Rencontre de Dieu, rencontre du Christ.

L'intuition que Madeleine a du tout de Dieu et du relatif de l'humain lui révèle l'extraordinaire chance qu'apporte Jésus-Christ. « Il faut se savoir perdu pour vouloir être sauvé. »

Ce Christ il est un homme, il est Dieu, il est ressuscité : ce n'est pas une légende encombrante, mais des *faits*, quoique inexplicables si la foi ne complète la raison. Sur tout cela, elle s'explique dans son *Manifeste au monde athée* [2].

Ce Christ elle l'a choisi et elle a choisi d'en être le captif :

« *Par son baptême, le chrétien a échangé sa liberté contre la liberté du Christ.*

« *Il est libre parce que le Christ est souverainement libre, mais il n'a plus le droit de choisir un état de vie qui soit autre que celui du Christ, une action qui soit autre que celle du Christ, une pensée qui soit autre que celle du Christ* [3]. »

Madeleine, par tempérament et à cause du milieu marxiste qui réprouve l'idéalisme, est une réaliste : le réalisme de la

1. « Celui qui me suit », p. 76. — 2. Cf. p. 194.
3. « Église et mission », p. 107.

foi est de vivre, comme quelqu'un qui pense que « c'est Dieu qui mène », « Dieu qui force à être autre pour aller plus loin [1] ».

« LE CHRIST EST CE QU'IL EST », écrit-elle en majuscules, il ne peut être modifié, « son message on ne peut le rectifier », ce serait un crime de « lèse-religion » et une absurdité : nous mettre à la place de Dieu.

« *Car si le Christ dans l'Évangile nous fixe un minimum vital, comment prétendrions-nous vivre si nous n'appliquons pas ce qu'il dit être nécessaire pour que nous vivions.*

« *Dans l'Évangile le Christ ne nous laisse absolument pas libres de fixer notre minimum vital, c'est lui qui le fixe.*

« *Si nous l'acceptons nous vivons, si nous ne l'acceptons pas nous ne vivons pas et il y a des quantités de passages de l'Évangile où le Seigneur prend la responsabilité de dire : « Moi je vous dis que », « On vous a dit ça, c'est vrai, mais moi j'ajoute que [2]...* »

Madeleine ne se perd pas dans le méandre des discussions d'école : « Nous ne sommes pas, par rapport à la pensée du Christ, des libres penseurs. » Et : « La Croix n'est facultative ni pour le monde ni pour nous. La Croix acceptée et la Croix prise sont la part majeure de notre travail [3] ». Elle nous rend enfants de Dieu dans le Christ. « L'Évangile est fait pour des disciples qui veulent obéir. »

Mais cette obéissance donne à Madeleine ce réalisme et cette vigueur mais aussi cette joie et cette souple allégresse du danseur du bal de l'obéissance [4].

L'état de foi vivante c'est être enfant de Dieu dans le Christ avec tous ses frères qui sont avec lui dans le Christ, le Christ tòtal, le Christ-Église. Ce Jésus sauveur, dans sa dimension actuelle et totale, n'est pas seulement le Jésus homme-Dieu de Palestine mais le « Jésus de maintenant, l'Église ».

Nous atteignons ici le point où cette foi « non altérée, non empâtée » de Madeleine joue à plein : pas la moindre trace de pieusardise, mais pas la moindre faille qui se glisserait entre Jésus-Christ et l'Église. J'ose à peine, parce que trop ressassé,

1. « Risque de la Soumission », p. 139.
2. Conférence à Toulouse, 1962 (inédit).
3. « Église et mission », *passim*.
4. « Bal de l'obéissance », p. 81.

répéter le mot de Jeanne d'Arc sur « Jésus-Christ et l'Église tout un », mais il y a coïncidence de la pensée entre l'héroïne du XVᵉ siècle et notre amie durant ces dix années de 1950 à 1960. Mêlée à toutes les naissances des missions en France, de Lisieux à Marseille, écoutant, discutant avec tous les groupes, toutes les tendances, recevant dans son propre cœur et sa chair les blessures, voyant la mort de ce qu'elle chérissait le plus, Madeleine a été tentée sur l'Église plus que tout autre, mais nul n'a moins défailli qu'elle. Au contraire, fidèle à sa grâce la plus fondamentale, elle reconnaît, « camouflée par la tentation, l'épreuve nécessaire » :

« *Sur la terre l'Église est faite pour se battre, par vocation elle est en lutte contre le mal, par mission elle est sans cesse à la lisière du mal, par fonction elle délivre du mal...* »

« *Un amour réaliste de l'Église comporte nécessairement de recevoir des coups et de porter des plaies...* » « *Ainsi nous livrons passage à la vie de Dieu. Rien ne peut nous introduire davantage dans la réalité intime de l'Église* [1]. »

A l'aurore du concile, alors que nul n'y songeait, Madeleine oppose à la définition « Église-société » celle du « Peuple de Dieu » mais allant au bout de cette image elle la vitalise par les échanges vitaux de la grâce.

Les deux courts textes de 1953, *L'amour de l'Église* et de 1960, *L'Église, une même vie dans un même corps* sont comme les deux témoins inébranlables, au seuil et à la fin de la tempête, du secret de Madeleine.

« *Même quand nous considérons l'Église comme une société, ce n'est pas de concitoyens dont il s'agit; le plus inconnu des baptisés est notre frère dans une vie inouïe; le prêtre le plus effacé a reçu pouvoir d'accomplir certaines fonctions du Christ lui-même. Il est un miracle de richesses; les évêques et le Saint-Père portent pour nous la charge écrasante de garder la foi de Jésus-Christ et de la transmettre, et ce n'est que grâce à eux que nous pouvons participer à la tâche la plus enthousiasmante : la révélation de Dieu, la communication de l'Évangile* [2]. »

Par l'Église, dans l'Église, Madeleine rejoint le prochain et la mission.

1. « Espoir marxiste, espérance chrétienne », p. 248-249.
2. « L'Église, une même vie dans un même corps », p. 204.

« Deux mille ans d'Église nous ont appris que seule cette Église est apte, au sens fort du mot, à vivre l'Évangile.

« On ne peut vivre une vie d'Évangile réaliste dans une vie d'Église abstraite[1]. »

« Le travail de l'Église, c'est le salut du monde : le monde ne peut être sauvé que par l'Église. L'Église n'est l'Église que parce qu'elle sauve. Nous ne sommes pas des sauveurs si nous ne sommes pas l'Église. Et nous ne sommes pas l'Église si nous ne sommes pas toute *l'Église*[2]. »

Quel que soit le péché des chrétiens : « Avoir laissé naître et grandir le prolétariat en état de séparation », quelles que soient les divergences avec tel ou tel, blesser l'unité entre chrétiens, c'est nier l'œuvre fondamentale :

« Plaire au monde, être aimé du monde même si ce monde est fait de nos frères non croyants, ne peut être mis en balance avec l'unité entre chrétiens. Nous n'avons pas à choisir, nous ne sommes pas libres de notre liberté à nous, le bras ne choisit pas d'être branché sur l'arbre dont il cueille les fruits : il est au corps même si le corps est trop loin de l'arbre.

« Si pour parler du Christ aux incroyants nous blessons l'unité chrétienne, nous préférons donner un écho de ce qu'est le Christ à donner le Christ dans son sacrement par excellence : les chrétiens unis entre eux[3]. »

Madeleine, fidèle à elle-même, logique avec sa foi, n'a jamais fui les lourdeurs de l'Église « établie ». Durant trente ans elle a vécu intérieurement liée à sa paroisse. Si parfois elle en a souffert, jamais elle n'en a minimisé l'importance car elle sait les liens de cette « cellule de l'Église » avec l'Église totale. Loin d'opposer paroisse et mission elle écrira :

« La mission ne doit pas affaiblir, elle doit contraindre à fortifier tout ce qui est vital pour la paroisse[4]. »

Pour vivre sa double vocation « d'établie et d'envoyée », la paroisse missionnaire « ne fera pas de l'action missionnaire une sorte de nouveauté spécialisée » qui l'affaiblirait. Mais

1. Lettre inédite.
2. « Église et mission », p. 108.
3. *Ibid.*, p. 109.
4. « Caractéristiques d'une paroisse missionnaire », p. 185.

réapprenant ce qu'elle est en son essence « indissolublement filiale et fraternelle parce que Dieu vivant est notre Père, parce qu'être ses enfants nous rend frères entre nous », la paroisse tendra à un renouvellement de ses forces vives, surnaturelles, de ses dimensions divines. « L'ambition de cette vie est *impossible aux hommes* » et cependant tous les chrétiens y sont appelés.

Un fait et une science : la Foi.

Fidèle à sa conversion et à la catéchèse baptismale, Madeleine rejoint saint Jean de la Croix, unissant lumière et nuit dans la réalité de la foi. Il est bon de citer les deux textes, car c'est la méthode même de Madeleine et le fruit de son expérience personnelle qui lui fait chercher l'essentiel et s'y établir. Ce n'est point par hasard qu'elle rejoint la tradition et l'expérience séculaire de l'Église. On connaît le texte savoureux du grand mystique :

« D'où vient que cette excessive lumière de la foi, qui est donnée à l'âme, lui est une obscure ténèbre, parce que le plus surmonte le moins et nous en prive. Tout de même que la lumière du soleil éclipse toutes les autres lumières... Voire même elle l'aveugle et la prive de la vue qui lui est donnée, pour autant que sa lumière est excessive et fort disproportionnée à la puissance visive [1]. »

Madeleine suit le même chemin : la foi, c'est Dieu rencontré et devenu si suprêmement important que nous le regardons désormais face à face pour qu'il nous dise ce qu'il pense et veut faire de notre vie :

« *Mais si cette rencontre est l'éblouissement de tout nous-mêmes par Dieu, cet éblouissement, pour être tout à fait vrai, doit être tout à fait obscur. Avoir la foi vivante, c'est être aveuglé par elle afin d'être conduit par elle; il nous est difficile d'accepter celle qui fut appelée « la lumière noire »* [2]. »

Même obscure, cette lumière est une connaissance, et Madeleine le redira souvent dans les pages qui suivent et parfois en employant les mêmes mots : dans un monde séduit par la science, en face de ses amis marxistes qui rangent la croyance dans un

1. *Montée du Carmel*, livre II, ch. III.
2. « La leçon d'Ivry », p. 287.

système idéaliste, Madeleine pense qu'elle n'insistera jamais assez sur le *réalisme* de la foi : « Croire, c'est savoir. » Le chrétien comme les travailleurs de la recherche scientifique est lui aussi un technicien, « le technicien du mystère » :

« *La foi est la science d'un réel qui nous dépasse et qui nous concerne. Un réel sur lequel Dieu nous a renseignés lui-même. Ce réel s'appelle la vie éternelle.*

« *La foi est la science de notre ignorance fondamentale* [1]...

« *C'est la science du mystère, du vrai mystère, non des mystères qui seront vraisemblablement éclaircis sur l'origine de la vie, ses lois, son évolution, sa progression* [2]. »

« C'est la chance du chrétien » que cette fermeté de la connaissance que la foi lui procure : comme la biologie nous livre les lois de la vie, la foi nous livre les secrets de notre destin. Cette connaissance s'achève elle aussi en action : si la foi est un savoir, savoir ce que Dieu nous a dit, elle est aussi un *savoir-faire*, elle nous fait vivre notre temps terrestre d'une certaine façon, « elle est le savoir-faire de la volonté de Dieu ».

Les faits ne contredisent-ils pas l'assurance de Madeleine? Tant d'efforts apostoliques sont vains, tant de catéchèses inopérantes. Mais justement présentons-nous les liens qui rendent chaque élément vivant? Nous prêchons des pièces détachées du grand Corps mystique, un atlas d'anatomie : le squelette d'un côté, les muscles de l'autre, les grandes fonctions ailleurs. Tout cela est mort.

Pour Madeleine, fidèle à l'unité dynamique et globale de la catéchèse baptismale, la foi est ce qui, en rendant vivante chacune de ces réalités, les lie aux autres et par là les inclut dans notre existence :

« *Notre vie missionnaire est la mise en acte des vérités de foi. Il est nécessaire pour nous de croire, de savoir ce qu'elles sont et comment elles s'ordonnent. Il est nécessaire que nous sachions ce que ces vérités, faites pour être vécues, entraînent dans la vie où elles sont vécues comme éducation et comme formation. Car l'Église n'enseigne jamais les vérités de foi sans nous y éduquer et sans nous y former* [3]. »

1. « Temps d'aujourd'hui, temps de notre foi », p. 224.
2. « Manifeste au monde athée », p. 195.
3. « Après une décision romaine », p. 170.

C'est cet apprentissage de la foi dans notre vie quotidienne que Madeleine (sans pédantisme et sans y penser elle-même) nous enseigne; pour elle-même, elle dira du milieu athée où elle vit : « Ivry, mon école de foi appliquée. » Madeleine apporte ici une distinction capitale et libératrice : ce n'est pas le détail du contenu de la foi, *ce que* nous croyons, qui intéresse l'incroyant, mais *le fait* de cette foi guidant nos vies, y créant des réflexes :

« *Ce que nous croyons n'intéresse pas le plus souvent les gens au milieu desquels nous vivons. Ce n'est pas sur ce que nous croyons que les milieux contemporains nous interrogent d'emblée. L'insistance de leurs questions, même si elles sont muettes, porte sur :* Pour vous, qu'est-ce que c'est que croire [1]? »

Si l'interrogation est muette, notre réponse ne l'est pas : pour Madeleine, « croire c'est parler », et « je ne sais où l'on a pu aller quand on est chrétien ». Mais elle parle pour expliquer un fait : chercher l'opinion si courante aujourd'hui que parler soit facultatif celui d'une vie pleinement mêlée aux autres et qui pourtant s'en différencie dans les choix les plus quotidiens :

« *Tant que la foi n'y parle pas haut et clair, le monde peut garder une ambiguïté apparente. Dès que la foi lui est manifestée, le monde cesse d'être ambigu, le « monde » qui se cache en lui se manifeste, contradictoire à la foi* [2]. »

Ce « monde » (entre guillemets) dans le monde, c'est ce qui, en nous d'abord et hors nous n'est pas encore converti, qui ne s'est pas retourné vers Dieu. Or la foi, appelant à ce « convertissez-vous » perpétuel, est par là même témoin de Dieu :

« *Les vrais marxistes s'intéressent aux faits. Quand la foi pose un fait, même socialement insolite, ils n'en rient pas, ils l'étudient comme un problème* [3]. »

Cependant, pour être un fait, il faut qu'il soit vécu avec sa densité et sa marque propres :

« *Vivre comme Jésus-Christ a dit de vivre, faire ce que Jésus-Christ a dit de faire, et le vivre et le faire dans notre temps* [4]. »

1. « Temps d'aujourd'hui, temps de notre foi », p. 223.
2. « Après une décision romaine, » p. 177.
3. Texte inédit, 1954.
4. « Temps d'aujourd'hui, temps de notre foi », p. 225.

De tout cela, Madeleine parle peu les premières années, mais elle ne cesse d'y revenir depuis le jour où elle a constaté ce qu'elle appelle « le dilemme absurde », le « paradoxe déroutant ». Cette foi faite pour être vécue là où elle est, missionnairement parlant, le plus nécessaire, c'est-à-dire dans les milieux athées, s'y effondre; au lieu d'être science du réel, c'est elle qui change son point de vue. Non seulement d'importantes couches de chrétiens se déchristianisent, mais des prêtres, des missionnaires venus en milieu athée pour évangéliser abandonnent la partie et jusqu'à leur propre foi.

De ce choc, de cette apparente incapacité à évangéliser les milieux athées, Madeleine n'aura de cesse de chercher les causes et de dire les remèdes. Et par là, son actualité ne fera que grandir, car l'athéisme, « le phénomène le plus grave de notre temps » (Paul VI), dépasse le marxisme qui n'en est qu'une forme.

La troisième et la quatrième partie de ce livre, sa dernière conférence un mois avant sa mort, vont dégager la foi, « la vraie, celle qui tient bon », de ce que trop couramment, les chrétiens appellent la foi, une foi confondue avec le bon sens, ou simple mentalité chrétienne. Analyser les comportements de la foi en bonne santé, diagnostiquer celle qui est « amputée », « sous-employée », « naturalisée », lier ce dépérissement partiel de la foi à l'absence d'aspiration vitale du *don* de Dieu, ramener la foi à l'essentiel et l'insérer par là même à toute la mouvance du temps, l'empêcher « de se mettre à l'écart quand elle est déconcertée, et de sortir du temps », tout cela, Madeleine nous l'apprend. Ainsi, renversant ce « paradoxe déroutant », elle fait du « milieu athée une circonstance favorable à la foi et à notre propre conversion ».

Foi sans limites, mais dégagée de ce qui la parasite; foi pur don de Dieu mais faite pour être vécue par nous en pleine vie quotidienne; foi ne craignant pas de poser des actes insolites mais qui devient par là même un fait qui alerte l'incroyant; foi sans cesse éprouvée, mais ses épreuves sont le décapant qui la restitue à sa pureté; foi que nous ne pouvons « donner » aux autres mais que nous devons annoncer; en définitive « nous sommes des gens qui faisons profession de foi comme d'autres de boulanger ou de médecin [1] ».

La foi de Madeleine évoque ces métaux modernes dont la

1. *Ville marxiste*, p. 172.

résistance à la fatigue et à l'usure provient de ce que toute impureté en a été éliminée : une foi pure, nue, sans mélange de ce qui n'est pas elle, devient l'outil excellent du chrétien présent au monde. Par elle-même, elle est le fait missionnaire.

Comment ne point penser de nouveau à saint Jean de la Croix devant ce mot de Madeleine qui la dépeint dans sa tendresse attentive et sa force :

« *Toutes les fidélités sont petites et relatives quand il est question de la fidélité de la foi*[1]. »

LE PROCHAIN : « UN HOMME ».

Madeleine n'a jamais boudé le temporel : elle a participé à des campagnes retentissantes, notamment pour libérer des détenus politiques et, chaque fois, et parfois seule, elle a été jusqu'au bout. Toujours ouverte au but assigné, intraitable quant au choix des moyens, paroles ou action, elle a participé à la rédaction de tracts, d'affiches innombrables, collaboré à l'aide aux grévistes, aux chômeurs, etc. Elle liait, chemin faisant, des amitiés avec des hommes de tous milieux et de tous pays.

Jusqu'au bout elle restera liée au temporel, le plus public ou le plus privé. Elle en connaît les joies, les peines, les risques tour à tour de s'y engloutir et de se décourager. C'est le domaine où l'équilibre à réaliser est le plus difficile, celui où les vérités partielles sont les plus dangereuses. Salut du monde et bonheur, humanité globale et chaque homme, œuvres collectives et contacts directs, urgences temporelles et annonce de l'Évangile misère des corps et misère des esprits; Madeleine cherche sans répit l'angle de vision juste où se réalisera l'unité. Pour elle il est toujours et ne peut être que théologal. Dans tous les cas :

« *Pour résister aux risques et pour donner une réponse apostolique, la même chose paraît nécessaire :* retrouver dans la foi les motifs de toute vie missionnaire, c'est-à-dire les deux commandements du Christ inséparables et semblables, mais dont le second n'est si grand que parce qu'il est la conséquence du premier[2]. »

1. « Athéismes et Évangélisation », p. 259.
2. *Ville marxiste*, p. 57.

Madeleine a une méfiance instinctive de l'abstrait; mue par la charité elle va directement aux personnes sur terre comme au ciel.

« *La seule œuvre que nous trouvons intéressante, c'est de pouvoir aimer le Seigneur plus que tout et chacun des hommes qu'on rencontre comme notre frère* [1]. »

Parmi ces hommes aux visages multiples, il lui est impensable d'exclure quiconque : riche ou puissant est accueilli comme un frère; mais le « pauvre » a, de par l'Évangile, sa place privilégiée. Elle écoute avec autant d'attention un homme dont l'âge mental n'a guère dépassé les dix ans, venu lui raconter ses idées politiques, qu'un militant aux responsabilités nationales.

Madeleine sait l'absolue nécessité des œuvres publiques, de l'organisation sociale, sanitaire, elle le dit, mais elle ajoute aussitôt qu'il y faut plus :

« *Ces dispositions luttent authentiquement contre la souffrance et l'allègent. Mais elles ne remplacent pas pour autant la bonté. L'homme devient le n° 99 de la catégorie Z, aidé par le paragraphe A du texte n° 7* [2]. »

La société, dira-t-elle, « nous met de force en série ». Dès que notre regard s'inspire de Dieu c'est le mouvement inverse qui se produit :

« *Pas moyen d'aimer Dieu sans aimer l'humanité, pas moyen d'aimer l'humanité sans aimer tous les hommes, pas moyen d'aimer tous les hommes sans aimer les hommes que l'on connaît d'un amour concret* [3]. »

Si déjà, au plan des structures sociales, chacun *a droit* à un amour concret et personnel, combien plus encore quand il s'agit du Royaume de Dieu :

« *Le Royaume de Dieu, c'est la rencontre de Dieu et d'une humanité composée de un, plus un, plus un. Il ne surgit pas d'une masse anonyme, mais il est reçu par Pierre, Jacques et Jean.* »

« *Le Royaume de Dieu, ce n'est pas l'amour du monde, mais*

1. Texte inédit, Toulouse, 1962.
2. « Athéismes et Évangélisation », p. 269.
3. « Manifeste au monde athée », p. 199.

celui des hommes... L'Évangile du Royaume nous dit que le monde est sans importance. Ce sont les hommes qui sont importants [1]... »

Ceci était écrit dès 1951, mais à de futurs missionnaires à Toulouse, en 1960, Madeleine redira : « le panneau dans lequel on tombe :
croire aux idées générales en oubliant que chaque *homme est un homme.* »

« Un homme », dit la parabole du bon Samaritain; « n'importe lequel », souligne Madeleine et lorsque Jésus pose à la fin du récit la question : « Lequel a été le prochain de cet homme? », c'est cela et uniquement que Madeleine veut rappeler sans se lasser : « devenir le vrai prochain de notre prochain. » Ce qui, aimait-elle dire, amène à des aventures extrêmement variées!

Ce prochain, première caractéristique, nous n'avons pas à courir après lui : ce sont « les gens que nous n'avons pas choisi de connaître, mais que Dieu a voulu ou permis qu'ils soient dans notre vie ». Le prochain n'est pas uniquement non plus celui qui a envie de nous connaître. Autant une action commune, une coopération à tel mouvement semble nécessaire à Madeleine dans certaines circonstances précises, autant elle s'étonne que certains chrétiens ne voient pas « la chose première, les relations évangéliques d'un chrétien avec les communistes qui sont à côté de lui ou sur son palier ou dans son atelier ou dans son bureau ou dans sa famille ». C'est dans ces voisinages « à portée de voix » que s'accomplit le mieux pour elle le « Allez » du Seigneur, qui « consiste à transformer des voisinages sans contacts en proximité vraie avec un vrai prochain, utilisant les voies préparées par le Seigneur avant d'inventer les nôtres ».

Mais ce prochain « immédiat » — communiste, athée, croyant ayant d'autres options temporelles, peu importe — il a *droit*, à cause du Sermon sur la Montagne, à être traité véritablement en frère. Il a droit (surtout s'il ne partage pas mes idées) à trouver en face de lui son contemporain aujourd'hui et un homme véritable.

1. « Église et mission », p. 113.

Madeleine décrira souvent les qualités de celui qui veut devenir le prochain de son frère : il faut être alerté par les faits; être intensément capable de faire quelque chose de bien et à fond; ne pas taire ce que l'on est, ce que l'on pense; ne pas obéir à la peur, surtout pas à celle de confronter ce que l'on croit à ce que voient les autres; le prochain ne sera devenu tel que si l'on apprend à connaître le parti auquel il adhère (sinon notre langage sera mutuellement incompréhensible).

Ce n'est pas tout : mon prochain a droit enfin à trouver en face de lui un homme en référence à Dieu, qui dit ce que Dieu lui dit, qui fait ce que Dieu lui dit de faire, car si mon prochain a le droit d'être traité en frère il a donc le droit d'être évangélisé :

« *Ce qu'il faut oser leur dire* si nous en avons fait vraiment des frères : *que le bonheur n'est pas la justice distributive mais la pauvreté ; que les lendemains ne chanteront jamais juste, mais que l'éternité chantera; que le monde est tout petit devant la mort* [1]. »

Madeleine ne variera jamais sur ce qu'elle appelle évangélisation; sa définition est simple, nette :

« *Dire à des gens qui ne le savent pas, qui est le Christ, ce qu'il a dit et ce qu'il a fait de façon qu'ils le sachent et qu'ils sachent que nous en sommes sûrs* [2]. »

Est-ce une attitude indiscrète? non car : « évangéliser ce n'est pas convertir; annoncer la foi ce n'est pas donner la foi ». Cette dernière phrase, aussi respectueuse du primat de Dieu que de la liberté de notre prochain, devrait être inscrite en tête de toute action : elle apporte une liberté intérieure totale.

A partir de ce pôle, Madeleine livre une série de réflexions harmoniques qui délivrent l'apôtre d'aujourd'hui des complexes multiples qui l'assaillent. L'une rejoint saint Paul disant : « Ce n'est pas nous que nous prêchons mais Jésus-Christ. » Madeleine écrit :

« *Jésus ne nous a pas demandé d'être nous-mêmes des exemples admirables de sa doctrine; l'exemple de la doctrine que nous avons à fournir, c'est lui-même, le récit de sa vie* [3]. »

1. Lettre inédite à un prêtre.
2. « Athéismes et Évangélisation », p. 262.
3. Texte inédit, 1960.

De l'apôtre deux choses seules sont requises :

« *Le seul témoignage qu'il (Jésus) exige, c'est que nous nous aimions entre nous et que notre vie contienne des actes qui supposent quelqu'un invisible mais vivant, intouchable mais agissant* [1]. »

Une troisième condition découle du fait déjà affirmé que nous sommes devenus le « prochain » de notre frère : nous devons être ce qu'elle appelle « un informateur », quelqu'un qui transmet une nouvelle, une « *actualité* » comme on dit au cinéma ou à la télé, une nouvelle vivante, d'un actuel vivant dont on est soi-même « l'élève ». La transmission de quelque chose « qui est en train de se faire », d'un « événement qui est en route », cela suppose un langage vivant et qui variera selon notre prochain : il faudra là aussi trouver le vocabulaire qui lui soit proche. Mais, au-delà des mots d'aujourd'hui, Madeleine nous livre une découverte ancienne et neuve comme l'Évangile :

« *Annoncer l'Évangile avec le langage des gens avec lesquels on vit n'est pas suffisant. Il faut annoncer l'Évangile dans le langage de l'Évangile ; dans le langage de Jésus-Christ* [2]*... Et ce langage du Christ est celui d'un cœur fraternel et bon.* »

Pour Madeleine, « la bonté du cœur venue du Christ est pour le cœur incroyant un pressentiment de Dieu lui-même ». Les dernières années de sa vie seront un hymne à la bonté : elle ne ratera pas une occasion d'en parler, ses proches seront frappés par le souci qu'elle avait de la vivre; elle réhabilitera ce mot dévalué (un bon garçon, une bonne sœur...), le reliera à la charité : « Elle en est le b-a-ba; là où il n'y a pas de bonté, il n'y a pas de charité. »

Avec une vraie passion, elle découvre et fait découvrir à tous ceux qu'elle rencontre, à Paris, à Toulouse, à Lyon, un vivant modèle de cette humble et miraculeuse bonté qu'elle décrivait avec un humour plein de tendresse : Jean XXIII. Les dernières lignes de Madeleine, un mois avant sa mort, se termineront en l'évoquant.

« *Jean XXIII nous a démontré que, même pour un pape, la vie chrétienne est viable dans notre monde et dans notre temps* [3]. »

1. « Athéismes et Évangélisation », p. 266.
2. « Temps d'aujourd'hui, temps de notre foi », p. 230.
3. « La leçon d'Ivry », p. 293.

Ce que nous n'avons jamais appris.

La vie missionnaire, pour Madeleine, n'est pas une spécialité réservée à quelques-uns qui inscriraient ce mot sur leurs papiers d'identité en face de la case : Profession. Pour elle, ce n'est « ni facultatif ni exceptionnel », « un missionnaire est avant tout un chrétien », la mission est « la plénitude de la vie chrétienne ». Cette « missionnaire sans bateau » est « apôtre parce qu'elle est chrétienne, comme elle est chrétienne » ; « c'est l'incroyance de son prochain qui l'appelle à l'apostolat » :

« *De son mamelon de sable, le missionnaire en blanc voit l'étendue des terres non baptisées. En haut d'un grand escalier de métro, missionnaire en tailleur ou en imperméable, il voit de marche en marche, à cette heure où il y a foule, une étendue de têtes, étendue frémissante qui attend l'ouverture du portillon, casquettes, bérets, chapeaux, cheveux de toutes les couleurs. Des centaines de têtes, des centaines d'âmes. Nous tout en haut. Et plus haut, partout, Dieu. Dieu partout, et combien d'âmes qui le savent* [1]! »

Missionnaire là où l'on est parce que devenu le prochain de son proche, à cette immense redécouverte faite par les chrétiens du XXe siècle Madeleine aura participé plus que quiconque; son enracinement missionnaire est à la fois l'un des tout premiers, 1933, et peu d'autres ont été aussi réels. La première, en tout cas, elle découvre et signale une ressemblance insoupçonnée entre le missionnaire lointain d'autrefois et ceux, « gens de la rue qui croient de toutes leurs forces que cette rue où Dieu nous a mis est pour nous le lieu de notre sainteté [2] ».

Sans doute le missionnaire en pays sauvage savait-il qu'il affronterait des périls et peut-être la mort, mais ce que le chrétien des banlieues et des grands ensembles ne sait pas, c'est que lui aussi est en péril : en lui et hors de lui, le Royaume de Dieu souffre violence : « *Ce que nous n'avons jamais appris,* c'est l'état de fait surnaturel constitutif de l'état missionnaire : un état violent normal. »

1. « Missionnaires sans bateaux », p. 68.
2. « Nous autres gens des rues », p. 63.

Madeleine ne cédera jamais — on le verra plus loin — à la tentation de diminuer les antagonismes réels : or « le monde » et l'Évangile sont en contradiction, et la foi est ce « choix entre le monde et le Royaume des Cieux, choix que Jésus-Christ nous a acheté et dont il nous donne la force ».

S'inspirant — malgré l'apparent contraste — de *la Réforme du Carmel* et de saint Jean de la Croix, Madeleine décrit la situation du chrétien en plein monde comme une crête aiguë « tracée à chaque instant en nous et devant nous », jonction de deux versants qui « semblent monter à l'assaut l'un de l'autre » et qui « se rejoignent en nous » : l'un prend racine dans la promesse de Dieu, « Dieu qui sauve », l'autre descend jusqu'au refus de Dieu : « je ne sers pas [1] ».

Quand Madeleine dit que cela n'a jamais été appris au chrétien, elle n'a pas tort, même si cela traîne dans les livres poussiéreux et les manuels de piété sous forme d'élévations! Car cette violence et ce combat sont présentés habituellement dans l'abstrait et désincarnés ou, au mieux, à la manière d'exercices faits dans une caserne, alors que le chrétien, lui, est jeté en pleine guerre, sans savoir même qu'elle est déclarée et fait rage. Mais cette image, quoique empruntée à Madeleine, n'est pas assez forte, il s'agit de beaucoup plus, d'un enfantement : un jour, en pleine crise de 1954, elle écrit à un missionnaire :

« *J'ai peur que, comme une femme qui ne saurait pas que c'est en douleur qu'on accouche, et qui ne comprendrait rien à son propre déchirement, et qui paralyserait en elle à la fois ce qui déchire et ce qui enfante, vous* gardiez *en vous la Mission. Tant que le petit est dans la mère, il est dans un corps adulte ; naître, c'est pour lui devenir petit, limité,.. il faut pourtant qu'il devienne ce petit d'abord pour devenir un homme. C'est cet homme que les hommes attendent, ce n'est pas l'adulte que vous, vous êtes. Si la Mission ne peut pas passer par votre douleur, elle restera peut-être dans la classe ouvrière, mais comme un enfant mort qu'une femme porte en elle dans la rue.*

« *Il me semble que c'est toujours comme ça que l'Église est née tout le temps, à la fois une et nombreuse. Ce sont toujours les mêmes contractions qui ont toujours broyé les saints. Ils étaient appelés à la fécondité; quand ils ont accepté que ce qui en eux était adulte sorte d'eux appauvri et rapetissé à travers les secousses*

1. Cf. « A la suite d'une décision romaine », p. 179.

cruelles, sanglantes, mais organiques de l'obéissance, le Christ-Église a continué à naître dans le monde. D'autres qui étaient appelés à cette même fécondité n'ont pas su reconnaître les lois de la vie, ils les ont confondues avec les douleurs d'un corps malade, le Christ n'a pas pu passer à travers eux pour aller plus loin. »

Cette épreuve, tout chrétien véritable vivant en milieu athée est appelé à la rencontrer. S'il n'y est pas préparé, comme une mère à l'enfantement, il refusera l'épreuve. Se voulant fidèle à sa vocation de témoin, il est tenté de faire de l'aspect qui lui paraît le plus missionnaire une spécialité qui empêchera la vision globale :

« *Cette zone devient fiévreuse... elle bat comme un écho du cœur... et captive l'attention à son profit au détriment du reste* [1]... »

A un prêtre chargé de la formation missionnaire en monde ouvrier, elle écrivait :

« *On a souvent l'impression que ceux que la mission a préparés ont été nourris pour ce qui dans leur tâche leur était particulier, mais pas assez pour ce qui dans leur vie était le lot commun de tous les chrétiens et de tous les prêtres.* »

Nous atteignons ici le point où Madeleine se révélera un guide extraordinairement audacieux, — elle ne refuse aucun coude à coude, aucune tâche juste quelle qu'elle soit, avec qui que ce soit et elle l'a prouvé —, mais un guide non moins extraordinairement sûr : elle va analyser les périls de l'aventure, les fausses pistes, et ramenant les risques à l'essentiel, « la difficulté de jonction des circonstances immédiates avec les vues de la foi », elle donne le moyen d'aller au bout de la tâche.

Dans les mois qui suivirent sa conversion, Madeleine avait dû vivre auprès de son père à la campagne. Elle étudia alors saint Thomas d'Aquin dans le texte des fascicules de *La Revue des Jeunes* et lut le Père Garrigou-Lagrange. Y a-t-elle puisé la conviction que la vérité (et la force) est un sommet entre deux déviations? Toujours est-il que cela devint son être même et sa caractéristique. Toute sa vie peut être reprise comme un

1. « A la suite d'une décision romaine », p. 169.

discours sur la méthode pour franchir d'un pas décidé (mais non sans souffrir) la crête étroite des antagonismes. Mais le secret de cet équilibre sans vertige vient de ce qu'elle accepte le mystère de Dieu dans sa plénitude et qu'elle fait confiance à cette plénitude surnaturelle pour faire pénétrer, incomparablement plus avant que n'importe quelle méthode, au cœur des réalités terrestres.

Elle ne rapetisse pas d'un iota la vérité divine, elle ne se soucie pas de l'accommoder à la mode, à ce qui pourrait plaire, — présenter cette vérité d'une manière accessible est tout autre chose —, mais cette vérité venue de Dieu, Madeleine la prend en sa totalité, la dilate volontairement à son maximum, et par là résout l'antagonisme et transforme ce qui apparemment faisait contradiction.

Les exemples abondent et le lecteur les découvrira. En voici quelques-uns.

Quand un chrétien prend conscience en profondeur des souffrances et des misères du monde et qu'en même temps, perpétuellement, il est plongé dans une ambiance où Dieu est absent, il lui est difficile de trouver l'équilibre entre les bonheurs terrestres qu'il doit donner à ses frères et le salut, c'est-à-dire l'entrée dans la vie de Dieu qui vient de Dieu : servir les uns, ne pas négliger l'autre, se révèle à l'usage source de tiraillements perpétuels. Madeleine, elle, s'établit délibérément dans l'absolu de Dieu et refuse de se situer ailleurs. Pour l'homme, le seul « bonheur prodigieux et bouleversant », c'est Dieu, les bonheurs terrestres n'étant que « des surplus variables en marge de lui qui est permanent »; c'est là le pur écho de l'Évangile : cherchez le Royaume des Cieux.

Madeleine ne confond pas les plans :

« *Sauver le monde n'est pas lui donner le bonheur, c'est lui donner le sens de sa peine et une joie que nul ne peut lui ravir. S'il nous faut lutter contre des misères et des malheurs que le Christ a assez pris au sérieux pour qu'au dernier jour nous soyons jugés sur l'aide que nous leur aurons donnée, il faut nous souvenir qu'au-delà d'eux, c'est de la vie éternelle qu'il est question et non d'un second paradis terrestre. Mais si le Royaume des Cieux n'est pas du monde, il est dans le monde* [1]. »

1. « Église et mission », p. 110.

Car le chrétien qui prend ainsi Dieu au sérieux sans aucune concurrence entend Dieu lui dire : « J'ai fait de toi une *alliance* pour le peuple. » « Fait alliance », établi médiateur, le chrétien cesse « d'être distrait du monde par Dieu, distrait de Dieu par le monde », car au plus fort des luttes pour la justice des hommes, le chrétien, les yeux fixés sur la gloire de Dieu, voit Dieu qui a aimé les hommes d'un amour premier et gratuit.

Certes, le bonheur et le salut des hommes continueront à s'affronter au plus intime de lui-même :

« *Mais de cet affrontement il ne sortira ni confusion ni tension stérile. Le service des bonheurs humains, qu'il poursuivra à la ressemblance du Père céleste, s'ordonnera, se hiérarchisera, se finalisera dans la grande perspective du salut* [1]. »

En fait, cette attente des bonheurs terrestres et cette attente du salut se concrétisent, qu'on le veuille ou non, *dans l'espérance du communiste et l'espérance du chrétien*, deux espérances contradictoires qui s'affrontent à travers deux corps universels et permanents : le Parti et l'Église. Cette espérance communiste, Madeleine ne la sous-estime pas, elle lui donne la grandeur et les dimensions qu'elle rencontre chez ceux qu'elle connaît : réponse à l'espoir des pauvres, espérance pour les hommes de demain, amour qui se met en route, fermeté dans l'attente.

Mais cette espérance terrestre, pratiquement, éprouve notre espérance divine et nous induit au doute sur l'urgence, l'importance, l'utilité d'un regard et d'une action fondés sur l'invisible. Dès lors, ou nous glissons vers les réalisations de la seule espérance terrestre, ne voyant plus le trésor qu'est la nôtre, ou, pis encore, nous repliant sur notre espérance comme sur une ligne fortifiée, nous agissons comme si les hommes qui ne la partagent pas étaient incapables de recevoir le salut de Jésus-Christ. Dans les deux cas, nous péchons contre l'Espérance et diminuons Dieu. Si nous n'avons qu'une espérance de temps de paix, dit Madeleine, nous irons de défaillance en défaillance. Mais si au contraire « nous déchiffrons dans chaque contradiction une excitation à dilater notre Espérance — à espérer plus et mieux — notre vie chrétienne retrouve, avec la lutte pour laquelle elle est faite, la condition normale de sa vigueur et de sa croissance. » Par un « choc en retour », elle aboutit à un « degré de certitude vivante ».

1. « Lumière et ténèbres », p. 212.

A cette altitude plus haute, le communiste est alors considéré non seulement au poids humain de ses qualités terrestres, qui peuvent légitimement éblouir, mais aussi comme la victime de la plus affreuse misère qui soit, la négation de Dieu érigée en système et liée à ses qualités mêmes. Alors aussi parce que le communiste est mon prochain, à cause de cela, je ne puis ni lui cacher mon Espérance, ni la diminuer, ni cesser de le considérer comme mon frère.

Il en est de même pour la foi : son importance est d'être tout orientée vers la vie éternelle et Madeleine s'y livre en quelque sorte sans retenue. Mais, à cause de cela même, comme les rayons cosmiques dont la profondeur de pénétration dans la matière est d'autant plus forte qu'ils tirent leur origine du soleil, cette foi va pénétrer les plus fortes opacités de notre époque. Organisée selon « les lois éternelles, elle se réalise dans le temps. Elle nous est donnée pour que nous préférions Dieu avec des âmes d'hommes. » Aussi la « révision de foi » que fait Madeleine va moins chercher « des pierres d'attente qui ne sont souvent que des miettes de Dieu devenues folles ou simplement raisonnables », mais regardant Dieu d'abord et par-dessus tout, elle choisira le sens à donner à ses démarches humaines en fonction de ce que Dieu a dit de faire.

Ce que Madeleine nous révèle en définitive c'est que la vérité de notre amour du monde, la qualité de notre témoignage (elle emploie rarement ce mot d'ailleurs), l'exactitude de notre réponse, l'efficacité de notre action, ne peuvent naître chrétiennement que du Christ et de Dieu pris comme des absolus, des rocs qui ne peuvent défaillir. Et du coup, cette réponse cherchée en Dieu, et qui se révèle si adéquate et imbrisable, se révèle par surcroît être le fait missionnaire qui pose la vraie question à l'incroyant.

« *Il nous faut savoir que le partage de la mentalité et de la sensibilité d'un milieu ouvrier, le partage de ses aspirations et de ses rejets, même si nous les rectifions et les épurons, constitue, s'il est notre seul témoignage, un contre-témoignage de notre mission. Nous ne devons jamais laisser s'établir une équivoque sur le fait que Dieu, pour nous, est le seul bien absolu et grâce à qui tous les autres biens sont bons parce que venant de lui.*

« *Mais ce Dieu, ce bien que nous disons absolu, ne présentera une hypothèse de vraisemblance que si nous prenons au sérieux comme venant de lui les biens réels que désirent les hommes et le mal réel qu'est pour les hommes la privation de ces biens* [1]. »

Il s'agit de beaucoup plus que de reconnaître dans cette attitude de Madeleine une magnanimité rare. C'est la clé de l'affrontement au monde qui nous est donnée. Pour Madeleine, la présence du chrétien au monde n'est jamais décrite comme une idylle sentimentale et facile : son amour ne transige pas dès que Dieu est en cause, c'est un amour invincible à condition qu'il ne s'allie à rien d'autre que Dieu, mais alors il n'est plus étranger à rien.

« *L'amour sait qu'il est plus fort que tout.*

« *Il aime combattre. En combattant, il se joue de lui-même en voyant les proportions se renverser entre les plus grands obstacles du monde dont chacun chiffre sa force et lui qui s'amenuise d'autant plus qu'il ne veut rester que lui-même* [2]. »

Un jour, Madeleine — on était en pleine crise de 1954 — se crut obligée de dire à des prêtres amis sa pensée et, sur un point précis, sa divergence. Ce qu'elle leur demande — et Dieu sait avec quelle affection fraternelle et quelle coïncidence de pensée quant aux nécessités de la mission — c'est de ne pas rester à courte vue devant les mutilations immédiates qui leur sont imposées.

« *Sacrifier la continuité d'une présence à cause des possibilités mutilées qui lui sont données ne serait pas pour l'Église une attente, mais un recul.*

« *Ce sont les catastrophes qui démontrent à travers quels minuscules possibles la vie peut subsister. Parce que alors un instinct lui dit : « tu peux vivre », l'homme invente un « comment vivre ».*

« *Transposée, c'est la même question de vie qui se pose ici* [3]. »

Entre les antagonismes, les abîmes, les discussions, les oppositions qui engloutissent les missionnaires — c'est-à-dire tout chrétien d'aujourd'hui affronté à l'athéisme — ou les stérilisent, Madeleine en quelques lignes livre le secret de son intrépide audace :

« *Si notre force majeure est la passion de Dieu, nous quitterons, sans même nous en apercevoir, les routes dangereuses. La voie*

1. « La bonté », p. 153. — 2. Extrait d'une lettre.
3. Texte inédit (7.2.54).

qui nous restera ouverte sera vertigineuse, mais elle sera sans danger. Plus exactement, le danger sera sans proportion avec notre force. Cette passion de Dieu nous révélera que notre vie chrétienne est une marche entre deux abîmes. L'un est l'abîme mesurable des rejets de Dieu par le monde. L'autre est l'abîme insondable des mystères de Dieu.

« *Nous apprendrons que nous marchons sur la ligne médiane où le bord de ces deux abîmes se rencontrent. Ainsi nous comprendrons comment nous sommes médiateurs, pourquoi nous sommes médiateurs* [1]. »

Madeleine était très attentive aux signes que fait la Providence: il en est un que je vois volontiers dans le nom qu'elle portait et dans la sainte qui était sa patronne. Au matin de Pâques, les Saintes Femmes trouvent le tombeau vide : les apôtres alertés viennent et repartent. Mais Marie-Madeleine n'accepte pas ce vide, cette disparition de son Seigneur : elle se tient près du tombeau, se penche, regarde, ne prend pas son parti, et finalement, la première, revoit le Christ.

Ainsi Madeleine, devant les négations de l'athéisme, cherche plus profondément, fait confiance à la parole du Christ, et jusqu'à ce que la réponse infiniment plus belle lui soit donnée, ne quitte pas ce qui paraît être le tombeau vide.

Les apôtres plus officiels qui l'entourent — prêtres, missionnaires de toutes dénominations — reviennent souvent de leur pèlerinage au tombeau désert comme les apôtres et les pèlerins d'Emmaüs, « le visage morne » et disant : « nous espérions... ».

La leçon des deux Madeleine est là : un amour positivement plus fort que la mort, une foi qui naît de l'épreuve, une espérance qui n'est pas la petite fille de Péguy, mais « la forte espérance faite femme [2] » par laquelle nous mettons dans l'histoire du salut les événements que nous étions destinés à y mettre.

Mais tout cela a une source et cette source unique et jaillissante comme le fleuve de l'Apocalypse qui arrose la Jérusalem céleste est que « Dieu est un Quelqu'un ».

La leçon de Madeleine, c'est d'être théologale : elle nous apprend la confiance inconditionnelle faite à Dieu, la consistance accordée à son mystère, l'attente insigne de son don, l'appui

1. « Lumière et ténèbres », p. 210.
2. « Espoir marxiste, espérance chrétienne », p. 235.

sur la seule Parole et la générosité divines. La leçon de Dieu à travers Madeleine, c'est qu'il donne à celui qui ne veut rien mettre en concurrence avec sa gloire une attention incomparable aux êtres, une lucidité sans distraction, une efficacité dans le temporel au-delà des mesures humaines.

Message d'actualité adressé au chrétien présent au monde, mais voyant ce monde à une altitude que les hommes ne connaissent pas et symbolisé par les cosmonautes d'aujourd'hui qui d'un coup d'œil embrassent un continent entier.

JACQUES LOEW

Ceux qui désireraient des renseignements complémentaires sur M.D. peuvent écrire à l'association des Amis de Madeleine Delbrêl, 6, rue Philibert-Lucot, Paris-13e.

Préambule

Dieu est mort, vive la mort, 1922.

Madeleine a dix-sept ans.
Elle est athée.
Si un jour Dieu, pour elle, est Tout,
c'est parce que aujourd'hui elle va jusqu'au bout du Rien.
On n'aimera Dieu que petitement
si on ne l'a ignoré que médiocrement.

Dieu est mort... vive la mort

On a dit : « Dieu est mort. »

Puisque c'est vrai, il faut avoir l'honnêteté de ne plus vivre comme s'il vivait. On a réglé la question pour lui : reste à la régler pour nous.

Maintenant nous sommes fixés. Si nous ne savons pas la taille exacte de notre vie, nous savons qu'elle sera petite, qu'elle sera une toute petite vie. Pour les uns, le malheur tiendra toute la place. Pour les autres, le bonheur tiendra plus ou moins de place. Ce ne sera jamais un grand malheur ou un grand bonheur puisqu'il tiendra dans notre toute petite vie.

Le malheur grand, indiscutable, raisonnable, c'est la mort. C'est devant elle qu'il faut devenir réaliste, positif, pratique. Je dis « devenir ». Je suis frappée du manque de bon sens général. Il est vrai que je n'ai que dix-sept ans et qu'il me reste beaucoup de gens à rencontrer.

Les révolutionnaires m'intéressent, mais ils ont mal compris la question : ils peuvent aménager le monde au mieux... il faudra bien qu'on en déménage! Les savants sont un peu enfants : ils croient toujours tuer la mort : ils tuent les façons de mourir, la rage, la variole. La mort, elle, se porte bien.

J'ai beaucoup de sympathie pour les pacifistes mais ils sont faibles en calcul. S'ils étaient arrivés en 1914 à museler la guerre, tous ceux que la guerre n'aurait pas tués seraient en 1998 définitivement rangés dans leur cimetière personnel.

Les gens de bien m'étonnent par leur assurance : ils manquent de modestie. Ils sont sûrs de travailler au bonheur des autres. C'est tout au moins discutable : plus la vie est bonne, plus il est dur de mourir. La preuve : les gens se tuent tout seuls quand on a tué leur raison de vivre.

Les amoureux sont radicalement illogiques et difficiles à raisonner : « Je t'aime pour toujours... » Ils ne veulent pas prendre conscience qu'ils seront infidèles par force; et que cette infidélité approche chaque jour d'un jour... sans compter la vieillesse, cette mort à tempérament. Moi, je ne veux pas rester près d'un homme que j'aimerais, qui verra tomber mes dents, mon menton pendre, mon corps tourner à l'outre ou à la figue sèche... Si j'aime, ce sera comme en instantané, comme en sursis, à la sauvette.

Et les mères, les pauvres, elles ont du mal à ne pas dire, à ne pas faire des folies : « Mon petit, je voudrais tant qu'il soit heureux... » Elles seraient capables d'inventer le bonheur pour pouvoir le donner à leur gosse. Il y a bien celles qui ne veulent pas faire de la chair à canon — mais allez leur raconter qu'elles feront toujours de la chair à mourir... Je ne veux pas avoir d'enfants. C'est assez que je suive tous les jours d'avance l'enterrement de mes parents.

Les plus logiques sont peut-être les maçons, les menuisiers, les photographes, les artistes, les poètes. Ils font des choses qui durent et ils font durer quelque chose des gens. Les rois sont morts, leurs fauteuils restent dans les musées. C'est une façon d'exister, d'avoir sa photo quelque part. Les monuments tiennent bon. La Joconde n'aurait plus sa tête depuis longtemps si on n'avait pas fait son portrait. Quand en classe on récite une fable de La Fontaine, ce que pensait La Fontaine continue de vivre un peu.

Et puis il y a des gens qui s'amusent, qui tuent le temps en attendant que le temps les tue... J'en suis. Les gens sérieux nous méprisent au nom de leurs occupations sérieuses.

Ah! non elle n'est pas liquidée, la succession de Dieu. Il a laissé partout des hypothèques d'éternité, de puissance, d'âme... Et qui a hérité? C'est la mort... Il durait : il n'y a plus qu'elle qui dure; il pouvait tout, elle vient à bout de tout et de tous. Il était esprit — je ne sais pas trop ce que c'est — mais, elle, elle est partout, invisible, efficace; elle donne un petit coup et toc, l'amour s'arrête d'aimer, la pensée de penser, un bébé de rire... et il n'y a plus rien.

Autrefois des gens ont dit : « Nous dansons sur un volcan. » Oui je danse, mais je veux savoir que c'est sur un volcan. Près des volcans il y a des villas et des cabanes; des jeunes et des vieux; des génies et des imbéciles; des infirmes et des champions; des bien-aimés et des mal-aimés; quand le volcan bave il n'y a plus que du feu : comme on dit, on n'y voit plus que du feu.

On est tous tout près du seul vrai malheur, est-ce que oui ou non on aura le cran de se le dire? Le dire? Mais avec quoi? Même les mots, Dieu les a esquintés... Peut-on dire à un mourant sans manquer de tact : « Bonjour » ou « Bonsoir »?... Alors on lui dit « Au revoir », ou « Adieu »... tant qu'on n'aura pas appris comment dire : « A nulle part »... « A rien du tout »...

PREMIÈRE PARTIE

Le missionnaire 1933-1949

1. *Nous autres, gens des rues*, 1938.
2. *Missionnaires sans bateaux* (extraits), 1943.
3. *Celui qui me suit ne marche pas dans les ténèbres*, 1948.
4. *Le bal de l'obéissance*, 1949.

Parce que Dieu est Tout il faut le porter partout mais sans rien qui sépare des hommes que notre foi.

« Être des gens enfoncés aussi loin que possible dans l'épaisseur du monde, séparés de ce monde par aucune règle, aucun vœu, aucun habit, aucun couvent; pauvres, mais pareils à des gens de partout; purs, mais pareils à des gens de n'importe quel milieu; obéissants, mais pareils à des gens de n'importe quel pays. »

(« Missionnaires sans bateaux », texte inédit.)

Être missionnaire — avec ou sans bateaux —, c'est cela, mais cela, c'est tout simplement être chrétien.

Septembre 1940. Le cardinal Suhard confie au Carmel de Lisieux le projet d'un Séminaire de la *Mission de France.*

Juin 1941. Le Père Lebret fonde *Économie et Humanisme.*

Juillet 1941. L'Assemblée des cardinaux et archevêques décide la fondation de la *Mission de France.* La réalisation du séminaire de la Mission de France est confiée au Père Augros.

Décembre 1941. Le Père Loew devient docker à Marseille.

Octobre 1942. Première rentrée des séminaristes au séminaire de la Mission à Lisieux. Le Père Lorenzo, curé de Saint-Pierre-Saint-Paul à Ivry, devient l'un des directeurs du séminaire.

Avril 1943. Remise au cardinal Suhard du premier manuscrit de *France Pays de Mission?* rédigé par les abbés H. Godin et Y. Daniel.

Juillet 1943. Fondation de la *Mission de Paris* par le cardinal Suhard.

Octobre 1943. Quelques prêtres de Marseille et le Père Loew sollicitent de Mgr Delay la création d'une équipe missionnaire.

Janvier 1944. Mort de l'abbé Godin.

Fin 1944. Premiers départs de quelques prêtres ouvriers à Paris et en province.

Carême 1947. Lettre pastorale du cardinal Suhard : *Essor ou déclin de l'Église?*

Juillet 1949. Décret du Saint-Office interdisant toute collaboration avec les communistes.

Du jour où elle fut saisie par Dieu, Madeleine n'eut d'autre souci que de s'enraciner dans l'Église « au carrefour de la charité ».

Pour elle « Dieu touche tout l'horizon, du fait même qu'il existe, il est éminemment préféré [1] *». Mais l'amour de Jésus-Christ demande qu'on lui réponde et conduit à l'amour de tous nos frères, il soude dans nos vies les deux extrêmes de l'amour : amour de Dieu aimé pour lui seul, amour de tous les hommes « qui nous rend proches et nous fait ' préférer ' tous les prochains que nous rencontrons ».*

Pour cet amour, Madeleine « s'installe délibérément en vie de famille véritablement vécue avec tout être humain qu'elle rencontre, et cette vie de famille est le signe nécessaire d'une autre vie de famille sans cesse approfondie avec tous les hommes de la terre [2] *».*

Cet amour lui fait refuser toutes les barrières que les conventions sociales, les traditions, même pieuses, élèvent dans le jeu des relations humaines. Il la met de plain-pied avec « les gens de la rue », croyants et incroyants. Avec eux, pour elle et pour eux, elle découvre dans leur existence de nouveaux chemins à la prière, à la contemplation, à l'annonce du Seigneur.

Avec et dans l'équipe de vie missionnaire qu'elle anime, Madeleine vit cela; elle l'écrit peu. Cependant, quelques textes furent publiés qui, très vite, circulèrent de main en main, notamment Nous autres gens des rues, *qui marqua fortement l'orientation missionnaire de beaucoup* [3].

1. *Pourquoi nous aimons le Père de Foucauld*, p. 539.
2. *Ibid.*, p. 542.
3. Cf. Postface, p. 295.

Nous autres, gens des rues

Il y a des lieux où souffle l'Esprit mais il y a un Esprit qui souffle en tous lieux.

Il y a des gens que Dieu prend et met à part.

Il y en a d'autres qu'il laisse dans la masse, qu'il ne « retire pas du monde ».

Ce sont des gens qui font un travail ordinaire, qui ont un foyer ordinaire ou sont des célibataires ordinaires. Des gens qui ont des maladies ordinaires, des deuils ordinaires. Des gens qui ont une maison ordinaire, des vêtements ordinaires. Ce sont les gens de la vie ordinaire. Les gens que l'on rencontre dans n'importe quelle rue.

Ils aiment leur porte qui s'ouvre sur la rue, comme leurs frères invisibles au monde aiment la porte qui s'est refermée définitivement sur eux.

Nous autres, gens de la rue, croyons de toutes nos forces que cette rue, que ce monde où Dieu nous a mis est pour nous le lieu de notre sainteté.

Nous croyons que rien de nécessaire ne nous y manque, car si ce nécessaire nous manquait, Dieu nous l'aurait déjà donné.

Le silence.

Le silence ne nous manque pas, car nous l'avons. Le jour où il nous manque, c'est que nous n'avons pas su le prendre.

Tous les bruits qui nous entourent font beaucoup moins de tapage que nous-mêmes.

Le vrai bruit, c'est l'écho que les choses ont en nous. Ce

n'est pas de parler qui rompt forcément le silence. Le silence est la place de la Parole de Dieu et si, lorsque nous parlons, nous nous bornons à répéter cette parole, nous ne cessons pas de nous taire.

Les monastères apparaissent comme les lieux de la louange et comme les lieux du silence nécessaire à la louange.

Dans la rue, pressés dans la foule, nous établissons nos âmes comme autant de creux de silence où la parole de Dieu peut se reposer et retentir.

Dans certaines multitudes où la haine, la convoitise, l'alcool marquent le péché, nous connaissons ce silence de désert et notre cœur se recueille avec une facilité extrême pour que Dieu y résonne son nom : « *Vox clamans in deserto.* »

SOLITUDE.

A nous gens de la rue, il semble que la solitude n'est pas l'absence du monde mais la présence de Dieu.

C'est de le rencontrer partout qui fait notre solitude.

Être vraiment seul, c'est, pour nous, participer à la solitude de Dieu.

Il est si grand qu'il ne laisse place à nul autre, sinon en lui. Le monde entier nous est comme un face à face avec lui dont nous ne pouvons nous évader.

Rencontre de sa causalité vivante dans ces carrefours trépidants de mouvements.

Rencontre de son empreinte sur la terre.

Rencontre de sa Providence dans les lois scientifiques.

Rencontre du Christ dans tous ces « petits qui sont à lui » : ceux qui souffrent dans leurs corps, ceux qui s'ennuient, ceux qui s'inquiètent, ceux qui manquent de quelque chose.

Rencontre du Christ rejeté, dans le péché aux mille visages.

Comment aurions-nous le cœur de les moquer ou de les haïr, ces multiples pécheurs que nous côtoyons?

Solitude de Dieu dans la charité fraternelle : le Christ servant le Christ; le Christ dans celui qui sert, le Christ dans celui qui est servi.

Comment l'apostolat serait-il pour nous une dissipation ou un tapage?

L'OBÉISSANCE.

Nous autres gens de la rue, nous savons très bien que tant que notre volonté sera vivante nous ne pourrons pas aimer pour de bon le Christ.

Nous savons que seule l'obéissance pourra nous établir dans cette mort.

Nous envierions nos frères religieux si nous ne pouvions, nous aussi, mourir un peu plus à chaque minute.

Les menues circonstances sont des « supérieures » fidèles. Elles ne nous laissent pas un instant et les « oui » que nous devons leur dire succèdent les uns aux autres.

Quand on se livre à elles sans résistance, on se trouve merveilleusement libéré de soi-même. On flotte dans la Providence comme un bouchon de liège dans l'eau.

Et ne faisons pas les fiers : Dieu ne confie rien à l'aventure; les pulsations de notre vie sont immenses, car il les a toutes voulues.

Dès le réveil, elles nous saisissent. C'est la sonnerie du téléphone. C'est la clé qui tourne mal. C'est l'autobus qui n'arrive pas, qui est complet, ou qui ne nous attend pas. C'est notre voisin de banquette qui tient toute la place; ou la glace qui vibre à nous casser la tête.

C'est l'engrenage de la journée, telle démarche qui en appelle une autre, tel travail que nous n'aurions pas choisi.

C'est le temps et ses variations exquises parce que absolument pures de toute volonté humaine. C'est avoir froid ou c'est avoir chaud, c'est la migraine et c'est le mal aux dents ; ce sont les gens que l'on rencontre. Ce sont les conversations que nos interlocuteurs choisissent. C'est le monsieur mal élevé qui nous bouscule sur le trottoir; ce sont les gens qui ont envie de perdre du temps et qui nous happent.

L'obéissance, pour nous, gens de la rue, c'est encore de nous plier aux manies de notre époque quand elles sont sans malice. C'est d'avoir le costume de tout le monde, les habitudes de tout le monde, le langage de tout le monde.

C'est, lorsque l'on vit à plusieurs, d'oublier d'avoir un goût et de laisser les choses à la place que les autres leur donnent. La vie devient ainsi une sorte de grand film au ralenti. Elle ne nous donne pas le vertige. Elle ne nous essouffle pas. Elle ronge petit à petit, fibre par fibre, la trame du vieil homme, qui n'est pas raccommodable et qu'il faut totalement renouveler. Quand nous nous sommes accoutumés à livrer ainsi notre volonté au gré de tant de minuscules choses, nous ne trouvons pas plus difficile, quand l'occasion s'en présente, de faire la volonté de notre chef de service, de notre mari ou de nos parents.

Et nous espérons bien que la mort même sera facile. Elle ne sera pas une grande chose, mais une suite de petites souffrances ordinaires l'une après l'autre consenties.

L'AMOUR.

Nous autres, gens de la rue, sommes bien sûrs que nous pouvons aimer Dieu autant qu'il a envie d'être aimé de nous.

Nous ne pensons pas que l'amour soit chose brillante mais chose consumante; nous pensons que faire de toutes petites choses pour Dieu nous le fait autant aimer que de faire de grandes actions. D'ailleurs nous pensons être fort mal informés sur la taille de nos actes. Nous ne savons que deux choses : la première, que tout ce que nous faisons ne peut être que petit; la seconde c'est que tout ce que Dieu fait est grand.

Cela nous rend tranquilles devant l'action.

Nous savons que tout notre travail consiste à ne pas gesticuler sous la grâce, à ne pas choisir les choses à faire et que c'est Dieu qui agira par nous.

Il n'y a rien de difficile pour Dieu et celui qui craint la difficulté se croit capable d'agir.

Parce que nous trouvons dans l'amour une occupation suffisante, nous n'avons pas pris le temps de classer les actes en prière et en action.

Nous trouvons que la prière est une action et que l'action est une prière; il nous semble que l'action vraiment amoureuse est toute pleine de lumière.

Il nous semble que, devant elle, l'âme est comme une nuit toute attentive à la lumière qui va venir. Et quand la lumière est là, la volonté de Dieu clairement comprise, elle la vit tout doucement, tout posément regardant son Dieu s'animer et agir en elle. Il nous semble que l'action est aussi une prière implorative. Il ne nous semble pas que l'action nous cloue sur notre terrain de travail, d'apostolat ou de vie.

Bien au contraire, il nous paraît que l'action parfaitement accomplie là où elle est réclamée de nous, nous greffe sur toute l'Église, nous diffuse dans tout son corps, nous fait disponibles en elle.

Nos pas marchent dans une rue mais notre cœur bat dans le monde entier.

C'est pourquoi nos petits actes, dans lesquels nous ne savons distinguer entre action et prière, unissent aussi parfaitement l'amour de Dieu et l'amour de nos frères.

Le fait de nous livrer à sa volonté nous livre du même coup à l'Église que cette même volonté fait constamment salvatrice et mère de grâce.

Chaque acte docile nous fait recevoir pleinement Dieu et donner pleinement Dieu dans une grande liberté d'esprit.

Alors la vie est une fête.

Chaque petite action est un événement immense où le paradis nous est donné, où nous pouvons donner le paradis.

Qu'importe ce que nous avons à faire : un balai ou un stylo à tenir.

Parler ou se taire, raccommoder ou faire une conférence, soigner un malade ou taper à la machine.

Tout cela n'est que l'écorce de la réalité splendide, la rencontre de l'âme avec Dieu à chaque minute renouvelée, à chaque minute accrue en grâce, toujours plus belle pour son Dieu.

On sonne? Vite, allons ouvrir; c'est Dieu qui vient nous aimer. Un renseignement?... le voici... c'est Dieu qui vient nous aimer. C'est l'heure de se mettre à table? Allons-y : c'est Dieu qui vient nous aimer.

Laissons-le faire.

Missionnaires sans bateaux[1]

VOIX QUI PRIENT DANS LE DÉSERT.

On a parlé du « désert de l'amour ». L'amour aspire au désert car le désert livre à Dieu l'homme nu de sa patrie, de ses amitiés, de ses champs, de sa maison. Au désert l'homme est dépossédé de ce qu'il aime, libre de ceux qui l'aiment, soumis à Dieu dans un gigantesque tête-à-tête.

C'est pourquoi de tous temps l'esprit a poussé au désert ceux qui aiment.

Missionnaires sans bateaux, tenaillés du même amour, le même esprit nous pousse vers d'autres déserts.

De son mamelon de sable, le missionnaire en blanc voit l'étendue des terres non baptisées.

En haut d'un grand escalier de métro, missionnaire en tailleur ou en imperméable nous voyons de marche en marche, à cette heure où il y a foule, une étendue de têtes, étendue frémissante qui attend l'ouverture du portillon. Casquettes, bérets, chapeaux, cheveux de toutes les couleurs. Des centaines de têtes : des centaines d'âmes. Nous tout en haut.

Et plus haut, et partout, Dieu.

Dieu partout, et combien d'âmes qui le savent.

Tout à l'heure, quand le portillon sera ouvert, nous monterons dans le métro. Nous verrons des visages, des fronts, des yeux, des bouches. Des bouches de gens seuls, au naturel : les unes avares, les autres impures, les autres méchantes, des bouches avides ou rassasiées de toutes les nourritures terrestres, si peu, si peu qui aient la forme de l'Évangile.

Tout à l'heure encore quand nous serons arrivés; dans le

1. Extraits d'un texte inédit, 1943.

noir, nous déboucherons à l'air libre et nous descendrons la rue qui nous ramènera chez nous.

A travers le brouillard, la pluie ou le clair de lune, nous croiserons des gens, nous les entendrons parler de colis, de lard, d'argent, d'avancement, de peur, de chicane : jamais ou presque de ce qui est notre amour.

A droite, à gauche, des maisons toutes noires avec des petites lignes de lumière qui disent que dans tout ce noir il y a des gens vivants.

Ce qu'ils font, nous le savons bien : ils bâtissent leurs joies fragiles; ils pâtissent de longues misères, ils font un peu de bien et beaucoup de péchés.

Comme il y aurait peu de lumière si une petite lumière brillait partout où une âme prie.

Oui, nous avons nos déserts... et l'amour nous y conduit.

Le même esprit qui mène nos frères blancs dans leurs déserts à eux, nous conduit quelquefois le cœur battant, dans les escaliers houleux, dans le métro, dans les rues noires.

Nos frères blancs, nous ne les envions pas.

Dans cette foule, cœur sur cœur, comprimés entre tant de corps, sur notre banquette où trois inconnus nous tiennent compagnie, dans la rue noire, notre cœur palpite comme un poing fermé sur un oiseau.

Le Saint-Esprit, tout le Saint-Esprit dans notre pauvre cœur, l'amour grand comme Dieu qui bat en nous, comme une mer qui veut à toute force sortir, s'étendre, pénétrer, dans tous ces êtres imperméables, dans tous ces êtres sans issue.

Pouvoir arpenter toutes les rues, s'asseoir dans tous les métros, monter tous les escaliers, porter le Seigneur Dieu partout : il y aura bien ici ou là une âme ayant gardé sa fragilité humaine en face de la grâce de Dieu, une âme qui aura oublié de se cuirasser d'or ou de ciment.

Et puis prier, prier comme on prie au milieu des autres déserts, prier pour tous ces gens, si près de nous, si près de Dieu.

Désert des foules. Se plonger dans la foule comme dans le sable blanc.

Désert des foules, désert de l'amour.

Nudité de l'amour vrai. Ne regrettons ni la compagne ni l'ami qui comprendrait tout ce que nous avons au cœur, ni l'heure douce dans un coin d'église, ni le livre aimé dans notre maison.

Désert où on est la proie de l'amour.

Cet amour qui nous habite, cet amour qui éclate en nous, est-ce qu'il ne va pas nous modeler.

Seigneur, Seigneur, au moins que cette écorce qui me couvre ne vous soit pas un barrage. Passez.

Mes yeux, mes mains, ma bouche sont à vous.

Cette femme si triste en face moi : voici ma bouche pour que vous lui souriiez.

Cet enfant presque gris, tant il est pâle : voici mes yeux pour que vous le regardiez.

Cet homme si las, si las, voici tout mon corps pour que vous lui laissiez ma place, et ma voix pour que vous lui disiez très doucement : « Asseyez-vous. » Ce garçon si fat, si bête, si dur, voici mon cœur pour que vous l'aimiez avec, plus fort qu'il ne l'a jamais été.

Missions au désert, missions sans échec, missions certaines, missions où on sème Dieu au milieu du monde, sûr qu'il germera quelque part car :

« Là où il n'y a pas d'amour, mettez l'amour, et vous recueillerez l'amour. »

TÉMOINS.

La parole de Dieu, on ne l'emporte pas au bout du monde, dans une mallette : on la porte en soi, on l'emporte en soi.

On ne la met pas dans un coin de soi-même, dans sa mémoire comme sur une étagère d'armoire où on l'aurait rangée. On la laisse aller jusqu'au fond de soi, jusqu'à ce gond où pivote tout nous-même.

On ne peut pas être missionnaire sans avoir fait en soi cet accueil franc, large, cordial à la parole de Dieu, à l'Évangile.

Cette parole, sa tendance vivante, elle est de se faire chair, de se faire chair en nous.

Et quand nous sommes ainsi habités par elle, nous devenons aptes à être missionnaires.

Mais ne nous méprenons pas. Sachons qu'il est très onéreux de recevoir en soi le message intact. C'est pourquoi tant d'entre nous le retouchent, le mutilent, l'atténuent.

On éprouve le besoin de le mettre à la mode du jour comme si

Dieu n'était pas à la mode de tous les jours, comme si on retouchait Dieu.

Si le missionnaire-prêtre est le porte-parole de la parole de Dieu, nous, missionnaires sans sacerdoce, nous en sommes une sorte de sacrement.

Une fois que nous avons connu la parole de Dieu, nous n'avons pas le droit de ne pas la recevoir ; une fois que nous l'avons reçue, nous n'avons pas le droit de ne pas la laisser s'incarner en nous, une fois qu'elle s'est incarnée en nous, nous n'avons pas le droit de la garder pour nous : nous appartenons dès lors à ceux qui l'attendent.

Le temps des martyrs passe et revient, mais le temps des témoins dure sans cesse et témoins veut dire martyrs.

Cette incarnation de la parole de Dieu en nous, cette docilité à nous laisser modeler par elle, c'est ce que nous appelons le témoignage.

Si notre témoignage est souvent si médiocre, c'est que nous ne réalisons pas que pour être témoin, il faut le même héroïsme que pour être martyr.

Pour prendre la parole de Dieu au sérieux, il faut en nous toute la force du Saint-Esprit.

« Vivre aujourd'hui comme si je devais ce soir mourir martyr », écrivait le Père de Foucauld.

« Commencer cette heure en sachant qu'il va falloir être martyr, être témoin », pourrions-nous dire au début de chaque heure de nos journées, parce qu'il n'y a pas d'heure où nous ayons le droit de laisser la parole de Dieu dormir en nous. Et cela implique une ferveur de tout nous-même en face de la grâce de chaque instant, une attente éperdue de cette force sans laquelle nous serons des rénégats.

Celui qui me suit ne marche pas dans les ténèbres

Il faut avoir pris conscience de ces deux masses ténébreuses entre lesquelles notre vie s'insère : ténèbre insondable de Dieu et ténèbre de l'homme, pour se livrer éperdument à l'Évangile, pour le découvrir à travers le double néant de notre état de créature et de notre état de pécheur.

Il faut avoir plongé dans la mort ambiante de ce qui fait notre amour d'homme : dévastations du temps, de l'universelle fragilité, des deuils, décomposition du temps, de toutes les valeurs, des groupes humains, de nous-mêmes.

Il faut avoir, à l'autre pôle, tâté l'univers impénétrable de la sécurité de Dieu pour percevoir en soi une telle horreur du noir que la lumière évangélique nous devienne plus nécessaire que le pain.

Alors seulement nous nous cramponnons à elle comme à une corde tendue au-dessus d'un double abîme.

Il faut se savoir perdu pour vouloir être sauvé.

Celui qui ne prend pas dans ses mains le mince livre de l'Évangile avec la résolution d'un homme qui n'a qu'une seule espérance, ne peut ni en déchiffrer ni en recevoir le message.

Peu importe alors que ce bienheureux désespéré, pauvre de toute attente humaine, prenne ce livre sur le rayon d'une riche bibliothèque ou dans la poche de sa veste de besogneux, ou dans une sacoche d'étudiant; peu importe qu'il le saisisse dans une halte de sa vie ou dans une journée pareille aux autres; dans une église ou dans sa cuisine; en plein champ ou dans son bureau, il saisira le livre mais lui-même sera saisi par les paroles qui sont esprit. Elles pénétreront en lui comme le grain dans la terre, comme le levain dans la pâte, comme l'arbre dans l'air, et lui, s'il y consent, pourra devenir simplement comme une expression nouvelle de ces paroles.

Là est le grand mystère caché dans le livre de l'Évangile.

Tout livre est déjà un mystère : un mystère d'homme. Dans tout livre s'opère une jonction de matière et d'esprit, de signifié et d'invisible. Tout livre témoigne que les frontières de l'âme sont au-delà de la chair et que ses dimensions ne se touchent pas avec les mains.

Mais l'Évangile n'est pas un livre parmi des livres. Il n'est pas une parole d'homme parmi des paroles d'homme, il est la Parole du Verbe de Dieu, il est le Verbe de Dieu fait vie humaine contemplée et racontée.

En lui est une vertu illuminatrice et transformante, un don de Dieu permanent et puissant. Mais tout don de Dieu ne se verse que dans les mains de la foi; tout don de Dieu ne se reçoit que dans les profondeurs vertigineuses de l'espérance.

L'Évangile, pour livrer son mystère, ne demande ni un décor, ni une érudition, ni une technique. Il demande une âme prosternée dans l'adoration et un cœur dépouillé de toute confiance en l'homme.

« CELUI QUI FAIT LA VÉRITÉ VIENT A LA LUMIÈRE... »

« JE VOUS AI DONNÉ L'EXEMPLE, AFIN QUE, COMME J'AI FAIT, VOUS FASSIEZ... »

« CELUI QUI GARDE MES COMMANDEMENTS, CELUI-LA M'AIME... »

Le secret de l'Évangile n'est pas un secret de curiosité, une initiation intellectuelle; le secret de l'Évangile est essentiellement une communication de vie.

La lumière de l'Évangile n'est pas une illumination qui nous demeure extérieure : elle est un feu qui exige de pénétrer en nous pour y opérer une dévastation et une transformation.

Celui qui laisse pénétrer en lui une seule parole du Seigneur et qui la laisse s'accomplir dans sa vie, connaît plus l'Évangile que celui dont tout l'effort restera méditation abstraite ou considération historique. L'Évangile n'est pas fait pour des esprits en quête d'idées. Il est fait pour des disciples qui veulent obéir.

L'obéissance demandée au disciple de Jésus-Christ agenouillé devant la parole et l'exemple de son maître, n'est pas une obéissance discursive, raisonneuse, interprétative; elle est une obéissance d'enfant revenu à son ignorance radicale de créature, à son aveuglement universel de pécheur.

En face de ces consignes simples et impitoyables, il n'y a pas à présenter nos « peut-être » ou nos « à peu près », il y a seulement possible le « oui oui » qui nous ouvre la vie, le « non non » qui nous referme sur la mort. Ces paroles sont faites pour atteindre en nous des racines de corruption dont nous ne pouvons deviner la profondeur parce que nous n'avons pas conscience du haut lieu où réside notre sainteté. Il ne faut donc pas nous étonner des cheminements interminables et douloureux, des bouleversements intimes que chacune de ces paroles opère en nous. Il ne faut pas arrêter cette sorte de chute de la parole au fond de nous-mêmes. Il nous faut le courage passif de la laisser agir, en nous. « Qu'il me soit fait selon votre Parole. »

Et quand une seule de ces paroles nous aura ainsi volé à nous-mêmes, il nous faudra savoir désirer communier à toutes les autres, même si alors ce petit livre nous semble immense et notre vie tout entière minuscule, étroite et incapable de le supporter.

« Mes paroles sont esprit et vie... »
« C'est l'Esprit qui vivifie, la lettre ne sert de rien... »

La révélation de l'Évangile est esprit et vie. Elle demande à celui qui veut la recevoir l'audience de son esprit et de sa vie. Nous pensons souvent à lui donner la « lettre » de notre existence, du temps, de la solitude matérielle, des évasions. Quand notre mode d'existence nous en empêche, nous croyons volontiers que l'Évangile n'est pas pour nous, ou que seul est pour nous un Évangile mutilé ou falsifié.

Volontiers nous laisserions à ceux qui ont opté pour le désert la plénitude d'un message qui a été vécu et prêché dans l'épaisseur la plus intime du monde.

Or, ce sont toutes nos vies qui sont appelées à être « évangélisées », qui ont la vocation de recevoir la parole entière de Jésus-Christ. Mais elles ne peuvent la recevoir que si elles se donnent en tant qu'elles-mêmes, en tant que vies, en tant que nos vies. Elles ne peuvent la recevoir que si elles se donnent avec la totalité de leurs énergies intérieures, avec tout ce qu'il y a de moteur en elles, avec tout leur esprit.

C'est dans notre vie que, du matin au soir, coule entre les rives de notre maison, de nos rues, de nos rencontres, la parole où Dieu veut résider.

C'est dans notre esprit qui nous fait nous-mêmes à travers les actes de notre travail, de nos peines, de nos joies, de nos amours, que la parole de Dieu veut demeurer.

La phrase du Seigneur que nous avons arrachée à l'Évangile dans une messe du matin ou dans une course de métro, ou entre deux travaux de ménage, ou le soir dans notre lit, elle ne doit plus nous quitter, pas plus que ne nous quitte notre vie ou notre esprit.

Elle veut féconder, modifier, renouveler la poignée de main que nous aurons à donner, notre effort sur notre tâche, notre regard sur ceux que nous rencontrons, notre réaction sur la fatigue, notre sursaut devant la douleur, notre épanouissement dans la joie.

Elle veut être chez elle partout où nous sommes chez nous.

Elle veut être nous-mêmes partout où nous sommes nous.

La parole du Seigneur, elle exige notre respect; si notre vie a des pauses possibles, elle veut posséder à la fois un peu ou beaucoup de ces pauses, elle exige que notre esprit s'y occupe exclusivem ent d'elle, veut de lui le sacrifice de tout ce qui vaut moins qu'elle. Elle veut que l'on prie sur elle dans l'oubli de tout ce qui est si peu à côté d'elle.

Si notre vie est si bourrée par nos devoirs que les pauses y soient impossibles, si nos enfants, un mari, la maison, le travail envahissent presque tout, elle veut que nous croyions assez en elle, que nous la respections assez pour savoir que sa force divine lui fera toujours de la place. Alors nous la verrons luire pendant que nous marchons dans la rue, pendant que nous façonnons notre travail, pendant que nous épluchons nos légumes, que nous attendons la communication téléphonique, que nous balayons nos parquets, nous la verrons luire entre deux phrases de notre prochain, entre deux lettres à écrire, quand nous nous réveillons et quand nous nous endormons.

C'est qu'elle aura trouvé sa place, un cœur d'homme pauvre et chaud pour la recevoir.

« Je vais a mon Père et votre Père,
« a mon Dieu et votre Dieu. »

Recevoir dans notre vie le message évangélique, c'est laisser notre vie devenir au sens large et réel du mot : une vie religieuse, une vie référée, rattachée à Dieu.

La révélation essentielle de l'Évangile, c'est la présence dominante et envahissante de Dieu. C'est un appel à rencontrer Dieu et Dieu ne se rencontre que dans la solitude.

A ceux qui vivent chez les hommes, il semblerait que cette solitude soit refusée.

Ce serait croire que nous précédons Dieu dans la solitude : c'est lui qui nous attend ; le trouver, c'est la trouver, car la vraie solitude est esprit et toutes nos solitudes humaines ne sont que des acheminements relatifs vers la parfaite solitude qui est la foi.

La vraie solitude, ce n'est pas l'absence des hommes, c'est la présence de Dieu.

Mettre sa vie en face à face avec Dieu, livrer sa vie à la motion de Dieu, c'est bondir dans une région où nous sommes faits solitaires.

C'est la hauteur qui fait la solitude des montagnes et non le lieu où sont posées leurs bases.

Si le jaillissement de la présence de Dieu en nous s'exhausse dans le silence et la solitude, elle nous laisse posés, mêlés, radicalement unis à tous les hommes qui sont faits de la même terre que nous.

A celui qui consent cette rencontre solitaire avec Dieu, Dieu donne en surplus la solitude de l'homme. Il nous fait comprendre que, soustraction faite de ses dons, de ses impulsions, de ses vouloirs, il ne reste plus qu'une sorte de pâte commune faite d'un même néant et d'un même péché où l'homme ne voit dans les autres hommes qu'un triste et monotone prolongement de lui-même.

Sur cette boue uniforme, les seules distinctions discernables sont les volontés rédemptrices et créatrices de Dieu; elles appellent nos enthousiasmes et nos amours. Mais nous les voyons trop couler de lui, elles ne nous distraient pas de lui, elles étendent sur le monde entier sa solitude.

Solitudes.

Comme celui qui quitte Paris pour le désert sourit de loin à la solitude; comme le voyageur attend d'un cœur dilaté les longs jours passés sur la mer; comme le moine caresse des yeux les murs de sa clôture, ainsi dès le lever, ouvrons notre âme aux petites solitudes de la journée.

Car nos minuscules solitudes sont aussi grandes, aussi exaltantes, aussi saintes que tous les déserts du monde, elles sont habitées par le même Dieu, le Dieu qui fait la solitude sainte. Solitude de la rue noire qui sépare la maison du métro, solitude d'une banquette où d'autres êtres portent leur part du monde, solitude des longs couloirs où coule le flot courant de toutes les vies en route vers une nouvelle journée. Solitude de quelques minutes où, accroupi devant le poêle, on attend la flamme du petit bois avant de mettre le charbon; solitude de la cuisine devant la bassine aux légumes. Solitude à genoux sur le plancher qu'on frotte, dans l'allée du jardin où l'on cherche un pied de salade. Petites solitudes de l'escalier monté et descendu cent fois par jour. Solitude des longues heures de lessive, de raccommodage, de repassage.

Solitudes que nous pourrions redouter et qui sont l'évidement de notre cœur : aimés qui s'en vont et qu'on voudrait garder; amis qu'on attend et qui ne viennent pas; choses qu'on voudrait dire et que personne n'écoute, étrangeté de notre cœur parmi les hommes.

Le premier pas dans la solitude, c'est un départ. Les vrais déserts se gagnent, dans les deux sens du mot, en prenant le train, le bateau ou l'avion. Nous ne savons pas discerner les multiples petits départs qui jalonnent une journée, c'est pourquoi nous n'aboutissons pas toujours aux solitudes qui sont les nôtres, aux solitudes qui nous ont été préparées.

Parce qu'un relais de solitude n'est séparé de nous que par l'épaisseur d'une porte ou par l'étape d'un quart d'heure, nous lui refusons sa valeur d'éternité, nous ne la prenons pas au sérieux, nous ne l'abordons pas comme un paysage unique, apte aux révélations essentielles.

C'est parce que notre cœur est dépourvu d'attente que les puits de solitude dont sont parsemées nos journées nous refusent l'eau vive dont ils débordent.

Nous avons la superstition du temps.

Si notre amour demande du temps, l'amour de Dieu se joue des heures et une âme disponible peut être bouleversée par lui en un instant.

« Je te conduirai dans la solitude et je parlerai à ton cœur. »

Si nos solitudes sont pour nous mauvaises adductrices de la Parole, c'est que notre cœur est absent.

Heureux celui qui reçoit la parole de Dieu et qui la garde.

Il n'y a pas de solitude sans le silence. Le silence, c'est quelquefois se taire, mais le silence, c'est toujours écouter.

Une absence de bruit qui serait vide de notre attention à la parole de Dieu ne serait pas du silence.

Une journée pleine de bruits et pleine de voix peut être une journée de silence si le bruit devient pour nous écho de la présence de Dieu.

Quand nous parlons de nous-mêmes et par nous-mêmes, nous sortons du silence.

Quand nous répétons avec nos lèvres les suggestions intimes de la parole de Dieu au fond de nous, nous laissons le silence intact.

Le silence n'aime pas la profusion des mots.

Nous savons parler ou nous taire, mais nous savons mal nous contenter des mots nécessaires. Sans cesse nous oscillons entre un mutisme qui abîme la charité et une explosion de paroles qui déborde la vérité.

Le silence est charité et vérité.

Il répond à celui qui lui demande quelque chose, mais il ne donne que des mots chargés de vie. Le silence, comme toutes les consignes de vie, nous conduit au don de nous-mêmes et non à une avarice déguisée. Mais il nous garde rassemblés pour ce don. On ne peut se donner quand on s'est gaspillé. Les paroles vaines dont nous habillons nos pensées sont un constant gaspillage de nous-mêmes.

« De toutes vos paroles, il vous sera demandé compte. »

De toutes celles qu'il fallait dire et que notre avarice aura gardées.

De toutes celles qu'il fallait taire et que notre prodigalité aura éparpillées aux quatre vents de notre fantaisie ou de nos nerfs.

Silences.

Pourquoi le vent dans les pins, la tempête sur le sable, la bourrasque sur la mer seraient-ils silence et non pas le pilonnage des machines à l'atelier, le grondement des trains en gare, le brouhaha des moteurs au carrefour?

Ce sont ici comme là les grandes lois qui jouent, bruissement de la création qui nous enserre.

Pourquoi le chant d'une alouette dans les blés, le crissement des insectes dans la nuit, le bourdonnement des abeilles dans le thym nourriraient-ils notre silence et non pas les pas des foules dans la rue, les voix des femmes au marché, les cris des hommes au travail, le rire des enfants au jardin, les chansons qui sortent des bars? Tout est bruit des créatures qui s'avancent vers leur destin, tout est écho de la maison de Dieu en ordre ou en désordre, tout est signal de la vie à la rencontre de notre vie.

Le silence n'est pas une évasion, mais rassemblement de nous-mêmes au creux de Dieu.

Le silence n'est pas une couleuvre que le moindre bruit fait fuir, c'est un aigle aux fortes ailes qui surplombe le brouhaha de la terre, des hommes et du vent.

« Dites : Notre Père, qui êtes aux cieux... »

Celui qui dit « Notre Père qui êtes aux cieux » et qui vit en enfant de la terre est un menteur.

Pour cesser d'être un menteur, il faut se convertir.

Nos racines sont en terre.

Il faut les mettre au ciel.

Pour que l'arbre de notre vie pousse ses branches sur la terre et que les oiseaux puissent y nicher il faut le planter la tête en bas.

La croix où saint Pierre est crucifié à l'envers est l'image de toute vie évangélique.

La vie que nous cherchons près du Père nous instaure dans une jeunesse qui se renouvelle à tout instant.

Les forces que nous demandons aux nourritures terrestres, les énergies que nous sollicitons de toutes les médecines humaines ravitaillent notre faiblesse, mais la laissent incurablement faible.

Quand notre faiblesse crie vers Dieu, elle devient le lieu du Dieu fort.

Les lumières que nous quémandons à tout ce qui éclaire le monde laissent nos yeux myopes et leur champ visuel étroit.

Quand nous les fermons sous le toucher de Dieu, c'est eux-mêmes qui sont changés et apprennent à voir même la nuit.

L'amour que nous essayons de vivre en nous précipitant dans la vie des autres êtres laisse notre cœur inconcevablement divers, tantôt ardent et tantôt froid, tantôt tendre et tantôt de pierre.

Quand nous tournons vers Dieu notre cœur, il nous donne « ce cœur de chair » qui brûle également tout ce qu'il touche.

Dire « Notre Père » en vérité, c'est renoncer au cheminement de la mort en nous pour se laisser naître à la vie éternelle.

Bal de l'obéissance

« Nous avons joué de la flûte et vous n'avez pas dansé. »

C'est le 14 juillet.
Tout le monde va danser.
Partout, depuis des mois, des années, le monde danse.
Plus on y meurt, plus on y danse.
Vagues de guerres, vagues de bal.

Il y a vraiment beaucoup de bruit.
Les gens sérieux sont couchés.
Les religieux récitent les matines de saint Henri, roi.
Et moi je pense
A l'autre roi,
Au roi David qui dansait devant l'Arche.

Car s'il y a beaucoup de saintes gens qui n'aiment pas danser,
Il y a beaucoup de saints qui ont eu besoin de danser,
Tant ils étaient heureux de vivre :
Sainte Thérèse avec ses castagnettes,
Saint Jean de la Croix avec un Enfant Jésus dans les bras,
Et saint François, devant le pape.
Si nous étions contents de vous, Seigneur,
Nous ne pourrions pas résister
A ce besoin de danser qui déferle sur le monde,
Et nous arriverions à deviner
Quelle danse il vous plaît de nous faire danser
En épousant les pas de votre Providence.

Car je pense que vous en avez peut-être assez
Des gens qui, toujours, parlent de vous servir avec des airs de
Capitaines,

De vous connaître avec des airs de professeurs,
De vous atteindre avec des règles de sport.
De vous aimer comme on s'aime dans un vieux ménage.

Un jour où vous aviez un peu envie d'autre chose,
Vous avez inventé saint François,
Et vous en avez fait votre jongleur.
A nous de nous laisser inventer
Pour être des gens joyeux qui dansent leur vie avec vous.

Pour être un bon danseur, avec vous comme ailleurs, il ne faut
Pas savoir où cela mène.
Il faut suivre,
Être allègre,
Être léger,
Et surtout ne pas être raide.
Il ne faut pas vous demander d'explications
Sur les pas qu'il vous plaît de faire.
Il faut être comme un prolongement,
Agile et vivant de vous,
Et recevoir par vous la transmission du rythme de l'orchestre.
Il ne faut pas vouloir à tout prix avancer,
Mais accepter de tourner, d'aller de côté.
Il faut savoir s'arrêter et glisser au lieu de marcher.
Et cela ne serait que des pas imbéciles
Si la musique n'en faisait une harmonie.

Mais nous oublions la musique de votre esprit,
Et nous faisons de notre vie un exercice de gymnastique;
Nous oublions que, dans vos bras, elle se danse,
Que votre Sainte Volonté
Est d'une inconcevable fantaisie,
Et qu'il n'est de monotonie et d'ennui
Que pour les vieilles âmes
Qui font tapisserie
Dans le bal joyeux de votre amour.

Seigneur, venez nous inviter.
Nous sommes prêts à vous danser cette course à faire,
Ces comptes, le dîner à préparer, cette veillée où l'on aura
Sommeil.

Nous sommes prêts à vous danser la danse du travail,
Celle de la chaleur, plus tard celle du froid.
Si certains airs sont souvent en mineur, nous ne vous dirons pas
Qu'ils sont tristes;
Si d'autres nous essoufflent un peu, nous ne vous dirons pas
Qu'ils sont époumonants.
Et si des gens nous bousculent, nous le prendrons en riant,
Sachant bien que cela arrive toujours en dansant.

Seigneur, enseignez-nous la place
Que, dans ce roman éternel
Amorcé entre vous et nous,
Tient le bal singulier de notre obéissance.

Révélez-nous le grand orchestre de vos desseins
Où ce que vous permettez
Jette des notes étranges
Dans la sérénité de ce que vous voulez.
Apprenez-nous à revêtir chaque jour
Notre condition humaine
Comme une robe de bal, qui nous fera aimer de vous
Tous ses détails comme d'indispensables bijoux.

Faites-nous vivre notre vie,
Non comme un jeu d'échecs où tout est calculé,
Non comme un match où tout est difficile,
Non comme un théorème qui nous casse la tête,
Mais comme une fête sans fin où votre rencontre se renouvelle,
Comme un bal,
Comme une danse,
Entre les bras de votre grâce,
Dans la musique universelle de l'amour.

Seigneur, venez nous inviter.

DEUXIÈME PARTIE

L'Église
1950-1954

1. *Le peuple de Paris va à l'enterrement de son père*, 1949.
2. *Diversité et unité de la condition prolétarienne*, 1951.
3. *Église et mission*, 1951.
4. *La misère de l'esprit*, 1952.
5. *Voyage éclair à Rome*, 1952.
6. *Tendance d'alliance, tendance de salut*, 1953.
7. *L'amour de l'Église*, 1953.
8. *Le risque de la soumission*, 1954.

Être missionnaire c'est découvrir l'Église qui nous envoie.

« Seule l'Église est assez forte pour porter l'Évangile sans trébucher. »

L'Église c'est Jésus de maintenant, le Christ total.

Le chrétien n'est pas libre à l'égard du Christ et de l'Église : il est « en état de foi vivante » :

« On ne peut vivre cet amour qui est à la taille du Christ-Église et non à la nôtre, que si nous intensifions notre appartenance intime, interne, vitale au Christ dans l'Église. » (L'Amour de l'Église, p. 150.)

D'où l'appel à la prière et à la conversion personnelle du chrétien pour la Mission.

Mai 1949.	Mort du cardinal Suhard.
Juillet 1953.	Directives romaines à propos des stages de séminaristes en usine ou des religieux au travail.
Septembre 1953.	Mgr Marella, nonce apostolique, donne connaissance de la décision romaine d'arrêter le travail des prêtres.
Mai 1954.	Avec l'autorisation de leurs évêques certains prêtres cherchent un travail à temps partiel ou dans de petits ateliers.
Août 1954.	Constitution apostolique *Omnium Ecclesiarum* qui organise la Mission de France dans le cadre de la prélature de Pontigny.

Depuis 1941, Madeleine est intimement mêlée aux événements de l'Église de France non point dans le détail ou les décisions, comme pouvaient l'être tels ou tels prêtres, mais dans les grands moments : naissance du séminaire de la Mission de France à Lisieux et de la Mission de Marseille. Elle se trouve présente également au moment des crises et des choix : on vient déverser son cœur auprès d'elle, elle-même n'hésite pas à écrire aussi bien à un prêtre en difficulté qu'aux responsables.

Elle est à la fois d'une discrétion extraordinaire, sans la moindre démangeaison d'intervenir, et pourtant présente comme une sœur, une mère, une infirmière.

Mais son attitude si exacte et si efficace provient de ce que, avec toujours quelques années ou quelques mois d'avance, elle a vécu en elle-même et unifié les paradoxes, les dilemmes, les drames de l'époque.

Avant de parler, Madeleine prie. C'est le besoin de prier pour la Mission qui, en 1952, la mène à une aventure assez cocasse. Elle manifeste sa conviction que le soubassement de la prière de tous les chrétiens a manqué aux prêtres ouvriers, d'où un pèlerinage pour demander cette prière, vitalement nécessaire à leur apostolat.

Inquiète des dangers que couraient ses frères engagés dans les « engrenages aveuglants » de la lutte ouvrière, soucieuse de l'unité, de la compréhension mutuelle des chrétiens entre eux, Madeleine confia un beau jour à son équipe un peu sceptique son désir d'aller à Rome l'espace d'une journée, pour seulement prier sur le tombeau de Pierre.

Elle se montra prête à renoncer à ce projet quand on lui fit remarquer que cela « faisait chère l'heure de prière », mais à condition toutefois qu'une somme équivalente au prix du voyage ne tombât pas du ciel de façon inattendue. Or, dans la semaine même, une des amies de Madeleine, incroyante, lui amenait une parente d'Amérique du Sud, catholique qui voulait s'informer du catholicisme français. A la fin de cette visite « tante Rosa » remit à l'équipe un billet de loterie nationale auquel personne ne prêta beaucoup d'attention sauf lorsqu'on s'aperçut que ce billet était déjà gagnant, et de la somme nécessaire au voyage.

Madeleine partit donc « en pèlerinage ». Elle voulut rendre visite auparavant, pour être en paix avec eux, à tous les chrétiens d'Ivry avec lesquels elle ne se sentait pas d'accord, puis, voyageant deux jours et deux nuits, elle resta à Saint-Pierre de Rome les douze heures prévues. Elle devait à son retour envoyer à ses proches la relation qui est publiée plus loin.

Notons aussi que par un jeu de circonstances aussi imprévisibles que le don du billet de loterie gagnant, ce voyage solitaire et si bref fut à l'origine de presque toutes les relations que Madeleine eut par la suite à Rome avec l'Église hiérarchique.

Le peuple de Paris va à l'enterrement de son père [1]

Quand le père est mort, les enfants vont à l'enterrement : ils sont les premiers derrière le cercueil.

Le peuple de Paris avait perdu son père : il est allé à Notre-Dame. Le peuple qui croyait et le peuple aussi qui ne croyait pas.

Il est venu avec sa prière, ou avec sa sympathie, ou avec son respect, ou avec sa curiosité. Il est arrivé à l'église et l'église était fermée. A huit heures, elle était fermée, à neuf heures elle était encore fermée, à dix heures elle l'était toujours.

Il a pensé qu'on ne laissait entrer personne avant que le père soit entré pour que tous ses enfants le suivent et entrent avec lui. Mais l'église était ouverte pour les prêtres et les religieux, pour les personnages officiels, pour ceux qui portaient des cartes d'invitation.

Le peuple de Paris a pensé que c'était peut-être plus commode et il a attendu son tour, sa place, avec la famille, derrière le corps.

Le parvis était plein de monde, plein de mains jointes, de regards interrogateurs. Il bourdonnait de questions.

Les haut-parleurs ne marchaient presque pas : c'était dommage.

Quand le cortège fut entré, le peuple de Paris a voulu le suivre, mais les barrages n'ont pas cédé.

Par hasard ou par bienveillance, une poignée de gens a pu passer, ou pu entrer : j'en étais, les autres sont restés dehors.

Si l'église avait été comble, il aurait déjà été pénible de laisser le peuple de Paris à la porte.

Mais l'église n'était pas comble.

Notre-Dame est faite pour recevoir le peuple de Paris. Elle a l'habitude. Si le peuple était dehors, c'est que Notre-Dame

1. Article publié dans *Témoignage chrétien*, à l'occasion de l'enterrement du cardinal Suhard, 1949.

n'était pas pleine. Il y avait des places nombreuses dans le fond des bas-côtés, les chapelles latérales étaient vides, vides aussi les énormes tribunes de chaque côté de la nef.

Quand la cérémonie a été finie le peuple de Paris a voulu venir près de son père.

Mais on n'a pas encore voulu de lui.

On lui a demandé d'attendre une heure et demie devant l'église déserte. Son temps coûte cher et il pleuvait.

Ceux qui croyaient ont élevé leur cœur vers le père qui avait su les comprendre et leur cœur a pesé d'une double peine.

Ceux qui ne croyaient pas ont sans doute cru encore un peu moins.

Ils n'ont pas pu rencontrer, à travers cette pompe froide et organisée, la divine et màternelle tendresse qui les attendait peut-être derrière les pierres.

Diversité et unité de la condition prolétarienne [1]

Partons d'un réel élémentaire : de Pierre, de Jacques, de Jean qui vivent auprès de moi.

Ils resteront toujours chargés d'un atavisme déterminant. Ils resteront Breton en Bretagne ou à Puteaux, Gascon à Toulouse ou à Briey, Lorrain à Nancy ou à Clermont-Ferrand. « Nous autres, Parisiens... », disait avec un magnifique accent du Vaucluse l'orateur d'un meeting, et toute la salle éclata de rire. L'ancien petit paysan aux joues rouges aura dans l'atmosphère urbaine d'imprévisibles fragilités physiques et psychologiques ou des réactions neuves et solides. La petite fille de tel faubourg pourra devenir une femme sans repos et sans défaillance, inapte aux contaminations et aux défaites. Si « chacun » est le réel, les milieux ouvriers le sont aussi. Je dis « les », je ne dis pas « le ». Pierre, Jacques ou Jean deviendront Jacques menuisier, ou Pierre ajusteur, Jean de la mine ou Pierre des docks, Jacques de Paulette ou Jean de Claudine. Intégrés dans une communauté humaine déterminée, ils la modifieront imperceptiblement comme ils seront modifiés par elle. C'est à l'intérieur de ces milieux diversifiés et diversifiants que Pierre, Jacques ou Jean seront atteints par les modalités communes de la condition

1. C'est sur une connaissance exacte et concrète des milieux ouvriers que s'appuie la réflexion missionnaire de M.D. Bien qu'elle n'ait jamais participé à la vie ouvrière en travaillant elle-même en usine, elle avait puisé dans une vie fraternelle, vécue plus de vingt ans à Ivry, une compréhension et un amour des hommes et des femmes du prolétariat.

C'est en somme pour authentifier, s'il en était besoin, sa connaissance des milieux dont elle parle que nous joignons à ces textes, tous missionnaires, une étude parue dans la revue *Esprit* (juillet-août 1951) sur la condition ouvrière. Nous y joignons une conclusion et un poème inédits où elle dévoile aussi son propre itinéraire.

ouvrière. Et l'unique destinée humaine ne les saisira qu'à travers ce que la condition ouvrière porte en elle de singulier.

Sur le flanc de Paris : l'énorme poche de Renault, ses trente mille travailleurs. Tout un quartier penche sur elle. Il vit d'elle. Les rues drainent à heures fixes un peuple qu'elles dispersent plus tard vers des H.B.M. modernes, des maisons désuètes, des hôtels puants et des pavillons, des logements douillets et d'imprévisibles taudis.

Le Nord : la grande plaine et le grand ciel. Aplaties au ras du sol, les cités géométriques, les murs noirs et les rideaux blancs. Le charbon roi. Sa présence souterraine et son rayonnement obscur qui peint en noir choses et gens.

Marseille : les pulsations du port qui commandent le travail, les dockers, leur travail incohérent, les remous de leur insécurité. En frange de l'eau, les « boulevards », les maisons minables. Des couloirs débouchent derrière eux, des cours en contrebas, des escaliers qui les enjampent et vont rejoindre d'autres impasses. Un amalgame de tribus : Espagnols, Italiens, Algériens. La vie de plain-pied, le soleil pour tout le monde et tout le monde se connaît.

Les routes qui marchent, les canaux dolents, le peuple patriarcal des mariniers artisans ou salariés, déchirés par leur vie mobile entre les points d'attache, où les enfants vont à l'école et les malades à l'hôpital. Les familles repliées dans leurs petits univers flottants.

Longwy : les aciéries. Le minerai et le coke se donnent rendez-vous dans un village. L'usine naît; le village est englouti. Sur les crassiers des cités roses jouent à le recommencer. Maisons, église, écoles, hôtels, sont plus ou moins à l'usine : quitter l'usine, c'est tout quitter. Les gens sont rangés dans des casiers. Les maisons sont à la taille de la fonction, non de la famille. Le temps est modifié par l'usine; il n'y a plus le jour et la nuit, la nuit flamboie de coulées et d'explosions, il y a les tournées, les trois-huit.

Ambulants et organisés : les cheminots. Ils sont chez eux partout où passent des rails et partout où siffle un train, pendant que sur les côtes les pêcheurs salariés subissent le flux et le reflux des saisons de pêche.

Les Vosges, les tissages, l'uniformité du travail sans les comparaisons qui indignent et réveillent. Un peuple qui met son courage à subir.

Paris, son éventail d'industries, le mélange et le bouillonnement des mécontentements, les rencontres de militants, la croisée des mouvements économiques et politiques.

Chaque branche professionnelle renforce ou divise un milieu physique donné. Métallos, cheminots, mineurs et quelques autres sont l'aristocratie professionnelle. Le bâtiment est tout entier marqué d'un caractère d'intermittence, de risque et de déplacements. Tel grand barrage verra surgir loin du foyer, dans une ville de baraquements, l'afflux d'une main-d'œuvre cosmopolite. Puis les baraques disparaissent et les hommes se dispersent. Les produits chimiques, l'alimentation sont les refuges permanents des « non qualifiés ». Peu de militants s'y engagent. Le syndicalisme y végète. Un seul militant émigré d'une branche plus forte peut amener la révolution syndicale d'une entreprise. Je pense à telle usine d'alimentation où jamais n'avait mordu aucun mouvement et qui, en quatre mois, a atteint le 100 % de cartes syndicales.

Mais, au sein des branches professionnelles, d'autres différenciations interviennent. L'entreprise elle-même amène son climat propre. L'usine de 1 500 ouvriers ne ressemble pas à celle de 200 ouvriers. L'usine où « l'on ne reste pas » à celle où l'on se succède de père en fils. L'ordre et la méthode créent une ambiance; le laisser-aller, l'inorganisation sapent toute ambiance. Dans une même usine, des ateliers séparés de quelques mètres sont des milieux autonomes : ici on sera solidaire, là individualiste, ici ce sera l'agitation endémique, là une prudence peureuse.

Le lieu enfin influencera deux entreprises de même famille. Une scierie urbaine ou une scierie du Sud-Ouest feront contraste : dans l'une le travail sera le travail salarié; pour l'autre, le travail sera aussi bien le travail salarié que le travail fourni le soir ou en week-end dans le jardin ou le bout de vigne.

Si nous percevons, d'un bout à l'autre du monde, des caractéristiques communes qui marquent la vie ouvrière dans son ensemble, il ne faudra jamais oublier pour autant la diversité qu'elle recouvre.

Il y a une souffrance ouvrière qui porte partout les mêmes noms. Qu'elle atteigne Jacques ou Jean, le docker ou le mineur, le Noir, le Blanc ou le Jaune, elle est une violence subie, un asservissement, une pauvreté, le poids d'un mépris. Réduire sa malfaisance à des crimes d'ordre économique, c'est la méconnaître. La limiter dans le temps, c'est la minimiser; en faire un mal guérissable réserve de cruelles désillusions. L'estimer fatale, c'est croire fatal un ordre social qui ne l'est pas. La supprimer n'est pas donner le bonheur. On peut être heureux en souffrant et ne pas souffrir n'est pas toujours être heureux. Parmi les plus écrasés des hommes, il y a des amoureux qui sont heureux, des familles paisibles, des groupes qui rient, des foules qui chantent. Mais que le bonheur subsiste pour certains d'entre eux n'est pas une excuse à prendre son parti de leur souffrance.

SERVITUDE.

S'il y a une *violence* liée à telle ou telle révolution sociale, il ne faut pas que son hypothèse nous fasse oublier la violence acquise, chaotique, organique, qui broie actuellement une foule de vies humaines sous le pressoir. Prendre dans ses mains une douzaine de torchons neufs, une blouse de confection, un seau de charbon, c'est tacher ses mains toujours de sueur, souvent de larmes, quelquefois de sang. Les réclames et les étiquettes nous cachent la monstrueuse nourriture dont nous vivons. L'objection de conscience se fait jour devant les guerres internationales. Il y a une autre objection de conscience qui ne se manifeste pas devant la guerre du travail humain. La violence de cette guerre est si commune, si bien dirigée qu'elle est devenue imperceptible. Des faits très simples :

Un voyage entassé nous laisse le souvenir de courbatures, nous trouvons anormal d'être resté debout dans le couloir pendant sept ou huit heures. Des multitudes d'hommes et de femmes travaillent debout, certains pendant des années, devant une même machine, et comme ils sont censés en avoir pris l'habitude, nous avons pris l'habitude de le savoir.

Les plus farouches partisans de la propriété personnelle sont d'accord pour dire que le soleil, le ciel appartiennent à tous. Mais que des hommes passent un tiers de leur vie dans le sous-sol d'une mine, dans les souterrains d'une usine ou dans les égouts ne semble pas une atteinte à ce droit universel de propriété. Les moins assujettis au travail clament qu'il faut travailler pour vivre. Ils ignorent souvent que le travail fait gagner la mort. Certains postes réservés de plein droit à un Algérien ou à un Annamite conduisent, en un nombre fixe de mois, celui qui l'assure en sanatorium.

Si ces exemples, que je pourrais multiplier, restent des exceptions nombreuses, mais des exceptions en France, il ne faut pas oublier qu'ils sont comme les points visibles d'une réalité mondiale. Il faut connaître ces batailles permanentes dont meurent des hommes, ces batailles d'où sortent des corps mutilés, des santés détruites. Certains travaux tuent brutalement, d'autres lentement. Il y a des fours qui explosent, des machines qui scalpent, des presses qui écrasent. Des industries rongent les poumons, d'autres usent le sang. Des organismes s'étiolent dans les températures sahariennes de certains ateliers, dans des caves où c'est toujours l'hiver, dans des halles où c'est toujours le plein vent. La mort a pour des quartiers entiers le droit de tuer davantage et plus vite. Des entreprises ne font jamais manger assez. Des tisseuses quittent leur métier pour des maisons de cure quand elles sont devenues incurables. Il y a des mains que l'on brûle, tant qu'il n'est pas plus économique de les remplacer par des brasseuses mécaniques.

Comme la souffrance qu'il produit, l'asservissement de l'homme par l'homme évolue avec le progrès matériel. Chaque étape porte son tyran et enfante sa révolte. Le petit garçon qui fut mon grand-père tapait seize heures durant sur des chaudrons et mangeait de l'eau de vaisselle. On l'a libéré. On a cru le libérer. On montre dans les *Histoires ouvrières* les tronçons des grosses chaînes qui ont meurtri ses poignets. On étale avec orgueil les écoles où nos enfants doivent aller jusqu'à l'âge des culottes longues, leurs consultations médicales et leurs colonies de vacances. On nous dit qu'ils ont été libérés. Faut-il le croire?

Le jeune qui, dans les classes moyennes, décide son orientation d'avenir, *peut* le faire en fonction de facultés qu'il veut développer ou d'un risque qu'il souhaite courir. S'il en est empêché, c'est par des échecs personnels ou par une contrainte sociale réduite au plan familial. L'exception est celui qui n'a pas pu choisir. Dans la condition ouvrière, cette liberté initiale d'option est singulièrement réduite. Qu'un lycéen souhaite devenir artisan ou ouvrier, rien sur le plan pratique ne l'en empêche. Qu'un enfant du milieu ouvrier veuille devenir architecte, presque tout lui est obstacle. Il existe le travail manuel quasi forcé. Si certains avocats, médecins, ingénieurs sont sortis de familles ouvrières, c'est une infime minorité car il leur a fallu tout un concours de « chances ». Et combien, à côté d'eux portaient en puissance le médecin, l'avocat, l'ingénieur qui ne verra jamais le jour, parce que les mêmes chances lui ont manqué.

Une minorité plus importante d'enfants pourra choisir dans les métiers manuels techniques celui qui correspond à leurs aptitudes. Mais là, déjà, interviendra une limitation du choix. L'orientation professionnelle à laquelle on confiera le soin de les aiguiller devra tenir compte du marché du travail : si le marché n'est pas favorable, les places d'apprentissage dans la branche choisie seront limitées, et c'est à cet état du marché que seront sacrifiées les aptitudes. Des carences physiques pèseront lourdement contre un attrait déterminé. Il faut au travailleur manuel un corps correct. On ne demande pas à l'étudiant en droit le nombre de ses pulsations ou s'il écrit avec des lunettes. Mais on le demandera souvent au candidat d'une école professionnelle.

Pour une autre fraction de jeunes, la spécialisation va se limiter à ce qu'indiquent les circonstances : dans un pays de mines, il est fort difficile de choisir un travail qui n'a pas sa place à la mine, dans un pays d'acier, un métier indépendant de l'acier. Nombreuses sont les régions à la fois fortement surpeuplées et industriellement spécialisées. Ici, on sera pour toujours en vie commune avec l'automobile, là avec la toile, ici avec le charbon, là avec l'essence.

Pour une proportion de jeunes plus large encore, l'engagement dans le travail est un jeu de hasard. On devient menuisier parce qu'il y a une menuiserie dans la rue, métallo parce qu'un camarade travaille dans une usine de métallurgie, gars du bâtiment parce qu'on a lu une annonce.

C'est ainsi que naît un fait capital : on ne cherche plus à *être payé pour un travail, mais à travailler pour être payé*. Et ce fait domine bientôt pour toute une masse qui « entre » là où « il y a de la place », là où on peut gagner immédiatement. Pour elle, le salaire va devenir l'élément premier : faire n'importe quoi, mais être payé. Il entraînera la liberté dans des amenuisements successifs, dans des limitations toujours plus étroites. On ne choisira plus le lieu où l'on vivra. Le « n'importe quoi » deviendra le « n'importe où ». On ira là où l'on embauche. La guerre du travail a aussi ses exodes. On laisse le « chez moi », qui dans certaines provinces veut aussi bien dire ma maison que mes parents. On devient un déporté légalement volontaire et pratiquement contraint. La guerre du travail déchirera les familles. Le père partira seul. Il campera ici ou là dans une garçonnière collective, dans une chambre exiguë. Il se souviendra ou il oubliera. S'il arrive à trouver assez vite de quoi faire venir la famille, ce sera souvent dans une chambre meublée, où rien ne subsistera de l'ancien foyer. On connaîtra les fragilités de l'anonymat. Le qu'en-dira-t-on sera supprimé, mais aussi ses garde-fous artificiels. Les parents, les frères, les sœurs s'éloigneront, rattachés à peine par des lettres rares qui ne parlent guère. On n'espérera plus les appuis, on se désintéressera des devoirs.

INSÉCURITÉ.

La liberté de vivre elle-même va devenir facultative. Là où l'on embauche, ce sera souvent là où l'on risque, là où ne vont pas les gens qui peuvent choisir.

On risquera ses poumons, ses yeux, ses nerfs. On ne risquera pas de mettre des enfants au monde, ou c'est poussé par un intérêt qu'on les fera naître.

Mais ce droit à gagner un salaire, droit payé de tant de servitudes, est lui-même un droit menacé; le chômage peut s'abattre ici ou là; l'homme est brutalement paralysé par une contrainte extérieure, pour des causes qui ne regardent ni sa volonté, ni son corps. J'ai vu des hommes pleurer en regardant leurs mains inutiles. En revanche, le droit que la loi accorde en France à l'ouvrier de refuser son travail quand on le lui achète trop peu cher est un droit qui ressemble à une farce. Il donne à l'ouvrier le droit de ne plus manger du tout quand il veut affirmer par l'arrêt de son travail qu'il ne mange pas assez.

Et, au bout du cycle, le vieux combattant du travail verra la contrainte atteindre à l'extrême. Si la famille n'a pas résisté aux séparations, aux écartèlements des horaires, aux déplacements, on vieillira seul. Si l'on n'est pas « un retraité », ou un « pensionné », si on est seulement un « vieux », si on ne peut plus travailler, si on n'a pas d'enfant qui travaille pour vous, on est condamné à mourir tout doucement des choses qui manquent ou à entrer à l'hospice. Là on renonce à la dernière liberté, celle d'être quelqu'un habitant la maison numéro tant de la rue une telle. On est soi-même le numéro d'une salle où rien n'est à soi. J'ai connu un vieillard dont la seule ambition, d'ailleurs irréalisable dans l'établissement où il vivait, était d'avoir un tiroir. Si la guerre du travail ne tue pas ses vieux, elle les aide singulièrement à mourir.

PAUVRETÉ.

La pauvreté ouvrière n'est pas seulement économique. Rien n'est plus facile en effet que d'établir des comparaisons entre le budget de certains milieux ouvriers et de certains milieux semi-bourgeois. Rien n'est plus facile, en face des ressources strictement financières de certaines professions salariées, de les comparer avantageusement à des professions dites libérales.

Le monde est partagé en deux : ceux qui croient dans un avenir où il n'y aura plus de pauvres; ceux qui croient qu'il y aura toujours des pauvres parmi nous. Les premiers visent une sorte de bonheur à prix fixe. Les seconds s'inclinent une fois de plus devant la fatalité d'un ordre qui n'est pas fatal. Mais les uns et les autres s'égarent souvent dans leur déviation propre en ne reconnaissant la pauvreté que sous un seul de ses visages.

La pauvreté d'un docker en France, chiffrée en puissance d'achat, serait opulence pour un cultivateur hindou. Les chiffres de ce pouvoir d'achat mis à égalité seraient trompeurs si l'on ne tenait compte des besoins essentiels et différents de l'un et de l'autre. L'argent même est relatif; il est multiplié et divisé par celui qui en use. De deux familles habitant sur un même palier, touchant un même salaire, l'une sera dans l'insuffisance, l'autre presque dans l'aisance. Que l'une arrive à vivre fera accuser l'autre de ne pas savoir vivre. Nous touchons là une autre pauvreté : celle de savoir faire. La femme qui n'a pas été formée par sa mère à tenir sa maison est deux fois pauvre.

Pour celui qui peut lire, échanger des idées, ou même plus simplement méditer, un poste de T.S.F. peut n'être que secondaire. Est-il sûr que pour un homme qui ne lit pas, qui ne parle pas, qui ne médite pas, ce poste n'est pas un nécessaire? Celui dont la fenêtre ouvre sur des arbres, qui peut laisser les meubles à une même place et faire dans sa chambre des gestes normaux de la vie quotidienne, peut classer le cinéma dans les loisirs. Ceux dont la fenêtre donne sur un mur, qui doivent trois fois par jour changer le dispositif d'une chambre pour pouvoir y manger, y travailler, y dormir, trouvent peut-être au cinéma un nécessaire qui les empêche de sombrer dans la folie... Être pauvre, c'est sans doute manquer du nécessaire à la vie mais c'est aussi manquer du nécessaire pour vivre une vie humaine.

La pauvreté d'autres couches sociales en France, celle d'autres pays, est une privation de ce qui est nécessaire à la vie. La pauvreté qui est née de l'ère industrielle, et qui continue à y grandir, est une privation de ce qu'il faut pour vivre en homme. C'est la dégradation des facultés primordiales, dégradation qui peut aller jusqu'à la suppression.

Nous ne trouvons dans le monde du travail qu'une minorité qui puisse utiliser le maximum de sa pensée et de son vouloir. Nombreux certes sont ceux dont le travail est un retour aux simples gestes naturels : manœuvres qui chargent et déchargent des wagons, qui transportent de l'acier, de la pierre et du bois. Mais plus nombreux encore les spécialistes rivés à des tâches dont la monotonie est aussi excessive que la rapidité. Les milliers de pièces métalliques à trouer du même trou minuscule; le point d'arrêt à mettre des milliers de fois sur des bandes de tissus, etc. Dans ces fonctions abrutissantes, la volonté n'a souvent plus aucune part, une volonté mécanique la remplace : la chaîne qui commande, entraîne, sanctionne. La conscience est remplacée par le système de chronos qui estime et presse. Avec cette matière fragmentée, l'homme est mis dans une sorte de « communauté de destin ». Il est comme elle le disponible d'un plan qu'il ne connaît pas. Il est lié à elle par un résultat de production et chaque temps de son travail se chiffre automatiquement pour lui en nombre de francs. Comme l'homme hypertrophie ce qui est en lui le plus actif, l'homme physique se développe. Ses muscles, son système nerveux deviennent rois. Les besoins de l'homme matérialisé se font matériels et exigent des compensations dans les secteurs les plus surmenés de l'individu : aliments forts, excitants, lui deviennent nécessaires. Sa vie sexuelle s'abandonne aux rencontres et aux réflexes. En revanche les facultés inemployées s'atrophieront. Ratatinées elles ne pourront plus atteindre des richesses spirituelles placées trop haut.

Dans des lieux de misère essentielle : des camps de concentration, des prisons, dans la chambre d'un étudiant affamé, sur une route où cheminent des sans-gîte, s'éclaire brutalement ce qui fait le drame de la pauvreté moderne. Dans ces misères vertigineuses, des hommes furent hommes plus que partout ailleurs. Un homme reste un homme tant qu'on ne lui prend que ce qu'il a; il cesse de l'être quand on lui vole ce qu'il est. Il est clair que des multitudes de milieux ouvriers et d'ouvriers ne sont pas atteints par cette pauvreté de mutilation. Mais ceux qui la subissent ou qui en sont menacés sont déjà nombreux et ne coïncident pas forcément avec le sous-prolétariat.

Un fait nouveau passe facilement inaperçu quand il n'est pas répertorié dans une catégorie. Ce fait n'est souvent qu'un germe. On se révolte parfois en comparant le salaire d'un ouvrier et le traitement d'un directeur d'usine, le logement de l'un et le pavillon de l'autre... Mais a-t-on même un étonnement en pensant que l'usine entière tient dans l'esprit de l'un et que, dans l'esprit de l'autre, jour après jour, mois après mois, il y aura un même trou à percer dans une même tôle?

Mépris et méconnaissance.

Une autre souffrance qui, peu ou prou, pèse sur la condition ouvrière, c'est le *mépris*. Sa première cause est une sorte d'inconnaissance. A l'atelier l'homme se sent moins visible que la machine pour d'autres hommes. Dans sa maison, s'il est dans une cité ouvrière, on estime sa fonction et non les êtres vivants qui composent sa famille pour lui adjuger un logement de telle ou telle catégorie. Les quartiers riches obéissent à une loi de proportion entre la densité de la population et la superficie, qui n'est pas la même loi que la loi des quartiers ouvriers, comme si les deux tiers des habitants ne comptaient pas.

Pour identifier cette multitude, on ne fait pas appel à une connaissance d'elle-même, mais à une connaissance de ce qui est déjà. On la traite en adulte retardé, et non pour ce qu'elle est : une enfance sociale — étrangère aux vieillards qui exigent d'être ses maîtres et qui manquent de génie pour être ses éducateurs.

Elle porte en elle la puissance vitale de toutes les enfances évolutive et mobile. Comme chez l'enfant, on trouve en elle le sens brutal de la justice, et ce sens de la justice vient se heurter de toute la force de sa spontanéité contre les vieux systèmes qui codifient, explicitent, légitiment une injustice sociale chronique. Comme chez l'enfant, on y trouve la jonction intime de l'action et des instincts; d'où la réussite des mouvements ouvriers branchés sur des instincts lésés : quand la faim est devenue une vraie faim, la menace sur la vie une vraie menace, un mouvement ouvrier est irrésistible. Comme chez l'enfant, on ne trouve dans la condition ouvrière que l'ébauche du vrai visage de ceux qu'elle englobe.

On juge de telle famille ouvrière par rapport à l'idéal familial bourgeois ou paysan, de sa morale par rapport à une morale relative en usage dans les classes moyennes; de ses essais d'éducation par rapport à une éducation qui est faite pour d'autres.

Ceux-là mêmes qui ont voulu devenir ouvriers parmi les ouvriers participent à cette inconnaissance. Un adulte ne redevient pas un enfant, même si cet enfant le dégoûte de sa médiocrité d'adulte. Je voudrais que l'on comprenne bien toute la valeur de ce mot : enfant. Ce que je voudrais, c'est que devant l'énorme monde du travail, ceux qui n'en sont pas prennent conscience d'une sorte de mystère. Entre deux hommes il y a toujours un incommunicable. Entre la masse de ceux qui gagnent leur pain avec leurs mains et ceux qui le gagnent autrement, il y a un second mystère qui les distingue pour la vie.

CONNAISSANCE ET ACTION [1]

Cette connaissance des milieux ouvriers avec les limites que nous avons soulignées et son terrain ferme est une connaissance qui nous paraît indispensable pour tous nos contemporains.

Il faut donc voir clair pour agir. Mais vivre c'est agir, et vivre en 1950, c'est accepter, qu'on le veuille ou non, d'agir sur la condition ouvrière. On croirait volontiers que seuls sont engagés dans cette action les ouvriers eux-mêmes, et, d'autre part, ceux qui par fonction ou vocation ont une carrière à caractère social : médecins, administrateurs, instituteurs etc. Cela n'est pas la vérité.

Quelle que soit notre place dans le vaste monde, nous faisons partie d'une énorme machine où tout se tient et notre façon de vivre dit oui ou non à l'état de choses actuel. Libre à nous de dire oui, mais que ce soit en connaissance de cause, et pas en fonction des on-dit et de nos habitudes. Sur le monde ouvrier quels sont nos informateurs :

Les ouvriers eux-mêmes? Oui, pour une part. Mais ils sont trop dedans et il y a disproportion entre leur puissance de sentir et leur mode d'expression.

Les cadres? Oui, encore, mais ils sont à côté et ils mesurent le

1. Note inédite.

prolétariat avec des poids et des mesures qui ne sont pas faits pour lui.

Les intellectuels? Oui, surtout s'ils sont poètes ils pourront nous apporter quelques éclairs, soit avec leur intelligence, soit avec leurs intuitions.

Les éléments non ouvriers qui ont choisi au nom de mystiques diverses de vivre la vie ouvrière? Oui, mais ils ne sont pas encore tout à fait véridiques car ils ont choisi de la vivre et que son fond c'est d'être subie.

Tous ceux-là seront nos informateurs, à la condition de leur adjoindre notre informateur principal : nous-même, un nous-même auquel nous donnerons des yeux non habitués et un cœur qui ne consente pas d'avance.

Un nous-même auquel nous donnerons l'ordre, un beau jour, de débarquer dans la société comme s'il la voyait pour la première fois, comme s'il voyait pour la première fois une rue et ceux qui y passent, les quartiers de Paris, le métro à sept heures du soir, les ascenseurs et les escaliers de service, certains enfants qui ont tout et certains enfants qui n'ont rien.

Si de cette rencontre à neuf de nous-même avec la machine sociale, nous sortons paisibles et satisfaits, continuons notre vie comme nous l'avons commencée.

Si nous en sortons inquiets et honteux, ayons le courage de mesurer ce que notre vie, pareille à des multitudes d'autres, apporte de collaboration passive à la violence chronique dont souffre l'humanité et, dans l'humanité, des millions d'êtres semblables à nous. Peut-être alors la cellule sociale dont nous sommes comptables s'assainira-t-elle.

Et si beaucoup ont ce sursaut de conscience devant cette humanité coupée en deux, le tronc usé de notre vieux monde pourra peut-être porter sans en mourir la lourde et jeune branche du prolétariat.

Sinon il devra faire place nette : les vieux arbres sont pour le feu quand ils ne sont plus aptes au printemps.

Un cri nouveau[1]

Un cri monte du monde : un cri nouveau parmi les vieux cris humains.

Il éveille des scandales, des inquiétudes, des compassions.

On le couvre avec des paillons de papier.
On l'amplifie avec des haut-parleurs.
On dit que c'est une mort ou une naissance.
Des mots de toutes langues le traduisent.
Des chants passionnés le prolongent.
De gros rires l'accompagnent.
Des romances sentimentales se mêlent à lui.

A l'intérieur de ses frontières sociales, dans sa patrie universelle le peuple du travail crie.
On ne le comprend pas, si l'on veut traduire ce qui demeure en lui d'intraduisible.
On ne le comprend pas si l'on ne traduit pas ce qui, en lui, peut être traduit.
Il vient d'un fond de ténèbres, il traverse des pénombres, il éclate dans le soleil.

Qui crie?
On nous répond : la « classe ouvrière », le « prolétariat », la « masse ».
Nous cherchons l'homme qui crie.
On nous désigne une idée générale.
Les idées ne crient pas.

1. Inédit.

Ces notes vont à la recherche de cet homme.
Elles voudraient crever les idées générales, retrouver les poitrines et les bouches dont vient le cri.
De ce qui se voit et ce qui se touche, elles voudraient pénétrer dans ce qui se comprend ou ce qui se pressent.
Elles voudraient avoir l'humilité de s'arrêter devant ce qui demeure inconnaissable.

Leur but est de susciter une réponse à ce cri, la réponse de cœurs arrachés à leurs habitudes tranquilles;
Nous le savons, l'humanité ne vivra jamais sans crier; des cris anciens comme elle-même accompagnent ce qui est en elle perpétuel et ce qui en elle est germination, développement, disparition.

Le cri de la mort et le cri de l'amour ne cesseront jamais. Mais nous savons aussi qu'il est des cris guérissables, des cris dont sont responsables nos actes et nos passivités.

Ce cri nouveau est-il de ceux dont on guérit?
On crie dans la nuit : pouvons-nous dormir?

Église et mission[1]

Les notes qui suivent ont pour but d'expliquer l'attitude de ces chrétiens, missionnaires parce que chrétiens, qui, s'ils sentent dans leur vie la nécessité d'un engagement, perçoivent dans cette mesure même, celle d'un dégagement. Ils ne demandent pas la conformité de toutes les vocations à la leur, mais ils tentent de situer l'orientation que, dans la conjoncture actuelle Église-monde, ils se sentent poussés à prendre.

Par son baptême le chrétien a échangé sa liberté contre la liberté du Christ.

Il est libre parce que le Christ est souverainement libre, mais il n'a plus le droit de choisir : un état de vie qui soit autre que celui du Christ, une action qui soit autre que celle du Christ, une pensée qui soit autre que celle du Christ.

C'est l'état de foi vivante. La foi est pour lui un état de fait et il n'a qu'à l'accepter.

Cet état de vie c'est être enfant de Dieu dans le Christ avec tous ses frères qui sont avec lui le Christ. Face à Dieu et face au monde, en Dieu et dans le monde, c'est avec tous les autres qu'il est le Christ. Il est le Christ total, le Christ-Église : c'est un état de fait sur lequel il ne peut rien.

Cette action n'est pas une petite affaire individuelle. Elle est liée, soudée à l'acte même de Dieu, à cette « action qui est sans cesse », à cette action qui est l'histoire sainte, l'histoire de l'Église, l'histoire de la Cité de Dieu. Il a son geste à faire mais ce geste n'est qu'un frémissement dans l'élan perpétuel et universel de l'Esprit-Saint. Il est cerné de toutes parts par d'autres qui le préparent, le complètent, le continuent.

1. Dans cette étude datée de 1951, M.D. reprend et complète le texte d'une lettre qu'elle adressait au Père Loew en 1950 et que la revue *Nova et Vetera* a publiée dans son numéro de janvier-mars 1966.

Cette pensée est dessinée par la Vérité qui est le Christ. Ce qu'elle apporte à ce dessin est comparable aux informations que les organes sensoriels apportent au cerveau : elles s'insèrent dans des données générales et sont appréciées et utilisées par lui.

Cet état de vie, cette action, cette pensée sont pour l'œuvre du Christ, le travail du Christ, c'est le salut du monde.

Le travail de l'Église c'est le salut du monde; le monde ne peut être sauvé que par l'Église. L'Église n'est l'Église que parce qu'elle sauve. Nous ne sommes pas le Christ-Église si nous ne sommes des sauveurs. Nous ne sommes pas des sauveurs si nous ne sommes pas l'Église. Et nous ne sommes pas l'Église si nous ne sommes pas *toute* l'Église : chaque membre appartient à tout le corps. Et nous ne sommes toute l'Église que si nous sommes exactement à notre place en elle, ce qui équivaut à être exactement dans le monde à la place où elle est présente à travers nous.

La mission c'est faire là où nous sommes l'œuvre même du Christ. Nous ne serons l'Église, nous ne diffuserons le salut jusqu'aux extrémités du monde, que si nous travaillons au salut des hommes au milieu desquels nous vivons. Et nous ne travaillerons à ce salut, nous ne le laisserons passer que si, au milieu d'eux, nous sommes inaltérablement, purement l'Église.

Nous sommes dans un monde où le salut semble ne pas passer. Un autre morceau du monde « garde indûment pour lui la plus grande partie du sang ou de la nourriture de ce corps ». Il faut en souffrir à mort. Mais il faut faire en sorte que donner la vie à ceux-ci ne prépare pas pour demain l'agonie mortelle de ceux-là.

Il ne faut pas que Pierre ou Jean s'acharnent au salut d'un petit ou d'un grand paquet d'hommes. Il faut que ce soit l'Église qui, à travers Pierre et Jean, retrouve ce paquet d'hommes car ce n'est que l'Église qui peut véritablement les retrouver.

État de vie.

Il faut donc que la Mission soit l'Église. Il faut qu'elle soit le « Corps du Christ »; après, libre à elle de choisir ses cheminements. Il faut qu'elle accepte son *état de Christ total.* « Qu'ils soient un comme nous sommes un. »

« Si vous étiez du monde, le monde vous aimerait, mais parce que vous n'êtes pas du monde, il vous haïra comme il m'a haï avant vous. » Plaire au monde, être aimé du monde, même si ce monde est fait de nos frères non croyants, ne peut être mis en balance avec l'unité entre chrétiens. Nous n'avons pas à choisir, nous ne sommes pas libres de notre liberté à nous. Le bras ne choisit pas d'être branché sur l'arbre dont il cueille les fruits : il est au corps, même si le corps est trop loin de l'arbre. Si pour parler du Christ aux incroyants, nous blessons l'unité chrétienne, nous préférons donner un écho de ce qu'est le Christ, à donner le Christ dans son sacrement par excellence : les chrétiens unis entre eux.

A Israël, il fut demandé d'être parmi les peuples, le peuple de Dieu et à cela tout devait être pour lui sacrifié. A nous il est demandé d'être au milieu du corps social humain le corps visible du Christ-Dieu : et à cela pour nous tout doit être sacrifié.

Cette unité, si elle a une cohésion, a aussi un sens vital. L'obéissance dans le corps du Christ est aussi un état de fait. Le sang coule dans un sens. Il n'arrive au bout des doigts qu'à travers bien des étapes. Nous ne pouvons changer ce sens. L'autorité dans l'Église peut nous broyer, nous enténébrer : il faut obéir parce que pour nous c'est vivre et qu'il serait dément pour un organisme vivant de préférer telle ou telle action à la vie.

Il ne dépend pas de nous de changer la place des organes d'un corps. Nous ne pouvons mettre nos yeux au bout de nos doigts, ni notre cœur dans notre tête. De même un mystique ou un missionnaire ne peut remplacer pour nous la « hiérarchie ». Nous tombons dans le panneau des mots et ce mot « hiérarchie » tend à devenir pour nous une notion. Or ce mot signifie la communication du Christ à chaque organe de son corps. Il est le Christ enseignant, dirigeant, éclairant, sanctifiant.

Ce don reste intègre même sous des espèces infirmes, voire même corrompues. Israël, parce qu'il rêvait d'un Messie triomphant, n'a pas reconnu son Dieu couronné d'épines et couvert de crachats.

Parce que nous rêvons d'un Christ-Église triomphant aux yeux des hommes, nous ne savons pas toujours nous souvenir que le mystère du Christ est le mystère de l'Église et que jusqu'à la fin des temps il sera le sauveur humilié, camouflé sous des hommes, des hommes limités et pécheurs, et que c'est en eux qu'il nous faudra le reconnaître. La revalorisation de notre caractère de baptisés et de confirmés, l'âge adulte du laïcat, « ne doit pas nous amener à nous croire investis de toutes les

« fonctions » du Christ. » Parce que le Baptême nous a faits « Christ », il ne nous a pas donné toutes les fonctions du Christ.

Le laïc le plus « majeur » est moindre dans un certain ordre de grâce que le prêtre le plus « mineur » parce que dans ce prêtre il y a une communication du Christ à laquelle le laïc ne participe pas. Cela ne veut pas dire que le laïc doit être un passif. Il a à « *devenir ce qu'il est* », ce qui dépasse généralement infiniment ce qu'il arrive à être.

Il a à réclamer sans cesse et de ses prêtres et de ses évêques ce qu'en justice il peut attendre d'eux et dont l'absence le met dans un état de misère surnaturelle. Mais c'est *eux* qui doivent en définitive le lui donner.

Dans l'Église, pas plus qu'il ne peut être un « séparé » de tous les autres, le chrétien ne peut être à n'importe quelle place. Là, encore, il n'y a pas à choisir. C'est toujours la foi état de fait.

Travail du Christ-Église.

L'œuvre du Christ-Église c'est que « le monde soit sauvé ». Par la croix qui rend enfant de Dieu dans le Christ, par l'Évangile qui apprend à vivre en enfant de Dieu.

La Croix n'est facultative ni pour le monde ni pour nous. La Croix acceptée et la Croix prise sont la part majeure de notre travail.

Ce travail de la Croix est, lui aussi, un état de fait en nous : « Vous êtes crucifiés avec le Christ. » C'est notre travail de base, le reste vient ensuite. « Celui qui veut être mon disciple, qu'il prenne sa croix » et, seulement après, « qu'il me suive ». C'est dans le Christ crucifié que le monde est sauvé en puissance et c'est à un monde souffrant et qui restera souffrant que nous avons à donner la joie du Christ.

Sauver le monde ce n'est pas lui donner le bonheur. C'est lui donner le sens de sa peine et une joie « que nul ne peut lui ravir ». S'il nous faut lutter contre des misères et des malheurs que le Christ a assez pris au sérieux pour qu'au dernier jour nous soyons jugés sur l'aide que nous leur aurons donnée, il faut nous souvenir qu'au-delà d'eux, c'est de la vie éternelle qu'il est question et non d'un second paradis terrestre.

Mais si le Royaume des cieux n'est pas du monde, il est dans le monde.

Parfait en droit, en fait il est un germe et ce germe doit croître comme le grain dans la terre, agir comme le levain dans la pâte, comme le sel dans les aliments, comme la lampe dans la nuit. Cela exige un contact vital du chrétien avec ses frères croyants à cause du devoir d'unité, mais aussi incroyants à cause de la diffusion du règne de Dieu; le chrétien doit être au milieu des hommes.

Le Christ dont il vit ne lui fournit pas des ailes pour une évasion vers le ciel, mais un poids qui l'entraîne vers le plus profond de la terre. Cette vocation au monde qui semble être spécifiquement l'essentiel de la vocation missionnaire n'est que la conséquence de la saisie de nous-même par le Christ.

Diminuer, amoindrir notre soudure au Christ et à l'Église c'est, malgré toutes les apparences, diminuer ce qui, en nous, pèse vers le monde et nous permet de nous y enfoncer. C'est la condition d'un amour du monde qui ne soit pas une identification à lui mais un don.

L'Évangile.

Il est à annoncer : là se dressent toutes les murailles qui empêchent les évangélistes d'être entendus ou de passer. Là se situent toutes les brèches qui doivent être faites, tous les ponts qui doivent être jetés. Mais sous prétexte que ces brèches sont faites, ces ponts jetés et nos voix entendues, ne nous déclarons pas satisfaits. Il ne s'agit pas seulement de passer, il ne s'agit pas seulement de parler, d'être écoutés et de « plaire », il faut que le message dit par nous soit intact. Dans les carrefours où nous sommes, un certain nombre de points attirent notre attention.

L'Évangile est l'annonce faite aux hommes de la possibilité d'être, dans le Christ, rendus justes. Il n'est pas l'annonce de l'établissement d'une justice humaine. Le Christ est venu rendre juste, il n'est pas venu rendre justice.

« Les pauvres sont évangélisés. » La Bonne Nouvelle leur est portée. Il n'est pas dit : « La pauvreté sera supprimée. » Bien au contraire : « Il y aura toujours des pauvres parmi nous » et « Bienheureux les pauvres. »

A cause de cette béatitude, le chrétien tend à la pauvreté, pourquoi tendrait-il à vouloir par amour l'enlever aux autres, ou à faire de la suppression de cette pauvreté la condition du salut.

Évangéliser les pauvres ce n'est pas les enrichir ou penser que l'évangélisation est conditionnée par un enrichissement préalable. Cela est à l'encontre de toute l'histoire du Christ dans le monde. Jamais l'Évangile n'a été repoussé à cause de la pauvreté ou de la misère, depuis les esclaves de Rome, les « dockers » de Corinthe jusqu'aux camps d'Allemagne.

C'est la richesse de ceux qui ont à annoncer l'Évangile qui peut empêcher sa diffusion, ce sont les chrétiens « riches », de quelque façon que ce soit. Il faut, pour annoncer l'Évangile, s'appauvrir soi-même. Ce n'est pas un monde pauvre qui fait obstacle à l'expansion de l'Évangile mais des secteurs riches de l'Église.

Prêchez l'Évangile : la Bonne Nouvelle du Royaume de Dieu et non celle d'un meilleur monde. Nous ne devons pas oublier le « *sens unique* » du salut qui ne peut venir que de Dieu par le Christ.

Il ne faut pas mêler l'Évangile du salut aux recettes de bonheur que le monde charrie. Il ne faut pas reconnaître au monde la paternité de certaines idées force, qui sont en réalité des parcelles d'Évangile séparées de leur contexte et prises en charge par des secteurs humains. Il ne faut pas souder le message du Christ à d'autres messages, en faire un élément du salut de l'homme par l'homme, mettre l'Évangile au service de causes qui ne sont pas purement et simplement celles du salut.

L'Évangile nous crie d'un bout à l'autre que Dieu seul est, que le monde ne produit par lui-même ni vie, ni vérité, ni amour. Le Royaume des cieux est l'amour personnel, dans le Christ, de Dieu pour *chacun* d'entre nous et de chacun d'entre nous pour *chacun* des autres. C'est à travers l'amour de *chacun* que nous pouvons aimer l'humanité. L'Évangile c'est *chacun* qui doit le recevoir. Le salut n'est pas une abstraction collective.

Le monde, lui, oscille entre deux pôles où « chacun » est sacrifié à une abstraction. Parce que le capitalisme égoïste rejette pratiquement au nom du bien-être de quelques-uns tous les autres dans une misère collective; parce que le marxisme, au nom d'un mieux-être collectif, rejette les « pas d'accord » dans une autre misère, nous risquons de perdre le sens de ce que l'évangélisation et le salut ont de singulier.

Le Royaume de Dieu c'est la rencontre de Dieu et d'une

humanité composée de un, plus un, plus un. Il ne surgit pas d'une masse anonyme, mais il est reçu par Pierre, Jacques, Jean.

Le Royaume de Dieu ce n'est pas l'amour du monde mais celui des hommes. Le monde n'est pas une réalité absolue : il est un relatif, un possible sans cesse modifié par le jeu des forces bonnes et mauvaises de tous les cœurs de tous les hommes.

L'Évangile du Royaume nous dit que le monde est sans importance. Ce sont les hommes qui sont importants car il est ce qu'ils sont. Le monde, ce sont les vivants de chaque jour qui le font et le défont. Ce n'est pas en travaillant au monde qu'on le rendra meilleur : c'est chaque homme meilleur qui fait un meilleur monde. Un monde rebâti de nos mains marchant par une sorte d'élan acquis et donnant en fin de compte le salut est une abstraction.

Nous n'avons pas à chercher à faire coïncider le bilan du « Royaume de Dieu » et le bilan du monde. Ce n'est pas la somme des cités justes qui constituera la Jérusalem céleste mais la somme de tout l'amour qui, dans une Église petite ou grande, composée de saints nombreux ou peu nombreux, élargie à des hommes connus ou inconnus, réalisera la rédemption pour une multitude. Royaume de Dieu et monde ne coïncident pas forcément. Des périodes de chaos, de férocité peuvent donner lieu à des passions, à une intensité de foi génératrices de salut. Le cheminement du Royaume de Dieu dans le monde est à des fins d'éternité; le moyen doit nous intéresser dans la mesure où la fin nous intéresse; mais la perspective doit être respectée.

Si la confusion des deux plans, monde et Royaume des cieux, a amené les hommes qui composent l'Église à des alliances impures avec le capitalisme, il ne faut pas, sous prétexte de rompre avec celui-là, risquer de la souder à d'autres systèmes qui, parce que temporels et du monde, l'alourdiraient demain de chaînes analogues à celles dont nous voudrions aujourd'hui la libérer.

C'est dans le labyrinthe de dérapages possibles que passe la « voie étroite » mais positive de l'Évangile que nous avons à transmettre. « *Qu'ils soient un... afin que le monde sache que vous m'avez envoyé.* »

L'unité revient là avec des promesses d'efficacité rédemptrice. Ce n'est pas cesser d'être missionnaire que de s'acharner à l'unité entre chrétiens : c'est pour la condition même de l'évangélisation.

La vérité vous libérera.

A côté des libérations « économiques » que prêche le monde et qui, à y bien regarder, ne sont qu'une certaine mise à l'aise dans les liens des besoins humains, le Christ annonce la libération du mal.

Or si beaucoup de chrétiens acceptent cette libération du mal dans leur vie individuelle, la plupart acceptent pratiquement la dictature du mal dans ses manifestations sociales.

Parmi eux, les uns coupent leur vie en deux et logent une vie chrétienne sincère dans un cadre bâti par le monde, auquel ils pensent ne pouvoir rien changer : patronat, carrières autrefois libérales, commerce. D'autres, considérant tous ces secteurs sociaux comme définitivement « possédés » par l'esprit du mal, fuient au nom de la pauvreté et de l'amour dans la masse des petits et des pauvres. C'est le départ de nombreux éléments bourgeois ou intellectuels vers le prolétariat.

Si cette étape apparaît comme nécessaire à un nouveau printemps d'Évangile, elle apparaît aussi seulement comme une étape et peut-être la plus facile. Il n'y a pas dans l'Évangile de classe qui soit « damnée du ciel ». La place sociale des hommes semble indifférente au Christ. Dans l'Évangile, c'est à de petites gens qu'il demande de laisser leur métier. A Lazare, au centurion, à Nicodème, il ne demande pas d'aller pêcher : il demande tout autre chose : un renouvellement du cœur, une conversion essentielle qui, dans chacune de leur vie, « fera toute chose nouvelle ». Saint Paul ne s'attaque pas à l'esclavage mais c'est le cœur des chrétiens évangélisés par lui qui ne supportera plus de posséder des esclaves.

Si le renouvellement du cœur de certains les entraîne à partager la vie ouvrière, il faut penser, je crois, que là n'est qu'une petite part de la question, qu'une multitude de cœurs ont à se « retourner » et à *exploser* là où ils sont en faisant craquer le masque du monde, pour qu'apparaisse, là où ils sont, le vrai visage du Christ.

Il semble bien que dans ce vaste horizon nous manquions singulièrement de génie, d'esprit d'invention... ou d'esprit tout court. Ceux qui s'y sont hasardés, à quelques exceptions près, ne l'ont fait qu'avec d'infinies timidités.

Là encore on retrouve la tentation-recette en face de l'exigence

Esprit. La mystique « devoir d'état » risque de faire accepter l'inacceptable. La mystique « structure » sur laquelle on veut d'emblée brancher non Pierre ou Jacques mais tel milieu bourgeois ou économique, rapetisse et ligote les initiatives souverainement libres et rénovatrices de l'Esprit.

Là encore c'est de chacun que doit venir l'explosion. Il faut savoir d'avance que nous n'en savons pas les manifestations et les modalités.

En face d'un patron qui pose un acte « personnel » et « révolutionnaire » de rectitude au Christ en logeant une famille de ses ouvriers dans sa maison, contre tous les usages, le militant ouvrier chrétien risquera de dire : « Il va affadir chez ces ouvriers l'esprit de lutte, donc l'efficacité pour la libération de la classe ouvrière. » Cela serait grave. Ce serait, en face du « programme-monde », condamner une petite manifestation de l'Esprit de Dieu. Ce serait au nom d'un mieux-être possible humain, condamner un peu du Royaume des Cieux instauré dans un cœur d'homme.

C'est pourtant vraisemblablement par des démarches de ce genre, tâtonnantes et fragmentaires, qu'en « faisant le bien », des chrétiens qui sont dans le monde au même titre que les petits et les opprimés « iront à la lumière » et cesseront d'être « du monde ».

La mission ne doit pas oublier qu'elle est « pour toutes créatures ». Si ceux qui souffrent, de par la carcasse du monde, de misères humaines quelquefois inouïes, ont droit à l'annonce du salut, ceux qui, par le poids de la même carcasse, souffrent de misères surnaturelles monstrueuses, qui *font* l'injustice comme par force, oppriment, méprisent par le seul fait du rouage social où leur destinée les a posés, ceux-là y ont droit presque davantage, car pour eux ils sont plus que des pauvres, ils sont des pécheurs. Leur refuser l'amour de compassion et de salut, c'est se séparer du cœur du Christ.

HEUREUX LES DOUX.

Notre secteur est envahi par l'injustice. A l'injustice toutes les réponses du monde sont violence active ou consentie. Y dresser la douceur du Christ est scandale.

Qui peut mesurer le courage demandé à ceux qui accepteraient de mener ce scandale de douceur? Mais n'y a-t-il pas scandale plus grand, et vrai celui-là, à ce que les chrétiens aient laissé à un Gandhi la responsabilité de lever dans le monde une masse d'hommes qui se fient à la force incoercible de cette douceur?

Et pourtant, là encore, il n'y a pas le choix. Le Christ « doux et humble de cœur » est un fait. Nous ne pouvons ni le rectifier ni l'adapter.

La pensée du Christ.

Nous ne sommes pas des libres penseurs. Dans le secteur du monde où nous sommes, nous ne sommes pas libres de laisser modifier la pensée du Christ par la pensée du monde; et cela n'est pas toujours facile. Il est peut-être utile de rappeler certains aspects de cette pensée.

L'amour du Christ est universel. Tout amour des uns qui nous ôte l'amour des autres n'est pas amour du Christ.

La pauvreté n'est pas liée à un petit salaire, elle est l'état de celui qui ne garde pas et qui ne garde pas à cause du besoin des autres. La pauvreté évangélique n'est pas celle de telle ou telle classe, de tel ou tel métier, elle est au-delà de tout cela. Elle est beaucoup plus imprévoyance qu'insécurité. « Ne vous inquiétez pas... » C'est pourquoi on ne peut faire entièrement coïncider l'effort pour le Royaume et celui pour un système économique [1].

Le travail « évangélique » n'est pas le travail humain. « Mon Père agit sans cesse... » La « mystique du travail » n'a pas de valeur en elle-même.

1. Au père L. Madeleine D. écrivait : « Se méfier de l'aventure courante, chez les militants : beaucoup ont été fascinés par le Christ; par le Christ ils ont compris l'injustice prolétarienne — ils ont voulu la partager, lutter pour elle. Cette lutte, au départ, était un élément de leur amour pour le Christ mais un renversement de valeurs s'opère : c'est la lutte qui devient l'essentiel et le Christ est à son service.

« Se méfier aussi de perdre, au contact de la mystique : classe ou masse, le sens de la rencontre Dieu-chacun.

« Si une part de notre amour est de nous harmoniser à une certaine dénomination commune du milieu où nous vivons, ce ne peut être qu'en fonction de l'autre part de notre amour qui est de porter dans l'épaisseur de ce milieu le Christ vécu par nous-même — du nous-même allant jusqu'aux limites du possible dans notre identification au Christ.

Le Christ ne parle, dans l'Évangile, du travail humain, qu'à l'occasion de paraboles sur le travail du Royaume des cieux. Si la vie publique du Christ suinte entièrement une prodigieuse activité, cette activité n'est liée ni à l'argent, ni à un type humain de travail.

Pourtant dans cette vie, comme dans celle des Apôtres, le « Tu gagneras ton pain à la sueur de ton front » est souverainement respecté. La notion de travail, qui est toujours soudée à celle d'efficacité, se trouve vécue sur un plan transcendant pour une efficacité qui dépasse le pouvoir humain. Le travail évangélique c'est un mouvement constant à la rencontre des hommes pour « dilater parmi eux » la semence du Règne de Dieu.

Toutes les grandes activités humaines ont valeur de signes. De même que le mariage est le signe le plus parfait de l'union du Christ et de son Église et que le célibat volontaire nous fait vivre plus pleinement la réalité qu'indique ce signe, le travail humain est le signe du grand labeur de l'Église sur le monde, labeur souffrant et efficace.

Ce labeur, c'est le nôtre. Il nous situe à égale distance d'un travail qui serait un absolu et d'une oisiveté qui serait une stérilité. Là, comme ailleurs, le signe doit rester à sa place et ne pas cacher la réalité.

LES MALHEUREUX.

Il ne faut pas ratatiner la miséricorde à la mode du jour. Il ne faut pas que la prise de conscience du malheur économique des masses nous entraîne à mépriser d'autres formes du malheur, à nous désintéresser d'elles.

La miséricorde du Christ pour les pauvres s'insère dans une miséricorde aussi vaste que tous les malheurs humains. Elle est la miséricorde aux pécheurs, miséricorde aux malades, miséricorde à ceux qui pleurent leurs morts, miséricorde aux captifs, miséricorde à tout ce qui est petit.

A cause d'une notion matérialisée de la pauvreté, on risque bien souvent d'oublier qu'il y a d'autres pauvres que les économiquement pauvres, d'autres petits que les prolétaires. Il y a les infirmes moraux ou psychologiques. Il y a les pauvres de dons, d'attraits, d'amour. A côté des classes opprimées, il y a les « inclassables ».

Les pauvres et les petits ne sont pas seulement dans le prolétariat. Et le prolétariat lui-même n'est pas exclusivement composé de militants, ces militants riches déjà d'une espérance, d'une richesse de cœur, d'une formation d'esprit.

Le cœur du Christ, lui non plus, ne peut être rectifié, il est à tous et c'est à tous que nous avons à le donner.

Cet amour personnel du Christ « Il appelle chacun par son nom », il n'appelle pas une catégorie. Il connaît chacun « comme le Père connaît le Fils ».

Nous avons à retrouver cet amour personnel de quelqu'un à quelqu'un. Cet amour est mutilé par les définitions « sociales » que nous plaquons sur tous nos frères et selon celle que nous nous donnons de nous-même. Nous ne savons plus nous rencontrer comme un homme rencontre un homme dans sa simplicité singulière. Nous ne savons plus nous appeler par notre nom.

Enfin, dernière infiltration possible : la vérité du Christ est *libre du succès*. Le nombre de ceux qui en vivent ne la change pas.

En revanche, ce n'est pas la générosité, l'amour de certains êtres voués à telle ou telle doctrine qui doit nous faire transférer sur cette doctrine l'admiration que nous avons pour eux. Redisons-le : cette perception de vie chrétienne et, parce que chrétienne, missionnaire, ne prétend pas être celle de tous. Nous ne nions pas que le Saint-Esprit veuille les autres situés dans une autre optique. Tous vivent ce que chacun vit. Mais si l'Église a à vivre simultanément et perpétuellement les figures qui ont été vécues et écrites en signe d'elle, nous dirions volontiers que notre place est, en elle, sur la piste de l'Exode.

Comme d'autres ont à vivre l'exil et la servitude de toutes les Égyptes, comme d'autres encore ont à graviter sur les frontières de la Terre promise, il nous paraît avoir à vivre les cheminements du désert. Pour quitter l'Égypte il faut y être. Pour quitter l'Égypte il faut s'en dégager. A toutes les époques de son histoire l'Église a porté en elle des gens qui, perpétuels nomades, partent sans cesse du monde où ils sont mais dont ils ne sont pas, vers cette Terre où, par le Christ, ils sont déjà.

D'eux on peut dire qu'on ne sait « ni d'où ils viennent, ni où ils vont ». Dans un monde où ils restent également fraternels et étrangers, eux savent qu'ils cheminent dans ce qui est « la route », route sans repères et sans auberges, mais pleine de manne et de sources vives. Car : l'Exode n'est pas seulement un événement du passé. L'Église passe toujours par les mêmes voies.

Tant que toutes les familles de la terre ne seront pas rassemblées et bénies dans la postérité d'Abraham, c'est-à-dire dans le Christ, le peuple de Dieu devra quitter sans cesse la servitude de l'Égypte idolâtre, marcher sans cesse dans l'austérité du désert, faire sans cesse effort pour conquérir la Terre promise.

Jusqu'à la Parousie, l'Église est au désert. Elle ne cesse de regretter les facilités égyptiennes, voire de murmurer dans sa masse, ou de pécher en ses chefs, mais Dieu qui, lui, est fidèle, la pousse infailliblement en avant par le châtiment et le pardon jusqu'à ces cieux nouveaux et à la terre nouvelle que Jésus inaugurera au jour de sa Parousie.

La misère de l'esprit [1]

Deux facteurs de la déchristianisation des masses ont été largement mis en lumière :

— vie anormale pour une multitude d'hommes au point de vue conditions de vie, budget, habitation, salaire, culture ;

— repliement de la majorité des chrétiens : prêtres et laïques dans les secteurs sociaux privilégiés et non-annonce de l'Évangile en paroles et en vie. Les témoins ne témoignaient plus, d'abord parce qu'ils étaient absents, de plus parce que leur vie n'était pas un témoignage.

Il me semble qu'il y a un *autre facteur*, beaucoup moins mis en lumière, c'est la « misère de l'esprit » dans laquelle ceux qui en avaient la responsabilité ont laissé s'installer tous ceux qui sont des « petits ».

La misère, c'est manquer du nécessaire. Une intelligence humaine qui est dans la misère, c'est une intelligence qui n'a plus ce pour quoi elle est faite.

Dans les Actes des Apôtres, il est dit quelque part : « Nous ne savions pas qu'il y eût un Saint-Esprit. »

Nous, missionnaires, ne pourrions-nous pas nous avouer : nous ne savions plus qu'il y avait de l'esprit?

Lentement s'est réalisé pour des multitudes humaines un état de « misère spirituelle » singulièrement comparable à la misère sociale sous laquelle on ne recouvre généralement que la non-satisfaction des besoins physiques et culturels.

En même temps que, sous la poussée de facteurs historiques et sociaux, le sens social se dilatait, quitte à se désintéresser de certains secteurs (famille, patrie), l'intelligence prenait de nouvelles formes de vitalité.

En même temps, cette intelligence, dans des cas nombreux, se

1. Notes personnelles.

trouvait coupée d'une de ses prises les plus anciennes et normales sur le réel : la communauté de vie avec la nature, ce qu'on appelle classiquement nature : campagne, terre, lois qui les régissent et que la mémoire humaine, sinon la réflexion personnelle, rattachait à une idée vraisemblable de Dieu.

Avec cette nature-campagne et compagne, l'homme était depuis toujours en communauté de destin. C'est par elle qu'il avait été éduqué au sens du connaissable et au sens du mystère, à la relativité de certaines choses vis-à-vis de lui et à sa propre relativité.

Je ne veux pas dire que la « vie rurale » soit une forteresse où la foi n'ait rien à craindre; il n'y a qu'à regarder la carte rurale de la France. Mais je veux dire que si la phrase du curé d'Ars reste vraie : « Laissez un village dix ans sans prêtres et on y adorera les bêtes... » il reste vrai même à travers cette phrase qu'on y gardera le besoin d'adorer. L'idée de l'homme cause et fin de tout y sentira l'absurde.

La vie urbaine coupe déjà considérablement nos prises normales sur le réel, que nous soyons ouvriers ou non. Il suffit de se souvenir de la période de guerre à Paris : brusquement le black-out avait redonné une actualité à la longueur des jours et aux quartiers de lune. L'absence de combustible rappelait ce qu'étaient l'hiver et l'été. La pénurie d'échanges commerciaux nous remémorait qu'il y avait une saison des petits pois, des salades et des oignons.

Or c'est une forte majorité des masses ouvrières qui habitent les grandes villes. Beaucoup de gens n'ont plus aucun contact avec la terre. D'autres ne vont « à la campagne » que pour y faire quelque chose : sports, baignades, camping, records de vélo, etc.

Simultanément la « matière première » offerte à l'intelligence de l'homme change : fer, produits chimiques, machines dont on *fait* autre chose : acier, énergie.

Son intelligence ne l'oriente plus vers un monde dont il faisait partie mais dont l'intérêt venait d'au-delà et allait au-delà. Elle le situe dans un monde dont il a à se libérer pour l'exploiter à son profit : ce profit humain capte l'esprit. Les recherches biologiques et physiologiques l'atteignent sous la forme des progrès de la médecine.

La mort elle-même perd de son mystère *prochain*. La « causalité humaine » tend à s'emparer même de la mort. Autrefois on mourait un peu par l'homme et beaucoup directement par la mort. Maintenant on meurt beaucoup par les hommes. La lutte pour la paix se présente comme une lutte contre la mort. L'analyse des facteurs sociaux de mort, manques d'hygiène, contagions, les victoires sur la mort par tuberculose, les victoires de la chirurgie ou de thérapeutiques spécialisées *masquent* le caractère *inéluctable* de la mort. Parce qu'on peut la retarder, on oublie qu'elle vient toujours.

Le mystère d'hier a été volatilisé en une multitude de certitudes expérimentales; il n'a pas été remplacé devant l'intelligence par le mystère plus dense et plus interrogateur auquel ces expériences ont abouti : les lois camouflent le mystère.

Pour le « petit », penser ce n'est plus apprendre à mourir et à vivre c'est apprendre à être le plus heureux possible, pendant le plus d'années possibles et selon la définition du bonheur reçue du milieu où l'on est.

Ici encore le « glissement » de l'esprit entraîne le glissement de la notion de bonheur. On s'achemine de plus en plus vers les bonheurs chiffrables en prix d'achat. Ce sont eux que l'on veut ou pour soi ou pour ceux que l'on aime.

C'est cette intelligence devenue exclusivement *utilitaire*, et utilitaire seulement pour une définition *limitée du bonheur*, que j'appelle « misère de l'esprit ».

On se scandalise à juste titre que l'activité humaine soit réduite pour des millions d'hommes à des gestes automates. On y voit une amputation.

Je pense qu'il y a une amputation comparable dans ces millions d'intelligences humaines « réduites » à connaître toujours les mêmes parcelles de vérité, limitées à un réel incroyablement restreint.

On se scandalise, et toujours à juste titre, que des salaires insuffisants ne permettent pas de donner et la nourriture suffisante et les études appropriées à ces millions d'hommes. On se scandalise des tempéraments dégénérés ou pathologiquement atteints qui sont la conséquence de cette sous-alimentation du corps et de l'intelligence pratique.

Je pense qu'il y a une dégénérescence et des infirmités et des monstruosités qui, sur le plan de l'esprit, sont tout aussi scandaleuses et qui viennent d'une famine des intelligences auxquelles on ne donne plus à manger ce par quoi elles devraient être nourries.

On se scandalise et plus encore et plus justement encore, que certains hommes s'arrogent le privilège de rompre la communauté humaine au nom d'une caste à laquelle ils attribuent des droits et des besoins particuliers.

N'y a-t-il pas un scandale plus grand à rompre la communauté naturelle de l'homme et de Dieu en prenant son parti d'enlever à l'homme le droit à l'esprit?

Tout homme a sa prise de terre et son antenne. On a laissé les prises de terre, les antennes se sont détériorées : on ne peut plus capter les ondes.

Travailler à rétablir la communauté naturelle de l'homme et de Dieu, ce n'est pas donner la foi — c'est Dieu qui la donne. Ce n'est pas évangéliser, c'est proposer la foi.

Mais la « misère de l'esprit » fait tourner le dos à l'horizon d'où vient la Foi ; elle retranche du vocabulaire la moitié des mots dont le message évangélique est fait.

En même temps que nous subissons les tentations d'une charité qui se désolidariserait de la foi, nous subissons sur le plan naturel la tentation d'un amour qui se passe de vérité. Héritiers de temps où « la connaissance ne tournait pas à aimer » nous réagissons vers un amour qui se passe de connaître.

Par amour, nous finissons par ne désirer, à ceux que nous aimons sur ce même plan naturel, que le bonheur « matérialisé » au sens strict du terme auquel ils aspirent eux-mêmes.

Je pense qu'il a fallu à certains chrétiens une profonde révolution intérieure pour que la charité éclaire pour eux les manques d'amour collectifs dont souffrent « ceux qui ont faim », « ceux qui pleurent », « ceux qui sont sans gîte » etc., et pour lesquels nous avions empêché de laisser battre le cœur que le Christ nous avait laissé pour les aimer.

Mais je pense qu'il faut une révolution analogue pour que la foi éclaire pour nous les « ténèbres de ceux qui y sont assis » et dans lesquelles nous ne mettons pas l'esprit que le Christ nous a laissé à vivre lui aussi.

Il nous faut prendre conscience de l'invasion de *vérités diminuées* qui saturent les yeux de nos frères et les nôtres. Ces vérités elles arrivent par l'école, par l'usine, par le journal, par les magasins, par la radio. Elles sont comme des flèches dont le mouvement a été inversé : elles ramènent l'homme vers lui. A nous, en les laissant elles-mêmes, de leur redonner leur sens, de les *convertir*.

Il nous faut prendre conscience des ruptures de pont entre l'homme et le mystère de tout ce qui est. Le pont homme-terre est rompu.

Il nous faut prendre conscience des têtes de pont qui existent, les suggérer, les révéler.

L'homme de la terre sait manier les lois de la culture : ces lois, même s'il n'est pas chrétien, conduisent son esprit à quelque chose de plus grand que lui. L'homme de la mer connaît les manœuvres de son bateau, mais les forces de la mer, même s'il n'est pas chrétien, conduisent son esprit à quelque chose qui le dépasse.

C'est une orientation du même ordre qui serait à rétablir entre chaque homme et le mystère du réel avec lequel il est en contact. Ce n'est certes pas donner la foi. Mais où est la capacité de recevoir la foi chez celui pour qui Dieu est absurde? Et devons-nous prendre notre parti de ce parti pris d'absurdité?

« Comment croiront-ils si personne ne leur annonce l'Évangile? »

— Oui mais « comment croiront-ils », s'ils n'ont pas « d'oreilles pour entendre »?

Je ne veux pas dire que cette lutte contre la misère spirituelle soit l'*essentiel* de la tâche missionnaire.

Mais si la misère économique du prolétariat retentit là sur les raisons d'être de la mission, sur son but et sur ses formes, la misère de l'esprit devrait avoir, elle aussi, son retentissement.

Dans toutes les modalités de vie au milieu du prolétariat, le missionnaire ne peut jamais accepter *telle quelle* pour ses frères la misère économique et tente de la réduire par des efforts allant de l'aide fraternelle aux réformes de structures.

A-t-il le droit d'accepter telle quelle la misère spirituelle, sans essayer individuellement ou collectivement de la guérir?

Si, dans toutes les « formes » de la mission, partage du travail et de la vie, évangélisation par la vie, effort sur les conditions sociales, efforts liturgiques et paroissiaux, la « Parole » ne figure que comme un élément entre les autres et quelquefois secondaire, n'est-ce pas parce que nous avons perdu le sens de l'esprit?

Que, pour les laïcs, « parler » soit une fonction amicale, épisodique, cela est normal.

Mais, parmi les prêtres missionnaires, le « Allez prêcher »... est-il encore une des consignes majeures du Christ pour l'expansion du Royaume de Dieu?

Par un paradoxe pratique, les « prêcheurs » semblent incomplètement missionnaires et les missionnaires semblent n'être plus des prêcheurs.

On cite souvent les paroles de Jean-Baptiste : « Préparez les voies du Seigneur »...

Mais on cite moins souvent la parole qui les précède : « Je suis la voix qui crie dans le désert. »

Voyage éclair à Rome[1]

J'étais allée à Rome avec un but bien précis :

— pour demander que la grâce d'apostolat qui a été donnée à la France ne soit pas perdue par nous, mais que nous la maintenions dans l'unité;

— pour demander que cette grâce soit reconnue, fortifiée par l'Église.

Autant mon voyage à Rome de 1933 était personnel, autant celui-ci était impersonnel. Le Seigneur l'a bien entendu ainsi.

En 1933, je n'avais pas senti la Rome profane avec sa beauté, la Rome moderne avec sa richesse, la Rome « vaticane » avec son temporalisme.

J'avais été plongée dans une énorme rencontre de peuples priants, dans des foules croyantes.

J'avais eu la messe du pape.

J'avais reçu comme un cadeau gratuit l'enracinement dans l'Église, dans la pierre de fondation dont toute racine doit sortir.

Cette fois je suis allée directement à Saint-Pierre. Sur les murs de l'enceinte, une pluie d'affiches politiques « *Democrazia Christiana* »... menant la bagarre selon le jeu de toutes les bagarres.

Toutes les fois où je suis sortie de Saint-Pierre, j'ai vu entrer et sortir du Vatican des autos d'un luxe inouï.

En traversant Rome à l'aller et au retour, j'ai été très saisie de sa beauté : Paris à côté d'elle fait « tard venu ». Très frappée aussi de l'élégante richesse de la ville moderne. J'ai senti très fort le danger pour tous ces prélats, ces hommes d'Église, de vivre dans ce charme de culture et de richesse. Dans Saint-Pierre où je suis restée toute la journée j'ai eu la messe. Très peu de per-

1. Relation envoyée à quelques amis au retour d'un voyage de vingt-quatre heures à Rome en mai 1952. Les circonstances qui entourèrent ce voyage sont indiquées pages 89-90.

sonnes priaient. Un petit va-et-vient devant la châsse de Pie X et c'est presque tout. Presque personne, quelques prêtres isolés, très rares.

En revanche des caravanes indiscontinues, genre Cook, d'Anglais et d'Américains, avec les guides. Dans le sous-sol, des travaux avec les conversations des ouvriers et des chariots transportant des déblais.

Dans cette atmosphère j'ai pris mes fonctions. Je me suis incrustée dans « mon » pilier qui a l'avantage d'être devant l'autel du pape et, sur le tombeau de saint Pierre, j'ai prié à cœur perdu... et d'abord à perdre cœur.

Je n'ai pas réfléchi ni demandé de « lumières », je n'étais pas là pour cela. Pourtant, plusieurs choses se sont imposées à moi et restent en moi.

D'abord : Jésus a dit à Pierre : « Tu es Pierre et sur cette pierre je bâtirai mon Église... » Il devait devenir une pierre et l'Église devait être bâtie. Jésus qui a tant parlé de la puissance de l'Esprit, de sa vitalité a, quand il a parlé de l'Église, dit qu'il la bâtirait sur cet homme qui deviendrait comme une pierre. C'est la pensée du Christ que l'Église ne soit pas seulement quelque chose de vivant mais quelque chose de bâti.

Deuxième chose : j'ai découvert les évêques.

Dans ma liste de visites de départ figurait M... qui vend *l'Homme nouveau*, et qui m'est chaque dimanche une tentation. Voulant lui dire quelque chose de gentil, j'ai cherché quelque chose à lui acheter dans son éventaire. Il y avait l'album de *Fêtes et Saisons* sur « Notre évêque ». Je l'ai acheté et l'ai rapidement parcouru avant de partir. J'y ai découvert cette vérité originale que l'évêque a « le dépôt de la foi » et la charge de l' « apostolat ».

J'ai découvert pendant mon voyage, et à Rome, l'immense importance dans la foi et dans la vie de l'Église, des évêques.

« Je vous ferai pêcheurs d'hommes. » Il m'a semblé que, vis-à-vis de ce que nous appelons l'autorité, nous agissons tantôt comme des fétichistes, tantôt comme des libéraux. Nous ne refluons pas vers les évêques avec ce que nous rencontrons, connaissons du monde.

Ou bien nous obéissons comme un soldat de 2e classe; ou bien nous présentons au mieux nos desiderata à leur signature. Nous n'apportons pas les images des yeux au cerveau, les sensations, etc.

Nous sommes sous le régime des autorisations, non de l'autorité, qui serait d'apporter de quoi « faire », de quoi être les « auteurs » de l'œuvre de Dieu.

Tout cela est fort mal digéré mais me paraît d'une importance considérable. Quand on parle de l'obéissance des saints, on réalise mal, je crois, combien elle s'apparente dans le corps de l'Église, à cette lutte interne des organismes vivants, où l'unité se fait dans des activités, des oppositions.

Enfin,

J'ai aussi beaucoup pensé que si saint Jean était « le disciple que Jésus aimait », c'est à saint Pierre que Jésus a demandé : « M'aimes-tu? » et c'est après ses affirmations d'amour qu'il lui a donné le troupeau. Il a dit aussi tout ce qui était à aimer : « Ce que vous avez fait à l'un de ces plus petits de mes frères, c'est à Moi que vous l'avez fait. »

Il m'est apparu à quel point il faudrait que l'Église hiérarchique soit connue par les hommes, tous les hommes, comme les aimant. Pierre : une pierre à qui on demande d'aimer. J'ai compris ce qu'il fallait faire passer d'amour dans tous les signes de l'Église.

Tendance d'alliance, tendance de salut[1]

Il y a deux façons d'être en tendance vers le marxisme : une tendance d'alliance, une tendance de salut.

Ce qui dans la vocation de la Mission est un appel particulièrement grave, c'est la tendance au salut.

Ce qui, dans sa vocation, est le danger spécifique, c'est la tendance d'alliance.

Cette coïncidence, dans la Mission, du but et du danger, demande pour l'affronter une telle audace surnaturelle, que les tentations normales seront ou de refuser l'un, ou de nier l'autre.

La tendance d'alliance.

La tendance à l'alliance est une sorte d'émerveillement devant l'homme marxiste, rescapé d'un prolétariat sans espoir, prototype et entraîneur d'un lendemain socialement régénéré. Ce n'est plus le prolétariat dans sa sous-civilisation douloureuse que l'on pense à baptiser, mais une civilisation en devenir à laquelle œuvrent les marxistes. On oublie que, si une civilisation peut être baptisée, on ne baptise pas une hérésie et plus qu'une hérésie : un athéisme doctrinal et actif.

Cette tendance à l'alliance, on ne peut la comprendre si on ne se rend pas compte du potentiel de séduction qu'un milieu courageusement marxiste porte en lui. La générosité, la camaraderie, la sincérité, l'abnégation y ont, pour de nombreux chrétiens, pris un réalisme nouveau. L'entraînement est d'autant plus pressant quand il s'agit d'un milieu marxiste de base ignorant des systèmes intellectuels.

Pour résister, il faut avant tout une foi sans cesse alimentée,

1. Note rédigée à la demande d'un évêque, octobre 1953.

une tête franchement éclairée sur la doctrine marxiste et enfin une ascèse du cœur sur laquelle on n'insiste pas assez. Sans cette ascèse, il sera impossible de garder le sens critique pour discerner non seulement notre propre ligne d'action, mais pour être clairvoyant dans les scléroses ou les tares qui surgissent dans le marxisme lui-même.

Le premier trait de la tendance à l'alliance sera chez le chrétien une sorte de reconnaissance admirative pour les marxistes qui lui demandent de travailler avec eux. Il est difficile à discerner car il suit de près la joie du chrétien « coupé » des incroyants et qui les retrouve enfin...

Il est bien clair que dans le milieu marxiste, ville, usine, administration, une fraternité humaine entraîne des actes humains faits ensemble, même en dehors de la politique ou de la profession. Je suis certaine que beaucoup de ces actes n'entraînent aucune coopération au marxisme, mais que *presque toujours*, au cœur ou à côté de ces actions, se présente ou une intervention, ou une prise de position qui, elle, rejoint le système nerveux du marxisme.

C'est pourquoi il y faut une tête claire et un cœur en laisse.

Car, cette *coopération*, c'est elle qui est doublement à éviter parce qu'elle nous branche sur une gigantesque force de déchristianisation et parce qu'elle nous déchristianise.

Même les grands doctrinaires marxistes n'ont sans doute pas réalisé à quel point étaient logiques leurs deux options fondamentales : mort à Dieu et lutte de classes; athéisme et haine de certains hommes.

Dans la mesure où cette haine est légitimement « pratiquée » quelque part, c'est le Royaume de Dieu qui recule.

Ce qui est vrai collectivement, l'est encore plus peut-être individuellement. Quand un chrétien participe régulièrement à l'action marxiste, quand il s'accorde « pratiquement » une sorte de « droit à la haine », même avec des militants qui n'en ont même pas conscience il y a une manière d'anémie pernicieuse, qui mine son être surnaturel. Cet état peut cohabiter en lui avec une foi qui semble totale mais, petit à petit, des secteurs entiers de sa vie de grâce se *fragilisent*. C'est cette fragilité radicale qui rendrait compte sans doute de telle défaillance charnelle, de telle rupture avec la hiérarchie.

Il serait singulièrement dangereux de faire l'analyse de ces drames à la seule lumière des circonstances et des tempéraments.

Quand, dans de nombreuses vies missionnaires, l'Église devient en partie étrangère, le sacerdoce amputé, quand la cité est préférée au Royaume, le bonheur confondu avec le salut, il faut peut-être se demander et se demander avant tout, si quelque chose qui est le contraire de Dieu parce que le contraire de l'amour n'est pas un élément commun à toutes ces vies et si ce n'est pas la cause commune de leurs défaillances diverses.

A ce moment-là, il faudrait peut-être aussi se demander quels seraient les fruits, demain, d'un climat qui s'établit par nappes dans le « menu peuple » des jeunes missionnaires, climat où une permission de moins aimer ou de ne pas aimer des catégories entières d'hommes s'établit.

La tendance de salut.

Mais il reste la tendance de salut. Est-ce parce que nous ne l'avons pas assez vécue dans le passé que nous ne pourrons pas la vivre dans l'avenir?

Sur la moitié de la terre, des hommes sont non pas « assis » dans les ténèbres de la mort, mais debout pour que l'apostasie d'une classe devienne l'apostasie d'un monde, allons-nous en prendre notre parti...

Mettant notre cœur dans celui des apôtres de tous les temps, ne devons-nous pas demander de continuer à « être envoyés »? Que ceux qui nous guident nous redisent que nous n'aimerons jamais assez les hommes et que nous ne haïrons jamais assez le mal.

Vus du côté de Dieu, les marxistes sont les plus malheureux des hommes, les plus malades... Ils avaient besoin de médecin... Nous sommes allés vers eux comme vers des bien-portants... quelquefois comme à des guérisseurs : là a été, je crois, la déviation initiale.

Mais nous savons maintenant que leur maladie, c'était le prolétariat qui en était le terrain de choix et qu'en plongeant dans le prolétariat, on lui était comme prédisposé.

Nous devons savoir que cette maladie est une épidémie, qu'elle est contagieuse... et même avant d'être déclarée.

Les affamés, les opprimés, les sans-abri du prolétariat nous ont tellement « crevé » les yeux que nous n'avons pas su voir, à côté des péchés dont ils étaient le signe, cet autre péché mortel que le monde était en train d'inventer.

Nous sommes bien allés là où il fallait aller, mais, arrivés là, du missionnaire nous avons fait autre chose qu'un apôtre.

En face du monde, il ne peut être autre chose. Ce n'est pas une question de mots, mais une question de réalité profonde. Nous n'aimons plus guère prononcer le mot « apostolat ». Sans doute a-t-il été naguère singulièrement dénaturé?

Je crois pourtant que c'est dans sa confrontation avec notre sens actuel du mot « missionnaire » que nous retrouverions le sens de la tendance de salut.

L'amour de l'Église

Ce n'est pas un angélisme.

Ce n'est pas un caporalisme.

Il se « pratique » consciemment et volontairement, dans tous les instants de la vie, comme l'amour de Dieu et du prochain qui ne peut être vécu qu'en « Jésus de maintenant » : l'Église.

C'est peut-être à cause de cela que les chrétiens, officiellement catholiques, s'appellent des « pratiquants ».

On méprise, et non sans quelque raison, cette appellation de pratiquants. Mais quand un mot est usé et qu'on le rejette, il n'est pas rare qu'on rejette du même coup la notion première qu'il exprimait.

Et de même que la mentalité « pratiquante » avait expulsé de la vie chrétienne la sève mystique et le réalisme évangélique, de même, la mentalité « anti-pratiquante » risque de faire de la vie d'Église, ou une rêverie pieuse, ou une récréation humaine, ou une discipline analogue à celle d'un parti ou d'une armée.

A chaque tournant des âges, il semble bien que le Seigneur ait voulu donner à certains la vocation de vivre son Évangile à même le texte, pour que leur chair et que leur sang en soient comme l'édition providentiellement destinée aux hommes de leur temps.

Mais il semble, non moins clairement, que leur chair et que leur sang n'ont été de bons caractères d'imprimerie que mis et sortis aux presses de l'Église. D'autres hommes ont essayé, leur vie est restée comme un manuscrit qui circule dans de petits groupes d'initiés.

Il faut aimer le Christ-Église en pratiquant sa vie.

Si nous sommes, en fait, participants à la vie interne de l'Église, l'authenticité et l'intensité de cette participation n'est pas seulement affaire de connaissance.

On peut être un excellent théologien et ne vivre que très faiblement de la vie de Dieu; on peut très bien savoir ce qu'est l'Église et n'en être qu'une cellule anémiée.

De même, on peut « vivre la foi » pour tout ce qui est Dieu-nous et ne pas la vivre, mais seulement y adhérer intellectuellement pour ce qui est Église-nous.

Même quand nous vivons d'une vie très unie à Jésus, il faut, je crois, nous demander si nous ne faisons pas de lui et de son amour quelque chose d'encore un peu « historique », si nous ne le voyons pas surtout comme il a été, et non comme *Il est*, dans l'Église.

Avons-nous compris, comme Jeanne d'Arc, que « le Christ et l'Église c'est tout un »?

Nous avons quelquefois, vis-à-vis de l'Église, l'attitude de quelqu'un qui veut un certificat de bonne conduite. L'Église ne conduit pas : elle est et nous sommes en elle. Elle est le Corps du Christ et nous sommes membres de ce Corps. Notre dépendance, notre dévouement vis-à-vis d'elle, s'ils exigent des actes extérieurs, des signes, sont avant tout une dépendance et un dévouement interne, vital. Notre dépendance, vis-à-vis de ce corps qu'elle est, est considérable.

Mais notre initiative, notre responsabilité, notre fonction sont, elles aussi, considérables. Nous y sommes providentiellement irremplaçables. Nos soumissions et nos initiatives y sont à égalité obéissance, comme pour les cellules d'un corps qui seraient à la fois intelligentes et aimantes. Une seule cellule peut infecter tout l'organisme; une seule cellule peut laisser passer l'aiguille qui le sauve.

Notre obéissance est à la fois passive et active parce qu'elle est obéissance à un ordre vital, à un rythme vital, à une propagation vitale.

De cette obéissance, on ne se tire pas avec une oraison dite à la messe, avec du dévouement à un prêtre ou à un mouvement. On ne s'en tire même pas avec une vie sacramentelle fidèle, ni avec une vie de prière fervente, mais en assumant notre vie sacramentelle et notre vie de prière jusque-là où elles doivent aller, jusqu'à ce pour quoi elles ont été faites.

Les incroyants rejettent l'Église ou parce qu'elle est mal humaine, ou parce qu'elle se réclame comme divine. Si elle n'est pas dans notre vie ce qu'elle devrait y être, c'est en réalité pour les mêmes raisons : ou bien nous nous contentons d'en faire une pauvre chose humaine, nous l'oublions, elle, en gardant en guise d'elle, ou telle dévotion liturgique, ou telle préoccupation paroissiale, ou telle discipline extérieure. Ou bien nous la rejetons par lassitude, ayant entrevu qu'elle est impensable et importable, comme ce Dieu des Juifs qu'on ne pouvait voir sans mourir.

Elle est en effet le signe le plus prodigieux du mystère de Dieu. Car, en elle, sont les fameuses dimensions de la charité selon saint Paul et qu'il nous souhaite d'atteindre avec tous les saints. Elle seule est le signe du prodigieux craquement que doit subir tout notre être pour être apte à Dieu et aux tâches de Dieu.

Nous ne pourrons incarner la charité de Dieu dans le monde, nous ne pourrons y porter l'Évangile qui n'est que la manifestation de la charité que si nous acceptons d'abord l'incarnation de cette charité dans l'Église, dans le Corps mystique de Jésus-Christ.

Ce corps a ses lois, son économie interne, c'est l'économie même du salut. Il a ses organes — qui ne sont pas des rouages — son sang, sa combustion, sa nourriture. Je le redis, nous sommes des cellules intelligentes et aimantes. Il faudrait réaliser ce que serait l'amour de chaque cellule de notre corps pour les autres cellules, pour leurs services réciproques, pour les organes vitaux... Si ces cellules étaient capables de comprendre et d'aimer, à ce moment-là nous exploserions de reconnaissance pour chaque prêtre qui donne le sang du Christ; nous serions en anxiété priante près de chaque évêque qui a des décisions à prendre; nous aurions la compassion pour le Saint-Père et nous remercierions Dieu qu'un signe si grand de sa propre paternité existe dans la papauté.

Si ces organes du Corps mystique qui sont des hommes ont droit à notre foi dans leurs fonctions, ils ont droit aussi à notre amour d'homme. Et ils ont droit à notre charité : malades surnaturellement, leur fonction reste intacte : quand un cœur est malade on ne l'arrache pas. Ce corps mange d'une certaine manière. Il se soigne d'une certaine manière aussi; il respire à sa façon. Tout cela, le Seigneur ne nous a pas attendus pour le décider. C'est ainsi et ce n'est pas autrement. Tout dans l'Église signifie le mouvement du sang du Christ, les actes qui le donnent, les lieux où l'on peut appliquer les lèvres pour le boire et le faire jaillir.

C'est le culte... Savons-nous que c'est le salut du monde? Si, tout le long de l'histoire de l'Église, il a fallu l'adapter, l'expliquer, le traduire, s'il le faut encore de nos jours, il ne s'est jamais agi, et il ne s'agit pas aujourd'hui de l'humaniser; il est humain et tragiquement : il est la Passion du Fils de Dieu fait homme perpétuée au milieu de nous.

Une paroisse, avant tout, c'est cela, au milieu d'un monde qui n'y comprend rien. Les évêchés avec leurs bureaux, c'est la foi gardée et la responsabilité du salut qui doit aller aux extrémités de la terre. Rome, à travers tout, c'est l'amour de Dieu promis à l'Église pour toujours. Ce corps veut propager sa vie. Toujours l'Église tendra vers le monde. Elle n'a pas besoin de lui pour accomplir sa mission mais, sans lui, elle n'aurait pas de mission. Le monde est comme le chaume et l'Église comme la flamme.

S'il y a une trahison, dont on parle beaucoup, à se rebeller contre l'Église, il y en a une autre à faire d'elle ce qu'elle n'est pas, à la ratatiner à ce qui n'est pas elle tout entière ou à ce qui n'est qu'inspiré par elle : mouvements, ordres, groupes, etc.

S'il y a trahison à renier l'essentiel, il y a trahison à aimer et défendre comme essentiel ce qui est temporaire et relatif.

S'il y a infidélité à ne pas voir dans chacun ce qu'il est de par le Christ, il y a manque de vérité en faisant de certains plus que ce qu'ils sont. Chacun est à traiter selon la foi, en vérité : les baptisés pour les membres de notre propre corps; les prêtres pour les dispensateurs de la grâce sacramentelle; les évêques pour les gardiens de la foi et les responsables de l'apostolat; le pape pour le père commun. Faisons d'abord cela... et après on verra.

On verra que nos rencontres avec les chrétiens deviendront des soudures réelles; que nous aimerons les prêtres avec un cœur reconnaissant — sans pour cela partager toujours leurs conceptions particulières des choses —, que la hiérarchie deviendra notre souci exigeant et onéreux.

De même, s'il y a anémie pour beaucoup de chrétiens à se couper de la vie liturgique, on la minimise considérablement et on la rend inaccessible à beaucoup en en faisant uniquement quelque chose de formel sinon de formaliste. La vie liturgique est l'actualisation constante en nous et hors de nous des mystères du Christ, elle est viable partout, elle est les heures, les saisons, les âges de l'Église.

Il faut aimer le Christ-Église en pratiquant sa mission.

Saint François d'Assise, je crois, pleurait en disant : « L'Amour n'est pas aimé. » Du Christ, on ne peut pas toujours dire absolument cela. Parmi les incroyants, bien des gens aiment humainement la physionomie du Christ. Mais du Christ vivant actuellement parmi nous on peut pleinement le dire. De cet amour du Christ qui est dans l'Église et qui est méconnu ou haï, il faudrait avoir la compassion.

La bonté du Christ que l'Église a pour mission de manifester qui veut la connaître... et, dans bien des cas, qui peut la connaître?

L'Église, il faut s'acharner à la rendre *aimable*. Il faudrait s'acharner à éviter tout ce qui en elle, sans nécessité, rend son amour indéchiffrable. Il y a mensonge par omission à ne pas témoigner que notre joie d'enfant de Dieu c'est d'elle, la Mère, que nous la tenons. Il y a une reconnaissance de famille pour elle qui doit transparaître dans nos vies. Il y a un témoignage de vie éternelle qui ne se donne qu'en étant qu'un son dans sa voix. L'Église, il faut s'acharner à la rendre *aimante*. Son amour est en grande partie à notre merci. « C'est dans les âmes que l'Église est belle », dit saint Ambroise. Dans nos vies, l'Église doit être *bonne*; dans nos vies, le Christ-Église doit aimer à l'aise, dans le sens même de son amour, dans les règles de son amour, dans les exigences de son amour.

Le sens de cet amour est un mouvement, un élan. Depuis le moment où le Christ a pris la route, il ne l'a plus quittée, à la fin elle s'est appelée le chemin de la Croix.

A saint Pierre auquel il a dit : « Tu es Pierre et sur cette pierre je bâtirai mon Église », sa première parole est : « Suis-moi » et la dernière est encore « Suis-moi ». Aux Apôtres sa dernière consigne est : « Allez... », « Je vous ai établis afin que vous alliez... » Cet amour est comme un élan vital vers toutes les extrémités de la terre, qu'elles soient géographiques ou qu'elles soient sociales. Cet amour est comme un élan interne vers tout ce qui est séparé par l'erreur, par le péché. Cet amour est comme un élan pour retrouver ceux vers lesquels le Christ s'est élancé le premier : les petits, les souffrants, les pauvres.

Les règles de cet amour sont les fameuses dimensions de saint Paul sur la charité, auxquelles il nous souhaite d'atteindre avec tous les saints sans exception et sans limites. Les exigences de cet amour sont le « qui perd gagne ». Mais on ne peut vivre cet amour, qui est à la taille du Christ-Église et non à la nôtre, que si nous intensifions notre appartenance intime, interne, vitale au Christ dans l'Église. Sans cela, ou nous tombons dans le fossé, ou nous falsifions le message, ou nous le stérilisons.

Il n'y a que dans et par l'Église que l'Évangile soit Esprit et Vie. Hors d'elle il n'est plus qu'esprit et non Saint-Esprit.

L'évangélisation du monde et son salut est le métier même de l'Église. Elle est sans cesse en tension vers le monde comme la flamme tend au chaume. Mais cette tension serait disproportionnée pour quiconque voudrait être seulement lui-même.

Plus le monde où l'on va est sans Église, plus il faut y être l'Église. C'est en elle qu'est la Mission. Il faut qu'elle passe à travers nous.

De tout cela il découle pour nous que notre amour de l'Église doit nous faire vivre de plus en plus avec intelligence et avec amour, avec foi et charité tout ce qui est son mystère intime. Cela veut dire aussi que notre amour pour l'Église n'exige pas de nous d'agir dans des formes d'action ou sous des vocables qui sont officiellement d'Église, mais d'avoir le courage de laisser transpercer l'écorce de nos vies, et leur sève, et leur moelle par le bourgeon de charité qui constitue notre appel. Nous n'avons pas à peindre un bourgeon sur un papier en en copiant un autre; un bourgeon pousse de l'intérieur. En étant strictement fidèles aux impératifs de l'amour évangélique, nous serons le bourgeon que Dieu veut aujourd'hui, sans cesse reliés par l'intérieur au tronc, poussant nos feuilles l'une après l'autre, prêts à les laisser arracher si ce sont des feuilles mal venues, jamais sûrs d'avoir raison par nous-mêmes pour demain, mais sûrs qu'il n'y a pas deux « Esprit », que si nous nous trompons ce n'est jamais grave quand on sait qu'on peut se tromper, mais que la peur de la grande aventure, la *peur de cet Esprit qui ne sait ni d'où il vient ni où il va*, serait de notre part, pour l'Église, notre plus grand manque d'amour.

Le risque de la soumission[1]

(*18 janvier 1954*).

Les mesures qui frappent la Mission, si elles entraînent des risques d'insoumission, me semblent entraîner un autre risque dont on parle beaucoup moins : celui de manquer de *réalisme*.

A ce manque de réalisme bien des facteurs nous sollicitent.

Si la Mission n'a pas été pure de toute erreur, les attaques qui ont été dirigées contre elle n'ont pas été pures de tout intérêt.

Si l'Église veut rectifier son élan pour le protéger, bien des gens voient dans cette rectification un avortement et un retour assuré à des avant-hier qu'ils ne se consoleraient pas de perdre.

La tentation est forte, alors, de ne plus penser que c'est *Dieu qui mène* et de transformer l'obéissance soit en découragement, soit en politique de moindre mal.

Mais si quelqu'un a le sens de l'Histoire, c'est Dieu. Si des gens pensent que l'épreuve actuelle fera le jeu du passé, sommes-nous réalistes en ne croyant pas, qu'à travers cette épreuve, Dieu nous indique le jeu de demain? Le *croire* serait sans doute pour nous la condition d'obtenir le « génie » surnaturel nécessaire à cette nouvelle étape.

Le type de vie que les mesures actuelles coincent par tous les bouts est déjà *hier*. Des hommes lui reprochent d'être allé trop loin. Sommes-nous sûrs que Dieu ne veuille pas qu'il aille justement plus loin, et que, pour qu'il puisse aller plus loin, il le *force à être autre?*

Ce qui l'empêchait d'aller assez loin, ne serait-ce pas ce sur

1. Nous groupons ici deux notes écrites l'une en janvier, l'autre en février 1954. Le titre donné à la première peut s'appliquer à la seconde, comme ce qui est dit du prêtre engagé peut s'étendre à toute la chrétienté.

quoi portait la restriction du Saint-Père : le prêtre et l'ouvrier cohabitant dans le même homme.

Cette restriction a surpris beaucoup d'entre nous; c'était sur d'autres terrains que nous attendions la difficulté.

Pourtant, à y réfléchir, cette restriction dévoilait peut-être d'avance des confusions possibles que nous cachaient les confusions actuelles morales ou politiques.

C'est à l'abri de cette confusion que les termes « vie missionnaire » pouvaient cesser de recouvrir exactement ceux de « vie apostolique ».

Autant la vie apostolique exige, pour une multitude de milieux, que le prêtre « gagne son pain », autant elle exige, si elle est vraie, un bouleversement constant de tous les éléments qui la constituent, travail compris, en fonction de son but propre. En elle, tout ce qui n'est pas la « dilatation du règne de Dieu » par les moyens qui lui sont surnaturellement proportionnés, ne peut avoir qu'une deuxième place.

Je pense que c'est là que bien des superstitions peuvent guetter notre réalisme.

Si un de mes camarades me disait : « C'est bien qu'il y ait des curés qui aient des mains comme les nôtres », cela n'entraînait pas pour lui l'idée de similitude. Et si beaucoup d'ouvriers ont des idées sur ce que les « curés ne doivent pas être », leurs *a priori* sur ce que les curés doivent être sont très éloignés de nos propres sectarismes.

A travers le monde actuel, le travail est profondément divers. Alors que la société en crée sans cesse de nouvelles formes, accompagnées de nouveaux risques et de nouvelles insécurités, pourquoi le prêtre qui, pour des motifs analogues à ceux de saint Paul à Corinthe, voudrait vivre de ses mains, ne pourrait-il *imposer à l'opinion* un type de vie, insolite peut-être mais vrai, parce que résultant de toutes les exigences de son sacerdoce?

En tout cas la pauvreté lui serait assurée et aussi une insécurité propre à son état : un travail tantôt limité, tantôt abandonné, accepté parce que seul cadrant avec d'autres exigences, ne peut être que peu « rentable ».

Je pense que si dans une vie strictement laïque, le travail est au premier plan du « temporel », il peut en dehors du sacerdoce, dans des vies apostoliques, demander à se laisser pour ainsi dire transpercer par la « charité du Christ qui presse ».

De même que beaucoup de chrétiens de notre temps sont

appelés à témoigner du Christ en vivant des types humains « à la chrétienne », il faut sans doute aussi que d'autres chrétiens aient la hardiesse de laisser bouleverser les données de leur vie sociale par une autre hiérarchie de valeurs.

(*20 février 1954*).

Ce n'est pas seulement avec notre cœur mais avec toute notre espérance chrétienne, que, pendant dix ans, nous avons vu pousser sur le grand arbre de l'Église, comme un bourgeon, les jeunes Missions de France.

Sans doute parce qu'il était fragile, ce bourgeon est tellement meurtri que la douleur de notre cœur met notre espérance en tentation. On ne peut, sans faux optimisme, nier un péril mortel. Mais, si nous sommes en panique, « Dieu est plus grand que notre cœur ». Si nous disons : « affaire des prêtres ouvriers », « affaire des Dominicains », « affaire de la Mission de France », nous sommes conduits à jouer surtout l'efficacité des hommes.

Si nous disons : « affaires de l'Église », « affaires de Dieu », nous jouons la fidélité de Dieu; « l'ombre qui nous recouvre » ne nous déroute plus, car c'est en elle que se réalisent les promesses.

A son Église Dieu a promis « l'évangélisation des pauvres », « celle des extrémités de la terre », même si elles sont aujourd'hui de l'autre côté de la rue.

Mais Dieu veut qu'on le force à tenir parole : cette contrainte sur Dieu, l'avons-nous faite, l'avons-nous faite assez?

Nous savons tous qu'à l'heure actuelle beaucoup de gens souffrent et prient.

Mais, parce que la Mission peut porter aux hommes le plus grand des biens, nous voulons, pour la sauver, agir sur des hommes, informer des hommes, influencer des hommes. Comme pour les grands biens humains : la paix, la lutte contre la misère, la vie, nous voulons faire des campagnes.

Mais la Mission, c'est aussi, c'est d'abord le bien de Dieu, la justice faite à Dieu. Nous n'avons pas fait la campagne de Dieu. Publiquement nous ne lui avons pas réclamé sa gloire.

Cela, déjà, les dix ans passés nous le rappellent.

Parce que dans une même nation s'imbriquaient deux cartes, celle de solides chrétientés : la France missionnaire et celle des zones sans Dieu : « la France pays de mission », il y eut au travers de notre propre peuple, une évangélisation avec tous ses risques, mais privée de ses soutiens normaux.

Quand, de Bretagne ou de Lorraine, un missionnaire part au bout du monde, dans cette nouvelle Église, son Église natale ne cesse de le suivre et de le nourrir par la proximité de sa prière, de sa souffrance, de sa compréhension fraternelle. Les chrétiens de chez lui font de certaines fêtes liturgiques un peu les siennes. Le peuple au milieu duquel il vit est déjà connu en grandes images simples. Les erreurs de ce peuple ne sont pas appelées « péchés » mais ténèbres. S'il y a des persécutions, on rend gloire pour la fidélité des martyrs et leurs persécuteurs semblent déjà presque sauvés.

C'est d'une même espérance qu'on enveloppe au loin l'apôtre et les infidèles. Si le sens du bourgeon est de pousser toujours en avant, celui de la sève est de le suivre.

Pendant dix ans on a dit et l'on dit encore, parlant de certaines formes de la Mission de France : « Prêtres détachés... » Ce mot recouvre très exactement la solitude de prêtres et de laïcs voués à des postes avancés. Ils n'étaient reliés à la vie commune chrétienne que par les responsabilités de l'épiscopat, l'affection de quelques amis, l'espérance de gens dont la vocation rencontrait la leur. Eux-mêmes ne regardaient guère en arrière et n'y demandaient pas de secours.

Peut-on le reprocher à des bourgeons?

Pourtant les informations ne manquèrent point : rapports, statistiques, études sociologiques... Mais, à qui s'adressaient-elles pratiquement, sinon à des militants, à des intellectuels ou à des milieux déjà culturellement formés. Aux uns elles inspiraient des pénétrations ou des départs en zones athées, aux autres des prises de conscience ou des réformes sociales.

Elles n'atteignaient pas la vraie « masse » chrétienne, pour solliciter d'elle des réflexes de foi, de solidarité organique et surnaturelle.

Pour cette masse, les athées sont restés moins aveugles que pécheurs, les persécuteurs de plume ou de langue inaptes au salut et condamnés d'avance. Cela est d'autant plus remarquable que la responsabilité de tout chrétien, en face des infidèles, se trouve doublée, en pays de chrétienté, d'une indiscutable culpabilité.

Un monde athée ne naît pas à côté de communautés chrétiennes sans que celles-ci soient coupables, au moins, d'égoïsme aveugle. Les causes économiques paganisantes elles-mêmes sont la somme de cœurs pécheurs.

Le péril actuel de la Mission, on peut sans doute le chercher dans des défaillances humaines ou dans des sévérités extrêmes; pourquoi ne pas y souligner d'abord nos propres lacunes? Ce qu'hier nous ne donnions pas à sa faiblesse, pourquoi ne pas le donner aujourd'hui à son épreuve?

Pourquoi, derrière ses meurtrissures, ne pas alerter les forces vives de la foi, le préserver par elle d'un écrasement définitif?

Dieu, mieux que nous, connaît le temps et la forme des éclosions, mais il sauve la vie qu'il donne lorsqu'elle se réclame de la foi.

On a su jadis en France trouver la carte souterraine de cette foi; chaque chrétien fut alors sollicité de la donner, de la « propager » au bout du monde. Ramassés un par un, comme les mailles d'un tricot dans une action élémentaire, des milliers, des milliers de gens ont offert la prière, la souffrance et les quelques sous qu'on leur demandait pour les « missions étrangères ».

Quand il est question de la vie, on ne peut pas être original, dans l'Église comme ailleurs et plus qu'ailleurs. Quand quelque chose de sa vie est menacé elle a ses remèdes éternels, elle nous demande d'en user et non pas d'en chercher d'autres.

Des intelligences ouvertes, des esprits inventifs, des innovations héroïques sont et seront toujours utiles, mais ce qui, aujourd'hui, est nécessaire, ce sont des gens qui croient, qui donnent, comme pour les missions étrangères, leur prière, leur souffrance et, au lieu d'un peu d'argent, la réparation de notre égoïsme collectif, de notre égoïsme déicide.

Notre prière sera vraie dans la mesure où elle connaîtra ce pour quoi elle prie. Elle sera vraie, si, en priant pour les incroyants, elle rectifie en nous ce qui fut cause de leur incroyance.

Il faudrait que partout où l'on peut atteindre des gens vraiment croyants, depuis la messe d'un dimanche jusqu'au catéchisme des tout petits enfants, en passant par tous les groupes de prière ou d'apostolat, on demande cette prière, cette souffrance, cette conversion du cœur.

Il faudrait les demander aux monastères de contemplatifs et de contemplatives, aux vieillards chrétiens des hospices, aux malades des hôpitaux et des sanas, aux infirmes, à ceux qui sont seuls, à ceux qui ont perdu les leurs à la guerre ou dans les camps.

A tous, mais avec des formes multiples, il faudrait apprendre par des faits dont on peut taire l'origine, quel est le degré de l'athéisme, de l'indifférence ou du scepticisme chez nous.

A tous et par des faits encore, il faudrait expliquer comment on a pu en arriver là.

A tous et toujours par des faits, faits variés à l'infini, il faudrait montrer comment réparer cet énorme péché collectif.

Il faudrait se faire à l'âge, à la capacité, à l'optique de chacun, « dire chaque fois une nouvelle chose à un nouveau quelqu'un ».

Il paraîtrait alors impossible que Dieu n'agisse pas en Dieu, que le Christ ne soit pas annoncé et que son Église, ici, ne pousse plus.

TROISIÈME PARTIE

Les deux abîmes
1955-1960

1. *La bonté*, 1959.
2. *Perplexités sur l'obéissance et l'amour du prochain*, 1959.
3. *A la suite d'une décision romaine*, 1959.
4. *Caractéristiques d'une paroisse missionnaire*, 1960.
5. *La bonne nouvelle*, 1960.
6. *Révision de foi*, 1960.
7. *Manifeste du chrétien au monde athée*, 1960.
8. *L'Église, une même vie dans un même corps*, 1960.
9. *Lumière et ténèbres*, 1960.

« Notre passion de Dieu nous révélera que notre vie chrétienne est une marche entre deux abîmes. L'un est l'abîme mesurable des rejets de Dieu par le monde. L'autre est l'abîme insondable des mystères de Dieu. »

(« Lumière et ténèbres », p. 232.)

Ébloui par la grâce qui lui révèle la lumière et la ténèbre de ces deux abîmes, le chrétien « révise » les organes vitaux de son christianisme : la bonté, la foi, l'Église, l'obéissance. Il les fait passer de la lumière de Jésus-Christ mort et ressuscité à la ténèbre d'un monde qui les rejette et à qui elles sont pourtant destinées.

Au sein de cette « dialectique chrétienne », l'athéisme, loin d'engendrer la dévitalisation du croyant, devient générateur de charité, de foi, d'espérance portées au maximum ; le chrétien est « fait alliance ».

Septembre 1956.	Mgr de Provenchères, archevêque d'Aix-en-Provence, approuve la fondation de la *Mission ouvrière Saints Pierre-et-Paul.*
Mars 1957.	Création, par l'Assemblée des cardinaux et archevêques, du *Secrétariat national de la Mission ouvrière.*
Octobre 1958.	Mort de Pie XII.
	Élection de Jean XXIII.
Janvier 1959.	Décision de convoquer un concile.
Juin 1959.	Première encyclique de Jean XXIII : *Ad Petri Cathedram.*
Juillet 1959.	Le cardinal Feltin reçoit la lettre du cardinal Pizzardo : interdiction de tout travail en usine pour les prêtres, même à temps partiel.

On remarquera qu'aucun des textes publiés ici ne se situe entre les années 1954-1958. Cette période fut en effet spécialement marquée pour Madeleine par la maladie. Elle ne cesse pourtant pas d'écrire et rédige dès 1954 une série de notes sur les questions religieuses que le marxisme pose à l'Église; elle les regroupe et les complète ensuite pour en faire un livre : Ville marxiste, terre de mission *qui paraît en 1957. C'est en se reportant à ce volume que le lecteur pourra suivre sa pensée.*

D'autre part, depuis 1952, elle avait créé avec des amis républicains espagnols une coopérative ouvrière de production. Sans pouvoir y travailler effectivement à cause des accidents de santé qui la tiennent à l'écart, elle ne continue pas moins de l'animer de l'intérieur, comme elle ne cesse d'animer les équipes de vie commune auxquelles, avec l'abbé Lorenzo, elle avait donné l'impulsion de départ.

A partir de 1958, la santé de Madeleine s'améliore et elle reprend de plus nombreuses activités.

La bonté[1]

Comme la charité pour Dieu est inséparable de la charité fraternelle, la charité fraternelle est inséparable de la bonté.

Il n'y a pas de charité authentique de Dieu sans charité fraternelle, pas de charité fraternelle sans bonté.

Cela nous garde d'un faux sens du mystère qui serait le sens du refuge.

La bonté chrétienne a des ambitions si miraculeuses que, dans des actes sensibles, tangibles, concrets, elle est une preuve du Mystère. Par rapport à la sagesse humaine, elle est démesurée comme la Croix.

Être bon d'abord.

Sans m'égarer là où je n'ai pas compétence, je dirai quel état de faits doit être réalisé et sauvegardé à tout prix dans la vie du chrétien prêtre ou laïque, pour que cette vie soit une vie apostolique dans les milieux ouvriers que je connais.

Demander et recevoir comme au jour de son baptême la foi, la foi telle qu'il l'a demandée et reçue, telle qu'il continue à la recevoir s'il la demande, la foi qu'il a reçue de Dieu par l'Église de Dieu.

Posséder, au jour le jour, la vie éternelle en gardant les deux commandements.

Enfoncé dans l'Église, devenu Jésus-Christ, fils d'un Dieu qui est père, frère de tous les hommes, ruisselant pour eux de la bonté dont Dieu nous aime, c'est tout cela qu'il ne faut cesser de regarder dans la foi; c'est à cela qu'il faut sans relâche obéir dans la foi, ce qui doit être comme à l'intérieur même de nos

1. Notes personnelles, 1959.

yeux, quoi que nous regardions, dans notre esprit, préalablement à toute réflexion, dans notre volonté avant toute décision.

Nous devons en être obsédés et possédés, à la fois fascinés et saisis.

Toute lumière raisonnable, tout attachement particulier doivent être assimilables à cette orientation de notre esprit dans la foi, à cette saisie de nous-même par la charité dans la foi. Tout ce qui leur est incompatible, ou bien tout ce qui leur ferait concurrence en nous doit être mis hors de nous.

Cette vie fondée sur la foi, sur son essentiel, suppose des moyens qui soient les moyens essentiels d'entretenir, de développer, de rendre diffusive la foi : la lumière de l'Évangile, l'alimentation des sacrements, l'adhésion consciente et vitale au corps de l'Église, à son mouvement, à sa fécondité.

D'où une prise de conscience toujours plus réaliste, plus concrète, plus croyante de ce que sont essentiellement nos fonctions dans l'Église et leurs relations avec les autres fonctions confiées aux autres membres de cette même Église. Nous devons sans cesse apprendre à nous servir de ce que l'Église a fait de nous, de ce que sont les autres en elle, comme de nos bras et de nos jambes : comme la main se sert de ses doigts sans cesser d'obéir à la tête; comme la main touche mais ne voit que par la tête. Il faut que cette réalité surnaturelle devienne un réalisme pratique et actif en nous et que n'importe quel comportement social de notre vie quotidienne ne nous soit pas plus habituel que notre vie intime d'Église.

Si Jésus passait aujourd'hui dans nos rues, beaucoup parmi le « petit monde » diraient sans doute de lui : « Il est humain! » Dans tous les milieux sociaux que je connais, j'ai beaucoup été menacée, par un côté ou par un autre, de ne plus être humaine.

En effet, il est fréquent que l'attention, la sympathie, le dévouement, l'affection pour les gens d'un milieu déterminé, en éclairant la souffrance et les joies propres à ce milieu, nous aveuglent sur ce qui est, pour tous les hommes, de tous temps et de tous lieux, douleur et bonheur. A ce moment-là, il peut nous arriver que notre charité fraternelle, que la bonté qui en jaillit, gagne en « profondeur », voire en « hauteur », mais qu'elle perde la « largeur » universelle sans laquelle elle n'est plus elle-même.

« Je vais vous apprendre une voie plus excellente... »

La charité est notre seul moyen nécessaire. Tout au monde peut lui servir de moyen. C'est elle qui nous presse, car rien au monde ne peut la forcer à attendre. Elle n'attend pas le moyen qui semble lui être retiré, elle en prend un autre. Mais chaque moyen qu'elle prend ainsi, circonstances, événements, rapprochements, éloignements sont d'avance ordonnés à son service : saisis par elle, ils devront souffrir violence pour servir par elle au Royaume des cieux. Circonstances, événements, situations, relations éclateront sous sa poussée comme l'écorce par la pression de la sève pour que les bourgeons puissent passer, comme le grain pour que la germination s'opère, comme toute chose vivante dans son service de la vie.

Les mots employés dans un milieu donné, le sens acquis par ces mots révèlent de quelles réalités ou de quels succédanés de réalités vit ce milieu.

Cette connaissance de la langue n'est pas chose abstraite. Elle n'est possible que si la vie dans ce même milieu a véritablement influencé notre sensibilité et notre mentalité, les rendant aptes à percevoir et à goûter la part de bien authentique que chaque homme de notre prochain désire, la part de mal réel contre laquelle il se défend ou se révolte ou se désespère. C'est à ce prix que nous ne sous-estimerons rien de ce qui fait la vie des autres et que nous pourrons parler dans une langue qui leur soit familière, qui leur atteste notre vraie familiarité de cœur et d'esprit avec eux.

Pourtant il nous faut savoir que le partage de la mentalité et de la sensibilité d'un milieu ouvrier, le partage de ses aspirations et de ses rejets, même si nous les rectifions et les épurons, constitue, s'il est notre seul témoignage, un contre-témoignage de notre mission. Nous ne devrons jamais laisser s'établir une équivoque sur le fait que Dieu, pour nous, est le seul bien absolu et grâce à qui tous les autres biens sont bons parce que venant de lui.

Mais ce Dieu, ce bien que nous disons absolu, ne présentera une hypothèse de vraisemblance que si nous prenons au sérieux, comme venant de lui, les biens réels que désirent les hommes et le mal réel qu'est pour les hommes la privation de ces biens.

Sans référence à Dieu, notre témoignage est un contre-témoignage; sans bonté réaliste et démesurée jusqu'à la charité, c'est comme s'il n'y avait pas de témoignage, car il est hors de la portée des yeux, des oreilles, des mains, du cœur des hommes.

Dans les deux cas et de façon opposée mais équivalente, il y a rupture avec l'ensemble du témoignage évangélique.

On dit et redit que le mot « charité » a perdu son sens dès qu'il est employé ou entendu par des gens qui ne vivent pas leur foi.

On dit moins combien nous nous réfugions en lui pour le trahir, même quand nous essayons de vivre selon la foi. Parce qu'elle est de Dieu, qu'elle vient de Dieu, la charité est un mystère. Il nous est aussi difficile de supporter son mystère que de ne pas nous y réfugier pour fuir, au moins une part de ce qui est sa traduction dans notre vie d'homme parmi les hommes : la bonté, telle que Jésus-Christ nous l'a montrée et enseignée dans sa vie d'homme.

La bonté est hors du mystère. Elle est sans échappatoire. L'Évangile la définit, la précise, l'exige sans équivoque. Mais si le Christ l'a dilatée à l'extrême, cette bonté qui, avant lui, était simplement humaine, les hommes l'ont, elle aussi, diminuée, déviée, dégradée même de sa signification proprement humaine. Aujourd'hui elle est souvent presque péjorative. Personne n'a le goût d'être une bonne fille, une bonne pâte... Quelle ambition se vouerait à une bonne œuvre? Qui reconnaîtrait le mot « bon » dans une bonne affaire? Qui sera sûr que « bon chrétien » équivaut à ce qu'est un saint? Ne connaissons-nous pas l'expression de bon apôtre?

Et cette détérioration d'un mot est presque toujours le signe que la réalité qu'il signifiait a disparu. Rien en effet n'est plus insolite à notre monde qu'un être bon. Dans ce même monde tout ce qui a remplacé la bonté : la solidarité, la générosité, le dévouement est accompagné dans les vies individuelles, d'une indifférence aveugle pour des multitudes d'êtres humains; dans la vie économique, d'un cynisme implacable; dans la vie politique, de cruauté; dans la vie internationale, d'un mépris gigantesque pour la faim des autres, la mort des autres, l'oppression physique ou morale des autres. Le cœur des hommes de notre temps s'asphyxie lentement, sournoisement, d'une absence universelle : celle de la bonté.

Aussi la rencontre d'un homme réellement bon, d'une femme

réellement bonne produit-elle, sur d'autres hommes, sur d'autres femmes, quelque chose qui ne relève pas du domaine de la pensée, un véritable phénomène d'oxygénation du cœur. Ces hommes, ces femmes réalisent que quelque chose d'essentiel à leur vie humaine leur est rendu.

La bonté c'est vraiment la traduction du mystère de la charité. C'est pourquoi elle n'est authentique, pleine, robuste, sans boursouflure et sans lacune que si elle est la conséquence de la charité en nous, que si elle vient de Dieu, que si elle est un reflet de Dieu.

En revanche, un seul acte de vraie bonté, rattaché élémentairement à Dieu, peut acheminer vers Dieu d'une façon bien incompréhensible. « Celui qui fait le bien vient à la lumière » prend ici un sens si réaliste, si tangible que si une chose est étonnante c'est que nous ne percevions pas que cette bonté, corps sensible de la charité, est peut-être la plus grande force de sanctification des « saints », de « conversion » de nous-mêmes pauvres pécheurs, de mission parmi les indifférents, les incroyants et les infidèles absolus.

Je suis convaincue que cela est vrai partout... C'est pourquoi j'hésite à donner dans cette conviction une place privilégiée au prolétariat. Pourtant je mentionne quelques remarques à son sujet parce qu'il est question de lui en ce moment, plus douloureusement encore qu'à l'ordinaire.

La bonté dont je parle ici, ce n'est pas avoir bon cœur, avoir naturellement bon cœur. Mais cette bonté peut faire d'un mauvais cœur un bon cœur. Elle ne serait pas la bonté de Jésus-Christ si elle n'y arrivait pas. Pourtant, le chrétien ne peut pas compter sur son cœur ainsi rénové comme sur un don définitif. Ce qui lui est donné définitivement c'est le cœur de Jésus-Christ, la faculté définitive de pouvoir y régénérer à chaque instant son propre cœur.

Mais, si je ne veux pas dire qu'avoir « bon cœur » c'est avoir la bonté chrétienne, je veux dire que le prolétariat est composé de gens dont beaucoup ont souvent bon cœur. Beaucoup, ça ne veut pas dire tous; souvent, ça ne veut pas dire constamment. Mais avoir bon cœur jusqu'à faire, au pied levé, ce que vous commande ce bon cœur c'est, en prolétariat, un réflexe normal, fréquent, tellement réflexe d'ailleurs que les actions ainsi déclenchées peuvent tourner court ou s'essouffler vite. Tellement réflexe aussi qu'il leur arrive d'entraîner, sans plus de contrôle, les petites guerres de paliers et de voisinages avec leurs jugements sommaires, leurs condamnations sans appel... qui, elles aussi, ne durent pas toujours longtemps.

A travers tout cela existe un fait : le prolétariat reste en sympathie avec tout ce qui rappelle la bonté, la vraie, qui la rappelle peu ou prou. Oui vraiment, en sympathie : il la pressent, il la ressent. Dans des déviations antérieures la bonté ne s'inquiétait pas de la justice, une certaine bonté. Mais maintenant on réalise quel pain sec est la justice quand la bonté ne la précède ou ne l'accomplit pas. Quand les bienfaits publics sont octroyés à l'occasion d'un accident, quand ils viennent aider les charges d'une naissance, quand ils accompagnent la vieillesse, primes, pensions, allocations, prestations répondent à une justice, accroissant les différences extrêmes avec les grands pays pauvres, mais elles ne remplacent aucunement la bonté. Ce n'est pas Jacques ou Jean qui, dans son malheur ou son bonheur, est aidé lui-même, c'est sa condition, c'est sa situation. Des dispositions collectives règlent des catégories collectives; je me garde bien de critiquer ce que la société réalise ainsi de justice; la critique est mieux employée à provoquer ce qui n'est pas réalisé encore. Je veux dire que la bonté est autre chose, fait autre chose.

Pour un homme, rencontrer la bonté du Christ dans un autre homme, c'est avant tout être rencontré soi-même pour ce qu'on est soi-même. Le monde nous force à être nous-même, plus autre chose : famille, profession, nationalité, race, classe... Il nous met de force en série. Il nous juge sur ce qui est pour lui qualités et défauts mais qui n'est pourtant pas nous-même. Chacun, dans la société, se sent marqué de péchés originels, variables avec chaque milieu et qu'on traite pour incurables. Pour la bonté de Jésus-Christ c'est chacun qui existe et tout le reste devient d'un seul coup relatif.

Si le catalogue du bien et du mal ne correspond pas avec ce que sont le bien et le mal, chacun pourtant se sent, et lui-même cette fois, réellement grevé de défauts et de limites. Aucune société n'est tendre pour ce qu'elle tient pour vices ou disgrâces.

A rencontrer la bonté de Jésus-Christ on ne se sent pas devenu innocent; on peut apprendre à ne plus se croire coupable de certaines faiblesses, on apprend vite celles dont on est atteint. Mais la bonté du Christ tient tout pour guérissable, elle nous apprend que ce nous-même si malmené par le monde a une valeur absolument indépendante de la richesse, de la puissance, du brio, de l'influence, de la force et de la réussite. La bonté du Christ opère avec nous; plus encore elle espère de nous, de chacun, quelque chose. La bonté du Christ est avant toute autre chose : une rencontre qui nous affirme que nous existons, qui nous rend présent à nous-même, qui, avec nous-même, marche dans une vie partagée.

On se prend à penser quelquefois que la bonté a quitté le monde parce que le monde l'a chassée. Chez nous chrétiens, je ne dis pas qu'elle est absente : je dis qu'elle est la parente pauvre. Je ne dis pas : il n'y a pas de chrétiens qui soient bons. Je dis : ils sont bons malgré l'ambiance défavorable dont nous entourons la bonté.

Je dis « nous » non par politesse, non à la santé du voisin, je dis « nous » parce qu'en tout cela c'est « moi », « je » que je pense d'abord.

Cela introduit l'exemple. J'en prendrai un seul que je me permets de citer.

Comme je n'écris pas le journal de ma vie et pas encore mes mémoires, retrouver ce fait après des années, enregistré en moi, me prouve sa singularité, sa vérité vivante. Car avant de parler de la bonté je veux en donner un instantané pris là où je l'ai vue, une fois entre d'autres fois. Je sacrifie plus que des instantanés : des portraits de gens qui m'ont donné le contact inoubliable de la bonté. On les reconnaîtrait, et tels qu'ils sont, ce serait leur rendre le mal pour le bien.

Je pense ne jamais savoir si la femme dont je vais parler était chrétienne.

J'étais dans une grande ville, il y a plusieurs années, à l'étranger, c'étaient les dernières heures de quelques jours passés là. Je n'avais presque plus d'argent, j'étais très lasse, je souffrais de cette douleur qui frôle en nous l'animal dans l'animal raisonnable que nous sommes : la douleur de la mort, de plusieurs morts, des morts de la même chair que la mienne. Je ne crois pas que je représentais une catégorie humaine. Les vêtements que j'avais étaient sans particularité.

Je marchais depuis plusieurs heures dans les rues pour attendre le moment du train. Pourquoi ne pas dire que je pleurais? Je ne m'inquiétais pas et attendais que ça passe. Étrangère. Inconnue. Un chagrin commun à tous les hommes, qui sue les larmes, comme certains travaux la sueur.

Il s'est mis à pleuvoir; j'avais faim. Les pièces de monnaie qui me restaient fixaient ce à quoi je pouvais prétendre. J'entrai dans un minuscule café qui donnait aussi à manger. Je choisis ce que je pouvais acheter : des crudités. Je les mangeai lentement pour les rendre nutritives et pour donner à la pluie le temps de finir. De temps en temps mes yeux s'égouttaient. Mais tout d'un coup, mes deux épaules ont été prises dans un bras réconfortant et cordial. Une voix me dit : « Vous, café. Moi, donner. » C'était absolument clair. Je ne me souviens plus de ce qui s'est passé après : c'est une chance car je suis sans goût pour le ridicule.

J'ai souvent parlé de cette personne, pensé à elle, prié pour elle avec une reconnaissance inusable et aujourd'hui, cherchant la bonté en chair et en os, c'est elle qui s'est imposée à moi.

Car ce qui donne à cette femme valeur de signe chrétien, d'image lointaine mais fidèle de la bonté de Dieu, c'est qu'elle a été bonne parce qu'elle était habitée par la bonté, non parce que j'étais « des siens », familialement, socialement, politiquement, nationalement, religieusement. J'étais l' « étrangère » sans indice d'identité. J'avais besoin de bonté. J'avais même besoin de la bonté quand elle se fait miséricorde. Elle m'a été donnée par cette femme. Aujourd'hui elle est un exemple absolu de la bonté parce que j'étais « n'importe qui » et « n'importe quoi » et que ce qu'elle m'a fait elle l'a fait parce que la bonté était en elle, non pour ce que j'étais moi. Dans son acte je trouve tout ce que la bonté doit être pour être la bonté.

Perplexités sur l'obéissance et l'amour du prochain[1]

Obéissance a l'Église.

La désobéissance à l'Église, c'est une chose..., on sait ce que c'est. Mais les fausses obéissances...

Une mère à laquelle ses enfants obéiraient comme à un caporal, comme à un chef de parti, comme à un contremaître, comme à un patron, cela ne la blesserait pas comme une révolte, mais cela lui meurtrirait le cœur... autrement. Il n'est pas sûr qu'elle n'en souffrirait pas davantage. Car il y a des enfants qui désobéissent à leur mère comme à quelqu'un qui est leur mère et il y a des obéissances qu'on ne peut pas donner à sa mère sans la traiter comme on traiterait une étrangère.

Quand une mère demande quelque chose et qu'on le lui donne... comme au fisc, pour n'avoir pas d'amende... comme au flic qui dresse procès-verbal, pour ne pas aller au poste... comme au casse-pieds pour avoir la paix... comme à la Sécurité sociale pour avoir une retraite... et à la Mutuelle pour l'avoir plus forte; quand une mère conseille ou interdit et qu'on se soumet pour ne pas avoir d'histoires... pour garder le boulot dans le petit commerce de famille... parce qu'on préfère la boucler et sortir plutôt que discuter... parce qu'on pense à l'héritage; pour la mère, c'est comme si elle n'avait plus d'enfant.

Avec l'Église, nous sommes longs à comprendre ce que sont ses liens de mère avec nous. Car ce qui se passe avec elle, c'est le contraire de ce qui s'est passé avec notre mère : avec notre mère, la naissance a été notre première séparation. Toute notre vie, nous la vivons grâce à la vie qu'elle nous a donnée, mais qui se nourrit, se développe, se propage en dehors d'elle.

1. Notes d'une conférence faite à un groupe d'A.C.O. de la région parisienne, en janvier 1959.

Quand l'Église nous a fait naître à la vie chrétienne, au contraire, c'était comme un germe, comme un début. Toute notre vie chrétienne, tout ce qui passe de grâce dans notre vie d'homme, c'est l'Église qui nous le donne tout le temps, le nourrit tout le temps, le développe tout le temps, le propage tout le temps. Notre vie chrétienne, ce qui en nous a changé au baptême, ce qui est chrétien au fond de tous nos actes, ça vient d'elle, ça reste à elle.

Aussi, l'obéissance que nous devrions avoir vis-à-vis d'elle devrait être librement soumise aux lois de sa vie, comme sont soumises — mais elles sans liberté — les cellules de notre corps aux lois mêmes de notre vie. Ce devrait être une obéissance libre, mais vitale.

Aussi, quand l'Église s'adresse à nous ou pour nous conseiller, ou pour nous mettre en garde, ou pour nous interdire certains actes, ses paroles que nous entendons ou que nous lisons doivent être entendues et lues comme ce que lit et entend l'homme intelligent — en principe — que nous sommes, mais pas seulement ainsi. Elles doivent être lues et entendues par un homme qui a reçu sa vie de chrétien dans l'Église, par un homme chrétien qui vit à la fois dans le monde et à l'intérieur même de l'Église.

Un *homme*... pas un môme... un homme qui n'a pas seulement le droit, mais le devoir de comprendre ce qu'on lui demande et pourquoi on le lui demande; qui a le droit de ne pas se trouver d'accord, mais a le devoir, même s'il n'est pas d'accord, d'accepter dans la foi et avec cette chose humaine qu'est son cœur — cordialement; un homme qui a le droit et souvent le devoir de dire pourquoi il n'est pas d'accord; mais un homme qui a assez de bon sens pour savoir, sur le simple plan humain, qu'il peut se tromper et qu'il lui arrive sûrement de se tromper; qui a le devoir de dire, mais de dire comme quelqu'un qui même sur le plan humain peut se tromper, ce qui ne lui semble pas coller avec les hommes parmi lesquels il vit, dans le morceau du monde où il est, dans ce monde où l'Église est présente à travers lui.

Un homme chrétien, un enfant de Dieu, adulte, confirmé militant, membre de l'Église militante, sait qu'en lui-même, membre de l'Église, Jésus-Christ n'est pas toujours reconnaissable; il sait qu'il peut tordre l'Évangile en le vivant, qu'il pèche, qu'il est faible, mais que cela le laisse membre de l'Église, le laisse capable de travailler à la Rédemption du Christ.

Il sait que pour les autres membres, c'est pareil et que leurs fonctions demeurent à travers leur faiblesse. Il sait qu'on vit avec un cœur, un estomac, un foie malades, mais il sait qu'on mourrait en supprimant le cœur, l'estomac, le foie malades. Le corps doit rester le corps : en bonne santé, tant mieux; malade ici ou là pour un temps, tant pis!... Tuer, c'est désagréger le corps.

C'est ainsi qu'il faut comprendre que les choses soient parfois difficilement compréhensibles. Quand un membre est faible, les autres viennent à son secours même s'ils sont « moins nécessaires, moins nobles ». Tout le corps travaille pour faire marcher une jambe raidie par une coxalgie; il ne laisse pas le membre malade isolé.

Quand on a des raisons de ne pas comprendre, il faut prier deux fois, réfléchir deux fois, excuser deux fois ce qu'on ne comprend pas. Là où notre charité est mise en tentation, il faut vouloir deux fois la charité...

Et si cet homme chrétien n'est pas spontanément d'accord, il doit avoir non seulement le bon sens, mais l'humilité de se savoir à un endroit d'où l'on ne voit pas le monde entier, où il n'a pas grâce pour juger de la terre entière. Il a le devoir de parler de ses frères si ses frères sont incompris, mais de parler d'eux à l'Église comme on parle à une mère, au nom de ce qu'elle est chargée de *garder*, de *donner*, de *sauver* et qu'*elle seule* peut garder, donner, sauver.

Quand les communistes sont mon prochain.

Les pontifes suprêmes de l'Église et les chefs suprêmes du communisme sont entièrement d'accord, et pour les mêmes raisons, sur l'incompatibilité radicale du communisme et de la foi religieuse; ils sont également d'accord sur les résultats de certains contacts et de certaines modalités de ces contacts entre communistes et catholiques : la perte de la foi religieuse.

Et si, à la base, militants chrétiens et communistes sont d'accord sur les seules questions qu'ils abordent ensemble, c'est dans la mesure où les uns comme les autres ignorent la pensée entière de l'Église sur le communisme et la pensée entière du communisme sur l'Église comme sur lui-même.

Pourtant, l'Église ne cesse d'être l'Église en face d'aucun

homme : elle ne serait plus l'Église si elle ne faisait pas vivre aux chrétiens les commandements du Seigneur : « Tu aimeras le Seigneur ton Dieu... *et* ton prochain comme toi-même. » Elle ne serait plus l'Église si elle renonçait à sauver un seul homme; mais elle ne serait plus l'Église si elle acceptait de perdre certains de ses enfants pour en enfanter d'autres.

C'est entre ces trois phrases que doit être cherchée la réponse à : « Jusqu'où peut-on travailler avec des communistes? »

Il y a deux choses par lesquelles il ne faut pas se laisser hypnotiser et, dans cette mesure, paralyser : ce que l'Église nous demande de ne pas faire; ce que les communistes nous demandent de faire. Ne voir que ces deux aspects des choses, c'est porter des œillères qui transforment notre horizon en tunnel de métro : deux rails et sur chacun : Attention, danger de mort!

Or, nous ne sommes pas en face d'un tunnel de métro, mais en face de la *vie*. Et la vie déborde, dépasse à perte de vue les jalons de ces deux rails dont nous risquons de rester prisonniers si nous les regardons exclusivement.

L'Église, à travers nous, touche le monde d'une façon qui doit prendre la forme de notre vie : directement — indirectement. Que ce soit notre tâche d'homme qu'elle nous aide à faire, que ce soit sa propre tâche qu'elle nous confie, c'est avec une responsabilité chrétienne que nous devons regarder ce que contient notre vie. C'est dans cette perspective même que nous devons regarder, voir s'il y a des communistes, *normalement*, dans notre vie.

Cela me semble très important. Aller vers des communistes qui ne vivent, ni ne logent, ni ne travaillent près de nous, cela poserait des questions. Se contenter de connaître les seuls communistes qui, dans notre vie, ont envie de nous connaître, cela poserait d'autres questions...

Ce qui est important, très important, c'est de repérer des hommes qui sont *d'abord* ou nos voisins, ou des membres de notre famille, ou des camarades de travail, ou des relations de sport, de camping, de vacances — en un mot, des gens que nous n'avons pas choisi de connaître, mais que Dieu a voulu ou permis qu'ils soient *dans notre vie*.

Car à ce moment-là, ils sont non seulement notre prochain comme tous les hommes de la terre, auxquels nous devons un amour que, vraisemblablement, ils ignoreront toujours; mais ils sont notre prochain propre, l' « homme » — n'importe lequel —

que le Bon Samaritain a rencontré sur la route de Jéricho. Envers cet homme envers chacun de ces hommes, nous avons tous les devoirs que nous trace l'Évangile. La particularité qu'il soit communiste ne change rien à ces devoirs. Nous avons à vivre le Sermon sur la Montagne avec lui comme avec les autres; si nous ne le vivons pas, ce n'est ni plus ni moins fâcheux que pour les autres.

Si nous n'avons pas de communistes près de nous, ne perdons pas de temps à chercher ce que nous ferions... Faisons pour tous ceux qui sont dans le monde ce que l'Église nous demande que nous fassions pour chacun de tous les hommes, quand nous ne les connaissons pas.

Une des raisons qui aggravent les difficultés de nos rencontres avec les communistes comme à plaisir est la suivante : avant que nous ayons pris vis-à-vis d'eux — toujours ceux qui sont près de nous — l'attitude chrétienne normale qui est une attitude apostolique, nous laissons l'initiative à ceux d'entre eux qui ont reçu mandat de leur Parti, pour ce qui est pour eux l'équivalent de l'apostolat, soit pour l'exercer sur nous, soit pour nous entraîner dans des rôles où nous servirons cette propagande.

Quand nous en restons à cette acceptation passive d'une rencontre avec des communistes « chargés » de nous rencontrer, non seulement cette rencontre est forcément plus politique qu'humaine, mais elle est également privée d'une attitude chrétienne, la cordialité, le premier pas vers qui nous évite : « Si vous saluez ceux qui vous saluent... »

Car les communistes ne cachent pas que chaque renouveau de la « main tendue » vis-à-vis de nous n'est pas accueilli avec un enthousiasme spontané et unanime par les membres du Parti. En effet, si tous les communistes ne connaissent pas toutes les raisons des fondements antireligieux du Parti, beaucoup de communistes en revanche, ont des griefs personnels contre la religion, l'Église, des catholiques. Ces griefs peuvent correspondre avec des griefs du Parti, comme ils peuvent être différents. Ils sont souvent plus anciens, dans la vie d'un homme, que son adhésion au Parti.

Aussi, quand les dirigeants demandent que les contacts soient pris, repris ou intensifiés avec nous, ils se heurtent souvent à ce que certains communistes appellent le « sectarisme » de leurs camarades. Certains renâclent. D'autres s'inclinent devant la discipline, mais il n'est pas rare de sentir chez ceux-ci un monde de méfiance et d'hostilité.

Si nous ne sommes pas hypnotisés par ce que l'Église nous interdit ou par ce que les communistes nous demandent, non seulement nous verrons, au milieu de tous les autres hommes qui sont dans notre vie, les hommes qui se trouvent être à la fois et notre prochain et communistes; mais, tout en ne perdant pas de vue ce que l'Église nous interdit, nous ne perdrons pas de vue davantage ce que l'Église nous demande et qu'elle nous demande parce que Jésus-Christ nous le demande.

Le Seigneur et l'Église ne cesseront jamais de nous demander, avant tout et constamment, avant tous les autres commandements, avant tout ce qu'ils nous conseilleront et nous suggéreront : *les deux commandements de la charité, de l'amour évangélique, dont le deuxième est semblable au premier*, et qui seront toujours les deux premiers : « Tu aimeras... »

Nous restons libres d'accepter ou non la volonté du Seigneur. Mais nous *savons* toujours quelque chose d'indiscutable dans la volonté du Seigneur : nous *devons* aimer le Seigneur. Nous ne pouvons pas l'aimer *sans* aimer chacun de tous les hommes autant que nous (c'est le minimum); nous ne *pouvons* pas aimer les hommes d'un amour qui nous empêche d'aimer le Seigneur.

Et cela est tellement énorme, tellement absolu, tellement indiscutable, tellement la loi fondamentale de notre vie que tout le reste ne peut poser que des questions secondaires, que des questions qui sont forcément des petites questions.

Et, comme collé à ces deux commandements de la charité, il y a *le* commandement de Jésus-Christ, le commandement qui est pour nous la loi suprême de tous ceux qui croient en lui, le commandement qui précise ce que nous devons être avec tout homme croyant en lui, avec chaque membre de l'Église : « Aimez-vous les uns les autres, comme *moi* je vous ai aimés. »

En face des communistes que nous connaissons, cela veut dire : Jean, Jacques, Pierre est communiste, mais il est un homme, donc il est ton prochain.

Il y a peut-être des choses que tu peux faire et peut-être des choses que tu ne peux pas faire avec lui, mais, ce qui est certain, c'est que tu dois l'aimer au moins comme toi-même, être et faire pour lui ce que dit le Sermon sur la Montagne et la parabole : « J'étais nu... »

Mais que cet amour ne doit jamais t'amener à faire des actes qui t'empêchent ou qui empêchent les autres d'aimer Dieu; qui t'empêchent ou empêchent d'autres hommes d'aimer tous les hommes.

Mais aussi, cet amour ne doit jamais nous empêcher d'aimer chaque chrétien, connu ou inconnu, comme le Christ nous a aimés.

CELA EST CLAIR, D'UNE CLARTÉ INDISCUTABLE.

A la suite d'une décision romaine[1]

Les réflexions suivantes ne portent absolument pas sur l'obéissance due à la décision du Saint-Office; obéissance en acte pour les prêtres au travail, obéissance en esprit pour nous tous.
La note de Rome ayant été publiée, nous ne pouvons pas agir comme si nous ne la connaissions pas.
Nous ne pouvons pas réfléchir sur les devoirs qui nous sont rappelés et soulignés dans la deuxième partie de la note sans essayer de comprendre les mises en garde que suggère la première partie.
La compréhension de cette note n'est pas facile et peut sans doute différer selon chacun.
Les points de vue indiqués ici me sont personnels.

Certains symptômes décèleraient-ils une maladie de l'apostolat missionnaire en milieu ouvrier?

Il est doublement utile de nous poser cette question : d'abord parce que la décision qui frappe les prêtres au travail est accompagnée d'encouragements à continuer comme à promouvoir d'autres formes d'apostolat en milieu ouvrier. Cela pousse chacun de nous à faire le point.

Puis, parce qu'on peut se demander si l'apostolat missionnaire des milieux ouvriers a un fond de résistance suffisante pour que ses formes actuelles ou de nouvelles tentatives ne soient pas demain, à leur tour, l'objet d'une inquiétude.

1. Le journal *le Monde* publie le 15 septembre 1959 une lettre confidentielle de la Congrégation du Saint-Office adressée en juillet au cardinal Feltin. Cette note portait sur l'arrêt total du travail des prêtres qui avaient été autorisés à travailler à temps partiel ou dans de petites entreprises.

Ensuite, parce que certains se posent la même question soit pour la classer sans en tenir compte, soit pour y répondre par le diagnostic d'une ou plusieurs hérésies dans l'œuf, soit enfin pour conclure aux atteintes épisodiques d'une maladie constante et endémique.

Je suis, pour ma part, persuadée que jugement léger ou condamnations nuisent également à l'apostolat missionnaire.

Quant à le traiter en malade, cela lui ferait certainement du bien dans la mesure où il serait malade, mais il est permis de penser qu'il ne l'est pas.

Ces réflexions veulent dégager les traits communs de symptômes dont la présence est indiscutable. Mais elles veulent surtout proposer d'y reconnaître non les symptômes d'une maladie, mais les conséquences d'une ignorance.

Tant que cette lacune existera, je ne crois à la solidité d'aucune initiative missionnaire sur une fragilité fondamentale. Je ne crois pas davantage à l'efficacité de moyens d'urgence employés ici ou là et qui sentent tous la discipline ou le redressement. Bons ou mauvais en eux-mêmes, ils ne sont pas les moyens de la situation actuelle; n'atteignant que des conséquences, ils n'empêcheront pas la cause de produire d'autres conséquences.

Enfin, tant qu'une telle lacune fondamentale existera, un danger persistera : celui de désigner l'influence du milieu ouvrier comme le principal facteur de dépérissement de vies apostoliques. Or, c'est notre propre faiblesse qui rend ce facteur déterminant.

CHRÉTIEN MISSIONNAIRE EN BONNE SANTÉ (CROQUIS D'AMATEUR)

Le chrétien missionnaire est tout à la fois et tout aussi réellement : un homme, un chrétien, un apôtre. Devenir missionnaire, le devenir de plus en plus a, comme condition invariable et nécessaire, non seulement de n'être pas de moins en moins homme, chrétien, apôtre, mais de le rester et de le devenir de plus en plus.

Le chrétien missionnaire vit des réalités sur lesquelles il n'a pas été consulté et auxquelles il ne peut *rien* changer : la vie humaine, la foi chrétienne, l'apostolat de l'Église. Pour le chrétien missionnaire, il n'y a qu'une seule mort absolue : perdre la foi. Que la vie missionnaire lui devienne impossible, il reste pleinement apôtre dans la mission; qu'une vie apostolique lui devienne impossible, il reste pleinement chrétien dans l'Église apostolique.

En revanche, le chrétien missionnaire est quelqu'un décidé d'avance :

— à changer, au premier besoin apostolique, tout ce qu'il est libre de changer dans sa vie humaine et tout ce qui n'est pas nécessaire à sa vie ou à sa vitalité chrétienne; à changer, au premier besoin missionnaire, ce qu'il est libre de changer et qui n'est pas nécessaire à sa vie apostolique;

— à se laisser changer par le milieu qui est le lieu de sa mission, si changer permet d'y vivre la condition des autres hommes; si changer permet d'arracher de nous, non ce que la vie chrétienne a d' « étranger » aux hommes, mais ce qui en nous la rend étrangère, voire hostile à certains hommes; à changer de mentalité et de sensibilité, si changer permet d'être entendu et compris, nous permet de ne plus être un muet parmi des sourds.

Le chrétien missionnaire est donc celui qui doit marcher sur de l'inébranlable et de l'inchangeable et sur un tracé imprévisible, fait de circonstances particulières, d'événements immédiats, de rencontres et d'influences. Les réalités qui ordonnent sa vie étant pour la plupart invisibles, celles qui la conditionnent étant extérieures et pour la plupart inconnues dans d'autres milieux chrétiens ou encore christianisés, la vie missionnaire sera forcément insolite. Il sera facile alors de prendre l'expression de sa vie apostolique pour le symptôme d'une altération de sa vie chrétienne.

Comme il s'agit de milieux nouveaux, stérilisés, détruits ou ravagés par le scepticisme, une incroyance ou un athéisme nouveaux, la forme que doit y prendre la vie missionnaire n'a pas encore été revêtue par l'apostolat missionnaire et cette forme paraîtra forcément insolite. Il sera facile alors de la prendre pour le symptôme d'une altération d'une vie apostolique.

CHRÉTIEN MISSIONNAIRE PARAISSANT MALADE (CROQUIS DE MÉMOIRE)

Si, devant les « missions ouvrières », certains crient à l'hérésie et d'autres au contraire ne parlent que pour justifier, c'est que les faits mis en cause peuvent à la fois être une manifestation d'une vie insolite parce que missionnaire ou être le symptôme d'une anarchie. Rapproché du schéma de la bonne santé, ce symptôme consisterait dans la protubérance d'un élément particulier de la vie missionnaire. Cette zone devient fiévreuse, exagérément sensible, congestionnée, elle bat comme un écho du cœur, elle jouit d'un traitement exclusif et captive l'attention à son profit.

Or tout cela peut exister si le chrétien missionnaire subit les modifications normales dans son milieu. On ne peut pas toucher à la vie sans que la vie réagisse et sans que ces réactions évoquent davantage le désordre que l'ordre. Mais de telles réactions ne s'installent pas.

Quand au contraire elles s'installent, ou bien quand elles ne s'effacent que pour reparaître toujours plus grosses sur un point plus particulier, elles commencent à esquisser non une anarchie, mais un ordre renversé. On est alors d'autant plus loin du désordre des réactions normales, qu'une autre série de symptômes vient pour ainsi dire doubler les premiers. Correspondant à chaque protubérance, se produit comme un affaissement d'un élément, nécessaire celui-ci de la vie chrétienne ou de la vie apostolique.

Je ne pense pas que beaucoup de chrétiens missionnaires n'aient pas présenté, au moins une fois, ce double symptôme. Ses apparitions depuis des années sur tel ou tel peuvent servir à reconstituer le mal qu'il manifeste. C'est le même mal qu'on a pu voir évoluer entièrement dans une seule vie.

Il se fixe sur la vie missionnaire elle-même, transforme sa croissance en excroissance qui capte des forces de développement pour déformer et disproportionner. Il touche toutes les articulations et fausse toutes les dépendances. On pourra voir alors la vie chrétienne normale basculer sous l'hypertrophie du sens apostolique, la vie apostolique s'affaisser sous l'exclusivité d'une mission particulière, la vie missionnaire être vidée par l'obsession de la présence au monde, la présence au monde s'effacer devant la vocation du monde.

Ces symptômes décèlent peut-être une maladie, mais ils révèlent sûrement une ignorance.

Si l'Église ne nous enseignait pas « les vérités que Dieu nous a révélées », nous ne pourrions ni les croire, ni en vivre pour l'excellente raison que nous ne les connaîtrions pas. Ce qui dans une forme de vie chrétienne est basé sur des vérités de foi, ne peut être vécu par nous que si, non seulement ces mêmes vérités ont été enseignées, mais si nous les avons apprises, si nous les savons, si nous les *croyons fermement.*

Notre vie missionnaire est la mise en acte de vérités de foi. Il est nécessaire pour nous de croire, de savoir ce qu'elles sont et comment elles s'ordonnent.

Il est nécessaire que nous sachions ce que ces vérités, faites pour être vécues, entraînent dans la vie où elles sont vécues, comme éducation et comme formation. Car l'Église n'enseigne jamais les vérités de foi sans nous y éduquer et sans nous y former.

Or, en s'en tenant aux faits que je connais, il m'est impossible de ne pas y trouver une leçon de choses qui éclaire et délimite de quelle ignorance nous souffrons, au niveau même de notre propre vocation et là même où nous nous trouvons le mieux enseignés, éduqués et formés par l'influence de notre milieu.

A ce point précis l'ignorance pratique de notre foi lèse notre vie tout entière. Notre ignorance est faite de vérités *que nous avons oubliées* : je noterai le processus de cet oubli; elle est faite aussi de ce *que nous n'avons jamais appris* : je noterai ce qui le fait découvrir.

NOTRE IGNORANCE : CE QUE NOUS AVONS OUBLIÉ

PROCESSUS D'UN OUBLI.

Nous nous sommes engagés dans la vie apostolique en « croyant fermement toutes les vérités que Dieu nous a révélées » et « qu'il nous enseigne par son Église ».

Tous, chaque jour, nous aurions sans doute pu redire loyalement les mêmes mots. Cependant ils n'auraient plus recouvert les mêmes choses pour notre mémoire. Aussi énorme que cela paraisse, il nous est arrivé de perdre, chemin faisant, quelques-unes des « vérités que Dieu nous a révélées » et « qu'il nous enseigne par son Église »... tout simplement en les oubliant.

Il n'y a que ce qu'on vit de la foi qu'on ne risque pas d'oublier, car ce n'est plus seulement le bien de notre mémoire. Mais dès qu'on le vit un peu moins ou beaucoup moins, l'oubli nous menace à nouveau.

Avant notre oubli : une vie chrétienne ordinaire.

Chrétiens de toujours ou convertis, nous avions généralement vécu une vie chrétienne ordinaire, ce qui ne veut pas dire médiocre, mais en ordre, dans son ordre à elle. Quand cette étape a manqué à certains, néophytes devenus brusquement militants, indifférents réveillés par l'apostolat lui-même, les autres étapes ont été, en gros, pour tous les mêmes.

En quoi consistait l'essentiel de cette vie ordinaire? Elle était jalonnée de « devoirs » envers Dieu : la messe, la prière liturgique, la prière personnelle, oraison mentale des uns, adoration des autres, spiritualités de beaucoup, visites au Saint-Sacrement, Rosaire..., tout cela sentant un peu le règlement chez les uns, fleurant la mystique chez les autres, mais considéré par tous comme dû à Dieu, comme représentant les relations les plus importantes de notre vie : nos relations avec Dieu.

Elle reconnaissait comme son premier devoir d'état de devenir conforme à la volonté de Dieu, pour des buts quelquefois pas très purs, c'est vrai, mais qui n'empêchaient pas le travail de Dieu en nous de rester prioritaire.

Si nous recourions aux sacrements de façon plus ou moins fréquente, avec des dosages variés de foi et de sentiment, nous ne cherchions pas ailleurs ce que les sacrements devaient nous donner; si nous ne savions pas toujours très bien les exploiter, nous ne les remplaçions pas par des ersatz.

Cette vie ordinaire était ainsi une vie chrétienne normale : « Toutes les variétés » de la foi n'y étaient certes pas vécues. Pourtant les jalons que je viens d'énumérer nous faisaient vivre ce qu'elles ont de plus essentiel. Si nous ne vivions pas que de la foi, toute notre vie était vitalisée par la foi.

Comment on oublie.

La condition indispensable de l'apostolat, celle que nous cherchons à réaliser en premier, c'est qu'il y ait une proximité réelle et concrète entre ceux auxquels nous allons et nous-mêmes. Cela ne se fait pour aucun sans des transformations, petites ou grandes, de ses conditions de vie. Nous devons constater que dans notre nouveau milieu on nous traite de « corps étranger ». C'est bien davantage que nous le ressentons nous-mêmes.

Que la foi soit une étrangère, c'est dans la logique des choses : nous ne savons pas jusqu'où peut aller cette logique. Mais, nous le promettons au Christ, nous ne permettrons pas que, de sa part, ici, notre corps soit un corps étranger, notre cœur un cœur étranger. Nous sommes prêts à tout pour que même notre tête ne reste pas étrangère.

C'est alors que nous apprenons combien l'influence d'une vie quotidienne partagée est une merveilleuse éducatrice... Et l'ancien corps étranger se sent fondre, petit à petit, dans ce bout de monde, où les sympathies et les répugnances manifestent au grand jour, où tout s'apprend par leçons de choses, où l'immédiat a tant d'urgences que tout doit être simplifié.

Plus inconsciemment, nous subissons une autre modification. Notre jugement est resté peut-être le même, mais nous nous en servons beaucoup moins. Ce qui a changé vis-à-vis de la plupart des choses, c'est notre point de vue. Nous nous accoutumons à regarder le monde du milieu où nous sommes, en perspective, derrière les gros plans de l'immédiat. Une nouvelle hiérarchie des valeurs et de l'importance s'établit tout aussi spontanément. Cette « vue » semble s'interpréter d'elle-même en fonction de toutes sortes de proximités ou d'éloignements. Nos choix s'en trouvent étonnamment facilités. Les options répétées qu'ils entraînent nous donnent une aisance réelle pour agir. Nous ne sommes plus paralysés par nos réflexes d'hésitation.

Au surmenage du début, notre attention voit succéder la concentration nécessaire pour observer et pour comprendre. Mais ces périodes fatigantes étant passées, l'attention se trouve informée sans effort et sans cesse par l'actualité locale et quotidienne.

Ce sont ces informations qui, peu à peu, deviennent matière

à réflexion pour les réunions où nous mettons en commun ce que nous apprenons à vivre ou à faire, ce que nous découvrons chaque jour davantage devoir apprendre et recevoir de notre proche prochain.

C'est surtout à travers ces informations que nous découvrons combien et comment l'Église est étrangère au monde, comme à notre milieu.

Conséquences d'un oubli.

Quand nous en sommes arrivés là, le temps est déjà loin où nous savions de certitude que l'Église, là où il y a pour elle rencontre apostolique avec des hommes, ne peut être que partiellement ou totalement étrangère, comme doit être partiellement ou totalement étranger ce qui était elle-même en nous. Le temps a passé depuis que nous savions de certitude que si le dynamisme de la foi tend indéfiniment à chaque homme de tous les confins du monde, la foi vient indéfiniment de Dieu et indéfiniment comme une étrangère.

Pendant tout ce long temps nous avions effectivement aimé nos compagnons de vie. Cet amour a cherché et trouvé tout ce qui en eux et nous est semblable. Il a découvert tout ce qui est en eux plus humain qu'en nous. Il a eu la joie de reconnaître tout ce qu'ils vivent de l'Évangile, plus que nous et mieux que nous. En revanche, nous sommes plus que jamais désireux de partager avec eux la Bonne Nouvelle que nous avons reçue. Comme nous nous sommes laissé pétrir le cœur pour qu'il leur apparaisse fraternel, comme notre langue et notre pensée se sont joyeusement mis à leur école pour pouvoir être au service de Dieu près d'eux, nous pensons que la foi doit comme le reste de nous-même s'accommoder à eux pour leur devenir familière. Ils reconnaîtront ensuite que la foi peut en même temps être une sœur et une étrangère.

Mais ce que nous essayons d'atténuer dans l'abrupt de la foi finit toujours par apparaître, un jour ou l'autre : l'Église le manifeste.

A l'occasion d'un incident épisodique, d'une prise de position, de souvenirs amers rapportés de tel ou tel coin de l'Europe, nos amis se dressent contre l'Église avec rancune, amertume et révolte. Ce que nous avions cru discerner en eux comme de lointaines démarches vers Dieu nous paraît annulé d'un seul coup. Durement nous faisons entre nous le décompte de ce que nous appelons le « scandale de l'Église ». Nous avons hors du regard ce qui nous permettrait de comprendre la différence et pourtant la relation de cet incident avec le scandale nécessaire de l'Église, nécessaire comme le scandale de la foi, comme le scandale de la Croix.

C'est presque toujours à la faveur d'un incident, où le conflit de notre milieu sort au clair, que *l'état violent* de notre vie missionnaire est lui aussi mis au jour. Cet incident est aussi l'épreuve de notre résistance. Il fait des victimes ou des rescapés : il n'en sort pas de vainqueurs. Sans secours extérieur, on sort de là épuisé et brisé.

La résistance se montre insuffisante, pourquoi? Est-ce une intolérance de la vie chrétienne normale à l'influence d'un milieu particulier? Cette intolérance ne pourrait-elle être surmontée que par une vie chrétienne exceptionnelle, pourvue de structures supplémentaires et douée de moyens particuliers?

Nous étions sûrs au départ que, plus nous voulons être missionnaire, plus nous devons devenir véritablement chrétien. Sûrs aussi que l'apostolat est mission et fonction de l'Église, que les moyens de l'Église sont les seuls moyens de l'apostolat et le bien même de l'Église le seul bien qu'il puisse proposer.

Nous savions que, si le scandale causé par l'Église parce qu'elle vient de Dieu n'est pas le même que le scandale dont nous, les membres de l'Église, donnons le spectacle, ces deux scandales réunis entrent dans le mystère de l'Église. Notre participation à ce mystère, c'est d'être dedans.

Mais quand vient l'épreuve, nous avons oublié partiellement ces certitudes. Partiellement aveuglés, nous sommes affaiblis. Pour nous a été obscurci dans l'Église tout ce qui n'était pas l'apostolat; dans l'apostolat, tout ce qui n'était pas l'apostolat missionnaire; quelquefois dans l'apostolat missionnaire ce qui n'était pas la mission.

Pour nous le trésor de l'Église devient trésor d'une Église ainsi « réduite », devient trésor de la mission.

Le sacerdoce, les évêques comme les prêtres, l'Eucharistie, l'Évangile ne peuvent plus être vus en fonction de l'Église telle qu'elle est, mais telle que nous la voyons, en fonction de la mission. C'est ainsi que nous donnons si souvent l'impression d'être en dehors de l'Église, de la voir du dehors, d'en discuter comme des étrangers.

C'est autre chose. L'Église est devenue pratiquement la mission; nous sommes dans l'Église là où nous la voyons. Nous ne vivons plus d'elle là où nous ne la voyons plus, mais où nous voyons seulement un décor social et un revêtement historique. Quand nous le critiquons et discutons, il est pour nous apparence, il n'est pas l'Église.

NOTRE IGNORANCE : CE QUE NOUS N'AVONS JAMAIS APPRIS

LA RÉALITÉ FONDAMENTALE D'UNE SITUATION MISSIONNAIRE.

Pourtant le seul oubli n'explique pas que notre route ait été si meurtrière ou si épuisante. Il a été doublé — et peut-être causé — par une ignorance initiale.

Instruits de ce qu'est l'apostolat missionnaire dans l'Église et pour la foi, instruits de ce que doit être et *devenir* la mission dans un milieu déterminé, nous avions reçu un enseignement suffisant pour savoir, globalement, pourquoi et comment le but, les activités, les moyens de notre vie se référaient à la foi. Nous avons été aussi instruits des formes et des modalités que nous aurions la responsabilité de découvrir et qui nous *situeraient* dans un milieu.

Mais nous n'avons pas appris quelle réalité surnaturelle recouvrait cette situation visible.

Nous ignorions *l'état de fait surnaturel* constitutif à toute situation missionnaire. Je m'explique. Les circonstances qui interviennent dans cette situation sont peut-être plus qu'ailleurs des circonstances *immédiates* devant lesquelles nous sommes sans recul de temps ou de distance. Cette surface exiguë est encombrée de toutes les réalités ambiantes.

Au contraire, les réalités de la foi n'y sont pas traduites; nous ne savons pas où les saisir, comment les saisir. L'enseignement qui nous a été donné est comme trop long à penser, trop distant pour être présent. S'il ne nous est pas lui-même immédiat, s'il n'est pas là où nous sommes, présent à notre esprit, c'est nous condamner à vivre la foi comme par miracle.

L'ÉTAT VIOLENT DE LA CONDITION MISSIONNAIRE.

Les observations ci-dessus sont basées exclusivement sur des faits. Elles me paraissent suffisantes pour suggérer comment une « leçon de choses » s'est dégagée pour moi des mêmes faits.

En milieu ouvrier, la vie chrétienne du missionnaire échappe rarement à un état violent. On est surpris de le subir, désemparé parce que surpris. Facilement on en tiendra pour responsables les conditions de vie du milieu ouvrier. Là, deux questions ne sont pas inutiles.

Doit-on mettre en cause les conditions de vie du milieu ouvrier parce qu'elles sont ouvrières?

Doit-on les mettre en cause parce qu'elles sont les conditions nouvelles d'un milieu plus ou moins massivement et profondément déchristianisé et parce qu'elles sont elles-mêmes plus ou moins cause et conséquence de sa déchristianisation?

Comment expliquer que, chrétiens ouvriers ou non — les faits le prouvent — traversent cette crise seulement quand ils deviennent militants d'un mouvement apostolique, ou qu'ils prennent un engagement missionnaire?

Pour que la vie chrétienne subisse cette sorte d'épreuve avec une sorte de régularité, il faut, semble-t-il, deux conditions réunies : les conditions de vie d'un apostolat missionnaire; les conditions de vie de certains milieux ouvriers; ces deux conditions constituant une situation missionnaire.

Or, si cette situation *apparaît aujourd'hui* nécessaire à l'apostolat de certains milieux ouvriers, c'est dans les mêmes milieux que la situation missionnaire met en danger la foi du chrétien. Cela pose un dilemme absurde. Tout au long de ces notes j'ai indiqué ce que symptômes, aveuglements, affaiblissements révélaient de contradiction entre leur désordre et l'ordre de l'apostolat missionnaire. J'ai noté aussi tout ce que la vie du chrétien missionnaire apportait, contradictoirement, de possibilités pour la mission, ou d'incapacités chrétiennes. Ce désordre trop ordonné suggère un message chiffré dont il faudrait trouver la clé.

UN ÉTAT VIOLENT NORMAL.

Proposer la foi, n'est-ce pas annoncer dans le monde l'amour paternel de Dieu? D'un bout à l'autre, l'Évangile n'exige-t-il pas d'être annoncé dans le monde et contre le « monde »? Ne présente-t-il pas la foi comme un choix fait dans le monde, entre le « monde » et le Royaume des cieux, choix que Jésus-Christ nous a acheté et dont il nous donne la force?... Cette foi, enfin, pour devenir réellement ce choix, n'est-elle pas liée au « Convertissez-vous », n'est-elle pas, de notre part, retournement, renversement?

L'apostolat peut-il être autre chose qu'une contradiction vivante entre ce que Dieu a fait sien en nous et ce qui, en face de nous, demeure étranger à nous? Partout le Royaume des cieux ne souffre-t-il pas violence? Cette violence ne traverse-t-elle pas et ne transperce-t-elle pas le monde d'un bout à l'autre et de part en part là où le Règne de Dieu bute sur le Prince du « monde »? Là où la Rédemption bute sur le péché? Là où l'Église bute sur le monde?

Cet antagonisme accidentel mais constant, inégal mais fondamental, l'apostolat peut-il l'escamoter? Et s'il doit rencontrer cet antagonisme, comment la rencontre ne prendrait-elle pas ici ou là, indéfiniment, des formes nouvelles?

Tant que la foi n'y parle pas haut et clair, le monde peut garder une ambiguïté apparente. Dès que la foi lui est manifestée, le monde cesse d'être ambigu, le « monde » qui se cache en lui se manifeste, contradictoire à la foi.

Mais cet antagonisme, nous savons qu'il ne se dessine pas, planant idéalement sur le monde. Chaque chrétien sait qu'il est traversé et transpercé par lui, toujours libre d'y choisir Dieu, souvent dans des choix quotidiennement rencontrés.

Nous savons bien que l'Église sainte n'est pas touchée et pas davantage ses fonctions. Mais ses membres, nous les plus petits comme les autres et les plus dignes, nous sommes aussi traversés et transpercés.

Peut-on alors imaginer qu'une situation apostolique ne comporte pas de violence? Au contraire, n'est-il pas normal qu'une certaine violence lui soit constitutive? Que cette violence y soit mieux « tolérée » quand ses manifestations sont plus habituelles, quand la foi rencontre des formes d'incroyance connues, dans des milieux eux aussi connus.

Mais n'est-il pas normal encore qu'une situation, non plus seulement apostolique mais missionnaire, soit par la force des choses soumise à une sorte de violence qui, normale, n'est encore habituelle ni à des chrétiens ni à l'Église!

Répondre affirmativement à ces questions en suggère d'autres. L'Église, de par sa situation même, n'est-elle pas la « violente » qui emporte le « Royaume des cieux », sachant et enseignant qu'il « souffre violence »? Ne poursuit-elle pas sa mission en faisant de la violence le complément de la Rédemption? Pourrait-elle le faire si le Christ ne lui communiquait pas de quoi le faire?

Mais, si une vie apostolique comporte une participation à l'apostolat de l'Église, si elle sert l'Église pour sa propre mission, comment se trouverait-elle démunie des forces dont l'Église use elle-même?

Enfin, le « dilemme absurde » que nous dénoncions tout à l'heure ne semble-t-il pas se poser avec la même absurdité, de temps à autre, à l'occasion d'événements plus ou moins importants dans l'histoire apostolique et missionnaire de l'Église, quand ces événements créent la nécessité des formes apostoliques nouvelles?

J'en propose un exemple frappant. Les apparences y sont un contraste absolu avec les apparences d'un apostolat missionnaire en milieu ouvrier. Pourtant, sous des formes entièrement contrastées, un état de violence y est évident, évidents y sont les risques. On y voit enfin les fondements inébranlables et invariables d'une situation apostolique.

Il s'agit du Carmel, au moment de sa réforme, et de la Réforme au moment où la vie contemplative des carmélites, anémiée et fragilisée allait, tout en restant la vie contemplative, devenir cette vie contemplative apostolique que vivrait un jour la patronne des Missions. Si le Carmel n'avait pas accepté de vivre, comme une caractéristique de sa vocation, la violence de l'Église, il n'aurait pas pour devise le mot flamboyant de « zèle ». Pourtant, si saint Jean de la Croix n'avait pas eu à rencontrer une vie chrétienne en mauvais état dans des vies contemplatives, il n'aurait sans doute pas rédigé ses « fiches cliniques ». Celles-ci témoignent d'un mal assez généralisé et assez grave. Or, on a si peu douté de vaincre ce mal, qu'on a simultanément travaillé à une régénération de la vie carmélitaine et aux conditions de son épanouissement apostolique.

Le moyen prit fut non pas une discipline mais une *réforme*. On connaît peut-être les croquis où saint Jean de la Croix a tracé plusieurs fois un même itinéraire spirituel. L'orientation d'une vie entière, comme le pas-à-pas de chaque instant, sont saisis d'un seul coup d'œil.

C'est un itinéraire proposé à des chrétiens qui veulent aimer Dieu le plus vite possible et le mieux qu'ils peuvent. La charité parfaite est représentée comme le sommet d'une montagne (pour les carmélites, il s'agit du Mont Carmel). Un chemin monte à pic, se séparant des chemins qui « égarent », coupant les lacets des routes. Beaucoup de gens ont dû se perdre et beaucoup ont dû prendre du retard pour qu'il y ait tant de mauvais chemins barrés, tant de routes déconseillées. Sans une carte le contraire étonnerait, car un chemin de traverse, le « raccourci », est seul dans la multiplicité des autres.

Il n'est pas question d'un nouveau moyen de transport. Il est question de grimper en marchant sans se perdre en grimpant. Le pas de marche devient le pas de montagne, mais c'est toujours un pas-à-pas, toucher terre, s'en détacher, recommencer, etc. En plaine et sur route on ne conseille pas, sauf aux jeunes enfants, « de regarder à ses pieds ». En montagne, c'est différent. Par un croquis, Jean de la Croix indique où mettre le pied. Il *montre* comment, dans une situation apostolique déterminée, garder le sens du but sans se casser le cou.

S'il fallait imaginer le schéma de notre *situation missionnaire*, il faudrait figurer une ligne de crête tracée à chaque instant en nous et devant nous. Aiguë, elle est l'aboutissement de deux versants. Contradictoires, ils se rejoignent en nous. L'un prend racine dans la promesse de Dieu; l'autre descend jusqu'au refus de Dieu. Mais nos yeux ne vont pas si loin d'un côté comme de l'autre. Entre cet « hors de vue » et la ligne de crête, tout est visible dans une perspective déconcertante. Si nous savons, pour l'avoir appris, l'existence et la présence d'un abîme et d'un mystère, nous pourrons reconstituer la pente réelle des versants, interpréter leurs perspectives, comprendre que sur cette configuration de terrain un faux pas est une chute.

Nous comprendrons que si ces deux versants semblent monter à l'assaut l'un de l'autre, leur rencontre aura le nom que nous porterons nous-mêmes quand ils se rejoindront en nous. Notre situation missionnaire se nommera ou bien « Je ne sers pas », ou bien « Dieu qui sauve ».

Caractéristiques d'une paroisse missionnaire [1]

Ces paroisses rencontrent une nouvelle forme d'incroyance : l'athéisation progressive de « notre monde », celle qui travaille la plupart des pays anciennement chrétiens d'Europe.

Cette athéisation, qu'elle soit agressive, ou indifférente, ou « tolérante » pour Dieu, a partout un caractère commun : le rejet d'un Dieu créateur fixant le monde dans une condition de créature. Elle provoque des formes très diverses de déchristianisation.

Cette athéisation ne laisse pas les chrétiens indemnes : ils sont inconsciemment « pressés » de laisser dépérir dans leur foi le lien fondamental entre eux et Dieu; par là même, ils risquent le ratatinement et l' « humanisation » de toute leur vie chrétienne.

Un monde qui a été christianisé semble se vider par le dedans, d'abord de Dieu, puis du Fils de Dieu, puis de ce que celui-ci communique de divin à son Église et c'est souvent la surface qui s'effondre en dernier.

Pourtant, quand ce monde ne porte plus, même en surface, aucune référence au Christ, il est un monde qui fut longtemps nourri de christianisme, qui l'a digéré, mais qui reste imprégné de « sous-produits » chrétiens subsistant anarchiquement et archaïquement dans ses institutions, ses mœurs, ses idéologies, ses politiques.

Si, en France, peu de milieux sont réellement chrétiens, il serait sans doute impossible d'en trouver un seul qui soit *totalement déchristianisé.*

1. M.D., invitée à Toul pour une session de carême, y participe à une série d'entretiens sur la vie paroissiale et l'évangélisation (1960).

Ces paroisses, installées à une place voulue par l'Église, doivent y devenir missionnaires, sous peine de cesser d'être apostoliques.

Leur situation missionnaire est presque à l'inverse de celles des autres missions. Elles n'ont pas à partir : ce sont des « pays », des « terres », des « zones » de mission qui montent vers elles, s'épaississent, s'étendent, les investissent.

Le monde des « missions étrangères » est dépourvu des vestiges sociaux d'une christianisation; il n'a pas été — en général — modelé par des influences chrétiennes; en revanche, il reste — en général aussi — imprégné de foi religieuse, ou de croyance en Dieu, ou de référence à des dieux; il reste fortement ou obscurément religieux; il a des cultes auxquels il arrive d'être monstrueux : ses sacrifices enfantins ou terribles laissent peu de pays sans cette reconnaissance d'une dépendance à quelque chose de divin.

Aux « missions étrangères », des prêtres ou des laïcs missionnaires arrivent dans un monde où l'Église n'est pas implantée, où ils en sont la semence. Si Dieu le veut, la semence germera, croîtra jusqu'à l' « arbre » sous la responsabilité d'un évêque dit, lui aussi, missionnaire, parce que toute l'Église dont il a la charge suit la même loi de germination et d'implantation.

La paroisse missionnaire, elle, est souvent une communauté chrétienne ancienne qui ne peut détruire l'arbre qu'elle est, le réduire à quelques graines; même paroisse nouvelle, elle est faite de gens qui, pour une certaine proportion, sont chrétiens depuis leur naissance, mais qui sont rarement missionnaires par vocation consciente. Les prêtres de ces paroisses ne sont pas forcément spécialement « missionnaires ». L'évêque de leur diocèse est l'évêque d'un diocèse anciennement chrétien.

Pourtant, sous d'autres termes, le fond de mêmes questions missionnaires se pose aux « missions étrangères » et aux paroisses missionnaires.

Aux missions étrangères, l'Église reste à l'extérieur de pays, de races, de régions dont les hommes restent en dehors d'elle.

La paroisse missionnaire est dans une ville, un secteur, un quartier dont des hommes, des mentalités, des destinées restent pourtant en dehors d'elle; dans des milieux où elle ne vit pas en famille, où elle est mal tolérée, comme le serait un corps étranger, sans âme et sans parenté.

Pour l'une et l'autre mission — bien que les frontières soient, en paroisse missionnaire, bien plus confuses, bien plus hachées, bien plus incertaines — il s'agit de connaître et d'être connu, de comprendre et d'être compris, de parler et d'être entendu, d'être pris pour des hommes dont la présence est légitime.

Les paroisses missionnaires peuvent trouver des analogies entre leur situation et celles qui se produisent à l'occasion de telle ou telle hérésie, de tel schisme. Ces analogies cessent si on compare les incroyances en cause.

Au-delà de l'unité déchirée, la foi en Dieu, la foi chrétienne en Dieu n'était pas compromise. De même si les paroisses missionnaires doivent être conscientes de ces traces de christianisme qui marquent leur monde, elles savent que par-delà existe un manque de Dieu plus absolu que nulle part au monde; ce manque est évident dans tous les secteurs nouveaux de l'activité humaine, ceux qui touchent en particulier la technique.

Elles savent aussi que ces vestiges de christianisme sont ambigus et qu'ils peuvent nous tromper : on peut facilement les prendre, chez des individus, dans certaines idéologies, pour des pierres d'attente de l'Évangile, alors qu'elles en sont le plus souvent des miettes devenues folles ou seulement raisonnables.

La paroisse missionnaire, cellule de l'Église, doit vivre la double vocation d'être toujours plus « établie » et toujours plus « envoyée ».

Établie. Le peuple de Dieu qu'elle rassemble doit développer vigoureusement sa vie propre et la faire croître en même temps que la vie humaine, dans des enfants qui deviennent enfants de Dieu.

Sa vie propre est *surnaturelle*; son autorité, son enseignement, sa mission, ses moyens ont une dimension divine — ils viennent de Dieu et sont pour Dieu. C'est une vie parce que Dieu est vivant.

C'est une vie religieuse d'où ne peuvent être absents ni les hommes, ni Dieu. Son culte est le culte que Dieu veut de nous pour sa gloire. Sa loi est la loi où Dieu nous dit comment il veut que nous vivions. Ses sacrements sont les moyens de vivre, d'être forts, de croître que Dieu a choisis pour nous. Sa parole est la révélation que Dieu nous a faite de lui-même.

C'est une vie indissolublement filiale et fraternelle, parce que ce Dieu vivant est notre Père, parce que être ses enfants nous rend frères entre nous.

L'ambition de cette vie est « impossible aux hommes ».

Envoyée. Ce que la paroisse missionnaire doit proposer aux indifférents et incroyants, c'est ce qui la rend la plus étrangère au monde qu'ils constituent : *sa foi.*

Mais pour que la foi soit entendue, son message compris, il faut que ceux qui l'annoncent n'acceptent d'être séparés du monde que par leur foi; qu'ils veuillent être unis aux hommes de ce monde comme des frères d'un même sang et d'un même destin; qu'ils soient étrangers à cause de leur foi mais en rien à cause d'eux-mêmes.

Ce qu'est la foi en elle-même la rend étrangère; le manque de respect que nous avons d'elle fait que nous la dénaturons, que nous présentons autre chose qu'elle. La lucidité des paroisses missionnaires a été et doit être grande pour empêcher que nous fassions d'elle non une étrangère mais la partisane d'un clan social, non la maîtresse d'éternité mais la spécialiste du passé, non la pourvoyeuse de vie éternelle mais d'un style de vie temporelle, non la traductrice du mystère pour tous mais une savante sans languc vulgaire.

De même, si le monde rejette Dieu, le cœur de chaque homme est « fait pour Dieu ». Mais si un homme doit reconnaître Dieu, ce ne sera pas dans un « petit Dieu » que nous avons réduit à notre taille. Si le Dieu « que personne n'a jamais vu » peut être connu à travers le Christ et à travers son Évangile, il ne peut pas être connu dans l'Évangile que nous aurons ajusté à nos conceptions à nous, à nos forces à nous.

Si Dieu a donné une loi aux hommes, elle n'est un signe de Dieu que si nous l'observons solennellement et non pas comme à la sauvette. De même si nous sommes des ingrats pratiques, si la grâce est chose due pour nous, il nous sera impossible de réaliser ce qu'est une mentalité sans foi, sans référence à Dieu dans un monde qui s'en trouve devenu énorme, arbitraire, aveugle.

Nous parlerons « naturellement » du seul fait qui transforme réellement la vie, et quand on fait de la foi une chose naturelle, elle devient absurde pour l'incroyant.

Enfin, si nous prenons notre parti d'être en marge de la vie des hommes, d'être des amateurs dans ce qui fait leur vie, si nous trouvons normal de rester muets parmi des sourds parce que nous ne sommes pas « du même monde », « des mêmes idées », du « même parti », « de la même éducation », « qu'aurons-nous fait de notre frère » quand nous quitterons notre même rue pour paraître devant le Seigneur?

Ce que la paroisse doit vivre pour être de plus en plus établie, pour être de plus en plus elle-même est justement ce qu'il faut qu'elle soit pour être envoyée. C'est exactement ce qu'elle doit porter dans le monde pour l'annoncer.

La paroisse missionnaire est une cellule militante de l'Église militante.

C'est une cellule qui participe à la vie du corps entier. Elle est une, de l'unité d'un tissu vivant; pas une collection de « pratiquants », de militants. Elle est sainte par Dieu. Elle est catholique, cellule vivante d'une vie universelle. Elle est apostolique, parce que la mission de l'Église est de garder pour transmettre et propager.

L'apostolat est essentiellement un combat; il est le combat de l'Église militante; combat entre « le monde » et le Royaume de Dieu; personnel, au cœur de chacun; à vif dans chaque membre de l'Église; corps à corps entre le Corps mystique de Jésus-Christ et les corps sociaux ou politiques des nations, des états, des races, des civilisations.

La paroisse missionnaire ne peut se contenter de quelques « militants » engagés; elle est une paroisse en guerre, elle est une paroisse entièrement militante. L'intention d'une nation en guerre n'est pas l'intention d'un suicide. C'est — en principe — pour une chose vitale qu'on risque la mort.

D'une façon bien plus absolue, c'est pour donner la vie que l'Église combat, que l'Église est missionnaire, qu'une paroisse devient missionnaire. Ce combat va demander à la paroisse de lui sacrifier certaines façons de vivre; de prendre d'autres conditions d'existence : ce combat ne demandera jamais le sacrifice d'une chose vitale surnaturelle. A ce moment-là il deviendrait absurde.

La mission ne doit pas affaiblir, elle doit contraindre a fortifier tout ce qui est vital pour la paroisse.

Vouloir d'abord faire du « missionnaire « une sorte de nouveauté spécialisée, non un renouvellement des forces vives, peut faire risquer un affaiblissement. (Par exemple : liturgie missionnaire pour la rendre compréhensible aux incroyants; spiritualité missionnaire en donnant une place centrale à certains éléments de vie utiles pour un chrétien militant; prédication missionnaire, non pas seulement par l'adaptation à une mentalité, mais par un tri dans le contenu de la foi, d'abord le plus adapté; appréciations missionnaires sur les choses d'Église d'un point de vue lié aux réactions de « secteur », etc.)

Il vaut mieux s'inquiéter de ces spécialisations *après* avoir travaillé à fortifier ce qui est *constant*, *permanent*, *obligatoire*, *indiscutable*, donc commun à tous les chrétiens.

Le culte public. Que la liturgie soit compréhensible aux incroyants est utile. Ce n'est pas le plus urgent. Le plus urgent est de rendre ce culte le plus accessible aux fidèles; de le rendre le plus efficace pour faire vivre à des fidèles, dans une paroisse missionnaire, *leur vocation apostolique*; leur fonction de prière entre leurs frères incroyants et Dieu; la parole qu'ils doivent de la part de leurs frères pour glorifier Dieu à leur place; le lien vivant qu'ils doivent être entre Dieu et les hommes auxquels Dieu est inconnu.

Une spiritualité, rigoureusement vraie et rigoureusement simple, où le chrétien est à sa place exacte entre la Toute-Puissance de son Père et chaque homme de tous les hommes, connu et aimé par Dieu. Le chrétien se tient à cette place parce qu'elle lui a été donnée, mais il sait qu'elle ne tient pas toute la scène, qu'elle est trop étroite pour qu'il y joue ses drames, qu'ils soient personnels ou missionnaires. Il a simplement la place de demander et de recevoir et, par là même, de glorifier Dieu.

La résistance au mal. Une même épreuve apostolique est le lot de tout apostolat. Dans l'apostolat missionnaire, cette épreuve est plus brutale; elle a surtout une forme inconnue.

La mission, c'est le contact de l'amour de Dieu et du refus du monde. Le chrétien est traversé par l'un et par l'autre qui se rencontrent en lui. Il ne peut pas ne pas en souffrir comme d'une tentation vivante. Mais cette épreuve est participation à l'épreuve apostolique de l'Église; l'Église est armée pour la surmonter; l'Église a la force qui peut résister et triompher.

La bonne nouvelle[1]

L'ÉVANGILE, LA BONNE NOUVELLE, PEUT-IL ENCORE ÊTRE UNE NOUVELLE?

Peut-il être une « nouvelle », c'est-à-dire l'annonce d'un fait d'actualité? Quelque chose dont on n'avait pas encore connaissance? Pour qui peut-il être actuel, peut-il être une nouveauté? pour qui n'est-il pas ou connu ou méconnu?

On peut trouver des gens relativement nombreux qui ignorent l'Évangile, mais même pour eux, le contenu de l'Évangile ne peut pas être d'une entière nouveauté. La survivance de notions et de valeurs jadis conséquences du christianisme, aujourd'hui traces dégradées et déformées de celui-ci assourdissent et trahissent tout ensemble jusqu'aux mots du message évangélique.

Mais bien plus nombreux sont les gens qui le connaissent comme étant ce que le Christ a fait ou enseigné; soit que ces gens s'en soient fait une idée à travers le comportement et les usages des chrétiens, soit que ces gens étant baptisés aient pratiqué leur foi durant un temps.

Dans les deux cas, c'est tout à la fois de l'Église et de l'Évangile qu'ils ont ainsi une connaissance généralement incertaine, tronquée et défigurée. Pour les non-baptisés : ce qu'ils ont entendu ou entrevu a pu éveiller leur curiosité comme l'aurait éveillée telle ou telle coutume de vie. Pour les baptisés : les uns ont oublié l'enseignement chrétien, avec d'autant plus de facilité qu'ils ne l'avaient jamais « appris »; les autres l'ont évacué de leur mémoire comme matière à ennui.

Enfin, à côté des influences chrétiennes assimilées ou digérées, il y a les vérités chrétiennes, tantôt devenues folles, mais plus

1. Cf. la note de la page 180.

souvent rationalisées, naturalisées que revendiquent et annoncent idéologies et mouvements. Tantôt des incroyants ont été séduits par elles; tantôt des croyants se sont ralliés à elles, les uns comme à la forme adulte de leur foi d'enfants, les autres pour réaliser ce que le christianisme enseigne mais qu'il ne fait pas pratiquer.

La multitude de ces gens : athées, incroyants, indifférents, apparaît comme immunisée vis-à-vis de l'Évangile comme l'est un organisme vacciné vis-à-vis d'une contagion. En face de cette immunité que la raison constate et prouve, tout effort missionnaire est tenté de découragement.

Non seulement l'Évangile semble ne plus être une nouvelle, mais il semble ne pas pouvoir être une *bonne* nouvelle. Partout où la mission s'amorce, c'est le même écho : « la foi? Ils n'en ont pas besoin... ». Dans notre monde les besoins se renouvellent, se multiplient, mais les richesses de l'Évangile ne sont pas cotées au marché; elles sont hors cours parce que personne ne les demande. Telles qu'elles sont connues, personne n'en voudrait, même en cadeau. Un peu comme ces résidus d'héritage qui font démodé, qui encombreraient sans servir à rien et qu'on donne au brocanteur, pourvu qu'il en débarrasse.

Ce que sont en vérité les richesses de l'Évangile, elles ne manquent pas : ce qu'elles sont, on ne sait pas que ça existe; l'inconnu, l'ignoré est forcément indésirable. Le monde se présente à nous comme suffisant. Il suffit aux hommes qui le forment. Pas de place pour ce qui n'est pas lui.

Et là, il n'est pas question d'un Évangile ou trop distant, ou annoncé dans une langue étrangère, ou trahi par de mauvais témoins. Il est question d'une surdité intellectuelle à ce que nous voulons dire : non seulement au surnaturel mais à tout ce qui, dans l'homme, ne se satisfait pas du monde seul.

La bonne Nouvelle de Dieu.

Dans la mesure où notre monde veut être en rupture de Dieu, où on entend se passer de Dieu, s'organiser en deçà de Dieu, Dieu devient pour lui une nouveauté et le Dieu vivant de l'Évangile redevient une nouvelle.

Le chrétien, en face de la déchristianisation, lutte souvent contre des faits, des événements nouveaux, pour que dure la foi où il est; il apparaît comme l'homme du passé. Au contraire, en face de l'athéisme, le chrétien croyant, parce qu'il est croyant, pose par sa vie une hypothèse vivante de Dieu, là même où il n'y a plus d'hypothèse de Dieu. Sa foi en Dieu est pour ce nouveau monde un phénomène encore plus nouveau.

Le chrétien est pour ses frères un homme qui aime les choses du monde à leur valeur et dans leur réalité, mais il est aussi un homme qui préfère à toutes ces choses le Dieu dont il est le croyant. Sa préférence l'amène à certains choix. On le voit ainsi choisir Dieu invisible. Ces choix sont une interrogation à neuf pour le monde, sur ce qui dépasse le monde.

Quand des hommes ignorent que Dieu est leur bien, nous n'avons pas à nous aligner sur leur ignorance, leur misère. Nous ne devons pas seulement croire, mais comprendre que le Dieu vivant de l'Évangile peut être non seulement pour eux une nouvelle, mais une *bonne* nouvelle. Mais il faut pour cela que nous sachions ce que c'est qu'un athée. Le savons-nous?

L'homme qui, consciemment ou non, vit comme étant sans Dieu est souvent mal connu de nous. Nous savons ce qu'il ne croit pas, nous ignorons ce que ne pas croire entraîne de différence entre sa mentalité et la nôtre. C'est pourquoi nous restons quelquefois comme interdits devant sa mentalité, sur laquelle nous sommes sans prise.

Le converti, lui, a conscience de ces différences. Sa conversion marque dans sa vie un « avant » et un « après » parce qu'il est passé de la mort à la vie, parce que tout ce qui faisait autrefois sa vie a été comme arraché à la mort.

Comment toutes choses ont été faites nouvelles et quel fut son bonheur, le converti ne pense pas à nous le dire. Il ne pense pas que son expérience nous échappe et qu'elle nous manque. Prenons deux exemples particuliers bien de saison à l'époque actuelle.

Le chrétien qui a toujours été chrétien parce qu'il a la foi, même s'il ne la vit que faiblement, établit spontanément un lien entre ce qui arrive dans l'univers et la providence de Dieu. Ce lien, même imperceptible, creuse une différence fondamentale entre la mentalité du croyant et celle de l'incroyant.

Le croyant ne peut pas réaliser — et il ne pense même pas à réaliser — ce que deviennent les peurs dont l'homme contemporain est assailli à une cadence insensée, quand un homme ne les situe pas dans la perspective d'une sagesse toute-puissante.

L'angoisse de cet homme s'exprime peu en paroles. Pourtant si on perçoit que, même chez le croyant, elle peut expliquer tant de déséquilibres, un peu de réflexion et beaucoup d'amour peuvent faire pressentir ce qui existe dans des silences que l'incroyant garde, même vis-à-vis de lui-même.

Les collectivismes engendrent les *solitudes*. Les agglomérations modernes agglomèrent des solitudes et les intensifient. Les catégories existent de plus en plus, sont connues de plus en plus et les individus y sont de plus en plus ignorés. Ces solitudes sociales aggravent la solitude inhérente à l'homme, celle dont nous avons souffert ou souffrirons tous, même ayant la foi.

Le croyant, même infirme, n'est jamais tout à fait tout seul, jamais tout à fait sans recours. L'incroyant connaît la solitude à l'état pur, une solitude inhumaine. Il est privé de la relation qui lui est le plus fondamentalement due.

Prenons aussi un autre exemple, celui de la mort : oui, le croyant est bien passé de la mort à la vie. Mais généralement il pense que ne sont changés pour lui que les grands moments de ce « passage », la mort de ceux qu'il aime ou la sienne. Il ne réalise pas que, pour l'incroyant, c'est la vie même qui est frappée à mort. Chaque chose qu'il exalte dans son présent est condamnée à mort dans son devenir. Chaque chose arrachée à Dieu est vouée à la mort. Le soutien dans l'être s'effondre à l'intérieur de tout ce qui est vivant. Quoi qu'on aime, on aime ce qui doit mourir. La vie devient l'accomplissement de la mort, tout est envahi par le néant et par l'absurde [1].

Si nous réalisons chez l'incroyant cet état de malheur, oserions-nous déduire de ce qu'il dit, de ce qu'il fait, de ce qu'il cherche, l'inutilité pour lui de la Bonne Nouvelle évangélique? Serions-nous les crédules de son incroyance? Ou bien le Dieu vivant de l'Évangile ne nous brûlerait-il pas insupportablement, tant que nous n'aurions pas crié son nom à voix haute, parmi ces hommes désespérés sans le savoir. S'ils se retournent en nous entendant appeler Dieu, ce serait pour eux le début de la seule *bonne* Nouvelle.

1. Ce thème cher à l'auteur sera repris presque mot pour mot dans la note intitulée « Lumière et Ténèbres », p. 209.

Révision de foi [1]

La foi est l'engagement temporel de la vie éternelle, sommes-nous assez temporels?

La foi se demande, se reçoit, se vit par des actes libres, sommes-nous assez libres?

Vis-à-vis du monde qui est créé pour le servir, comme vis-à-vis de Dieu qui l'a créé, l'homme est libre. Sa vocation de créature humaine, sa vocation de fils de Dieu, il peut les accepter, il peut les refuser, il doit choisir de refuser ou d'accepter.

Mais l'homme ne peut rien créer. Il ne peut pas recréer l'homme : il ne peut pas inventer un autre fils de Dieu. Il peut seulement, et toujours librement, vivre ce qui a été fait en le détériorant, détruisant, falsifiant.

Entre Dieu et nous compte seulement ce qui est libre. Dieu nous juge sur nos choix. La foi est donnée à ce qui reste libre dans un homme. Elle est la science des réalités éternelles, de ce que Dieu nous a dit sur lui et de ce qu'il nous a dit sur nous.

Elle est le savoir-faire de la volonté de Dieu, la science de la charité. Elle règle nos choix.

Elle nous a été donnée pour nous procurer la vie éternelle, mais pour nous la procurer dans le temps; pour nous faire vivre la vie de Dieu, mais pour nous la faire vivre dans notre vie d'homme; pour réaliser le salut de Jésus-Christ, mais le réaliser dans le monde et dans le temps.

Elle nous est donnée pour que nous préférions Dieu avec des actes d'hommes; pour *faire* la volonté de Dieu dans le temps des hommes, dans le monde des hommes, avec des actes d'hommes. Elle est temporelle autant que nous; elle passera quand nous mourrons.

1. Cf. la note de la page 180.

La foi est donnée à l'homme que nous sommes pour tous les hommes que nous ne sommes pas.

Aussi la foi nous enseigne-t-elle que la vie chrétienne doit s'organiser à la manière des tissus vivants, selon des lois éternelles, mais qu'elle doit être vécue dans l'immédiat, le momentané, le particulier. Nous sommes destinés à l'amour éternel de Dieu. Mais nous n'y accédons que dans notre vie d'homme, notre temps et celui des autres, le monde d'ici et d'aujourd'hui.

Toute dialectique paraît modérée, comparée à celle de la foi; tout existentialisme paraît entravé auprès du sien. Son « qui perd gagne » est sans cesse momentané; elle détruit la mémoire pour vivre à vif avec du neuf. Elle nous engage dans le temps à des fins d'éternité.

Elle nous arrache à tout honneur du passé comme à toute ambition de l'avenir qui ne serve pas la gloire de Dieu.

Nous savons le plus souvent quel défaut et quelle faute nous entravent. Nous savons moins, que certaines ignorances pratiques nous soumettent à de fausses servitudes ou nous font confondre le fatalisme avec l'amour de Dieu.

Si dans des circonstances qui nous apparaissent particulièrement graves, nous choisissons si mal, la cause pratique en est que nous choisissons trop peu et que nous choisissons timidement. Dieu ne nous donne pas les circonstances comme du tout-cuit et du tout-fait. Il nous les donne à faire; il nous les donne pour en faire sa volonté.

La foi nous guide. Sans elle, ou nous travaillons peu, ou nous travaillons mal, en tout cas nous ne pouvons faire que du travail d'artisan. Elle nous permet d'être artiste. Mais une œuvre d'artiste ne se fait pas sans fournir un travail d'artisan.

Choisir au fil des circonstances de faire la volonté de Dieu c'est choisir comment la faire avec tout le travail humain dont nous sommes capables, et mettre d'accord avec la foi notre cœur, notre esprit, notre volonté, pour aimer Dieu comme il veut l'être, pour que « sa volonté soit faite » sur la terre, dans les aujourd'hui de la terre, avec l'humanité de la terre, comme au ciel.

Nous sommes empêtrés dans une fausse obéissance qui peut nous transformer aussi bien en faux révoltés qu'en faux obéissants.

Les obligations morales, les obligations d'Église, au besoin les obligations de coutumes sociales ou d'usages professionnels constituent le règlement de ce que nous appelons nos devoirs religieux. Ça sent la discipline et la crainte des pénalités. Ça sent surtout des chrétiens qui n'ont pas eu leur ration de vérité, ou qui l'ont eue dans des conditions qui la leur ont rendue inassimilable.

Les uns risquent de glisser dans un esclavage de la vie chrétienne, les autres dans une anarchie. Ils seraient les uns et les autres arrachés à ces risques contradictoires en faisant une révision de leur foi.

Les certitudes de la foi sont des certitudes absolues. C'est seulement en fonction d'elle que nous pouvons discerner la volonté de Dieu et la faire librement. Les obligations fixées ou réglementées par l'Église sont les applications qu'elle fait de ces certitudes fondamentales à sa vie commune. Elles sont pour nous le rappel à la vie éternelle, de ses réalités et de ses nécessités.

Nous faisons librement ce qui correspond pour nous à une nécessité. Les obligations nous laissent libres quand nous voyons ce qui nous est nécessaire selon la foi, et quand nous faisons de ces obligations le moyen de nous le procurer.

Manifeste du chrétien au monde athée[1]

Les conversations entre vous et nous tournent facilement à des dialogues de sourds. C'est que souvent, nous n'avons pas, les uns sur les autres, une information authentique. Nous connaissons des gens qui sont ou chrétiens ou communistes, nous voyons ou nous lisons ce que font ou ce que disent certains communistes ou certains chrétiens. A cela s'ajoutent des commentaires de chrétiens sur les communistes et de communistes sur les chrétiens.

Nous avons besoin de savoir pourquoi vous êtes communistes et pourquoi nous sommes chrétiens, la raison d'être du Parti et la raison d'être de l'Église, en un mot votre programme et notre programme. Je vous propose la réciproque : laissez-nous vous dire nous-mêmes notre programme, le seul qui soit réellement et historiquement le nôtre. Il vous sera alors facile de discuter si nos actes sont en accord ou en désaccord, non seulement avec vous, mais avec ce programme lui-même. La polémique entre nous devient souvent un idéalisme à deux voix car souvent, les uns comme les autres, nous avons les uns sur les autres des informations erronées.

L'histoire de notre lâcheté, mais aussi de notre fidélité à Jésus-Christ dure depuis deux mille ans. Cent ans ont sans doute suffi pour vous apprendre que si l'homme sait donner sa vie, il arrive qu'il la reprenne. Mais vous savez aussi — cent ans pour cela ont suffi aussi — qu'être accusé soi-même d'une chose vraie ou d'une chose fausse, ce n'est pas terrible. Mais quand on accuse un idéal qui n'est pas une idée, un idéal pour lequel un homme — et à plus forte raison des centaines de

1. Note personnelle. M.D. essaye ici de formuler ce que pourrait être une présentation de sa foi accessible au monde athée. C'est à lui qu'elle s'adresse au-delà des communistes qui lui sont proches.

milliers d'hommes sont morts — ça on ne peut pas le tolérer. Accusez-nous de préférence sur des faits exacts. Vous avez le choix.

Si vous critiquez le chrétien médiocre que nous sommes, nous n'acceptons pas la contradiction sur des définitions qui n'ont jamais été celles d'un chrétien, des fantaisies ou des caricatures. Le chrétien veut ressembler au Christ. Discutez le Christ : nous acceptons la discussion.

Le chrétien, technicien du mystère. Le chrétien et l'ignorance.

La seule ignorance que le chrétien accepte pour sa raison, c'est l'ignorance que la science accepte pour elle-même. Le chrétien revendique aussi haut que tout autre de participer à tout ce que la science découvre, explique, applique. Mais le chrétien n'accepte pas sans examen que les bornes de la connaissance scientifique soient fatalement les bornes de ce que l'humanité peut savoir.

Il constate qu'au fur et à mesure que s'élargit le cercle des connaissances scientifiques, s'élargit simultanément un cercle d'ignorance. On sait de plus en plus comment la réalité — y compris l'humanité — existe; mais de plus en plus devient grande la question du par quoi et du pourquoi de toute la réalité, y compris l'humanité.

Pour le chrétien, cette question de plus en plus énorme reste une question ouverte. Accepter sans examen de rester des ignorants devant elle constitue pour le chrétien une aliénation réelle d'une curiosité proprement humaine et d'un instinct humain vital. La foi, pour le chrétien, c'est la science du mystère, du vrai mystère, non des mystères qui seront vraisemblablement éclaircis sur l'origine de la vie, ses lois, son évolution, sa progression.

Le vrai mystère : comment le monde est-il si intelligent? Pourquoi l'homme peut-il le comprendre, être comme à l'école en face de lui? Pourquoi les hommes ne peuvent-ils faire du nouveau qu'en recevant et en exploitant les leçons de ce qui existe déjà? Pourquoi les hommes déchiffrent-ils le monde comme un ouvrage fait par un gigantesque ouvrier?

La chance du chrétien.

La chance! Nous sommes tous d'accord sur ce que c'est, même si chacun de nous attend d'elle des choses qui ne se ressemblent pas. La chance, c'est recevoir de la vie, trouver dans la vie ce qu'on désire.

Je ne sais pas si on a écrit l'histoire de la chance dans la vie des savants. Bien sûr, ils ont tous travaillé, tous lutté, tous observé... Mais sans même parler de leur chance d'avoir un cerveau particulièrement bien conditionné, il y a toutes les chances de leur rencontre avec certains aspects de la réalité, avec le fait précis qui aiguillonne leur recherche, il y a le tête-à-tête de Denis Papin avec sa marmite. Et ça, c'est une chance.

Les chrétiens sont les hommes d'une chance. Ils ont appris que dans des circonstances qui sont des faits historiques, des faits qui ne craignent pas un examen scientifique, Dieu a voulu que certains hommes sachent d'où vient le monde et où il va, sachent pour toute l'humanité la loi même de sa destinée,

Les chrétiens ont eu la chance d'apprendre ce que Dieu a dit à quelques hommes pour toute l'humanité, qui a été transcrit et répété à travers les siècles de l'histoire. Les chrétiens doivent continuer de répéter à l'humanité ce que Dieu veut d'elle; ils doivent agir eux-mêmes en appliquant ce qu'ils ont appris.

Être chrétien, ce n'est pas cogiter, inventer, imaginer, c'est parler et c'est agir : parler pour dire ce que Dieu a dit de dire; agir pour faire ce que Dieu a dit de faire. Être chrétien ce n'est pas être un idéaliste. Si des chrétiens ont des idées ou de l'idée, c'est parce qu'ils sont des hommes à idées, non parce qu'ils sont des chrétiens. Le chrétien n'est pas chargé d'avoir des idées. Le chrétien est chargé d'agir : c'est Dieu qui invente, c'est Dieu qui crée.

Dieu est « un Quelqu'un ».

Quand on dit ici : « C'est un quelqu'un », on comprend. Dieu est « Un Quelqu'un » est pour moi la meilleure des traductions du « Je crois en Dieu. » Ça dit un peu quelque chose, tandis que tous les autres mots qui veulent « donner une idée de Dieu » parlent en effet d'un Dieu qui serait une idée, pas vivant, pas actif, pas efficace, en deux mots, pas quelqu'un. Pour beaucoup qui ne sont pas chrétiens, Dieu est « Un Quelqu'un. » Ils ne l'ont pas inventé, mais deviné à travers son œuvre qui est la vie.

Ceux-là, plus ils aiment la vie, plus ils devinent Dieu. Quoi que ce soit qu'ils aiment dans les réalités de la vie : l'amour de leur mère ou de leur femme; l'homme qui pousse dans l'enfant; les lois de la vie déchiffrées dans la terre ou poursuivies dans la lune; les forces libres de la vie dans la nature ou les mêmes forces captées, utilisées au laboratoire, le mouvement de la vie brassant, entraînant toutes choses dans le temps ou ce mouvement saisi par les hommes décuplant dans le temps leur puissance de travail, leurs possibilités d'exploration et d'exploitation du monde.

A travers tout cela, des gens devinent quelqu'un, devinent Dieu. Mais rien de tout cela ne peut apprendre Dieu. Dieu ne s'apprend pas. On n'apprend pas quelqu'un. On peut apprendre les lois scientifiques découvertes par Marie Curie. On n'apprenait pas Marie Curie quand elle vivait. On ne l'apprend pas aujourd'hui. On la connaissait et on la connaît toujours; vivante, elle était connue un peu ou beaucoup par des gens qui ne l'avaient jamais vue. Aujourd'hui on la connaît encore. Ceux qui ne l'avaient jamais vue, ceux qui ne peuvent plus la voir la connaissent par ce qu'elle a dit et qu'on a répété, par ce qu'elle a fait et que l'on a écrit. Parce que Marie Curie est « quelqu'un », elle n'est pas une chose à apprendre, mais une femme à connaître. Mais, si elle n'avait pas parlé et si sa famille, ses amis, ses élèves n'avaient pas parlé d'elle, personne ne pourrait connaître Marie Curie.

Les gens qui devinent Dieu dans la vie, derrière la vie, sont comme moi devant mon poste. Je ne sais pas qui a inventé la radio, mais je devine que « quelqu'un » ou « quelques-uns » l'ont inventée. Libre à moi de dire : « C'est la radio qui m'intéresse et mon poste ne marchera pas mieux si j'en connais les inventeurs. » Les chrétiens, eux, sont comme les travailleurs de la recherche scientifique : savants, étudiants, inventeurs, techniciens qui, chacun à leur place, connaissent assez Marie Curie pour continuer son œuvre, l'exploiter, l'appliquer.

De Dieu nous ignorons beaucoup de choses. Il a voulu que

nous sachions qu'Il est Quelqu'un, qu'Il vit, qu'Il agit, qu'Il aime, mais davantage que tout ce que nous pouvons connaître de vie, d'action, d'amour. Mais ce que nous savons, c'est ce que Dieu est avec nous, ce que Dieu est pour nous, ce que Dieu fait et fera de nous : c'est son œuvre. Nous savons comment Dieu nous aime et nous savons comment nous devons et pouvons l'aimer.

Si nous ne savons pas encore tous les secrets contenus dans la vie, dans notre vie, tout ce que les hommes ont encore à découvrir, nous savons que venant de Dieu, à travers leur évolution et leur histoire, le monde et l'humanité s'acheminent progressivement vers Dieu.

Mais le chrétien connaît aussi la loi de l'histoire éternelle de l'humanité, de la destinée éternelle de chaque homme. C'est pour en être responsable qu'il est chrétien.

Notre dialectique. La Vie et la Mort.

Et d'abord une remarque. Il y a entre la foi chrétienne et le marxisme une opposition assez grave pour que nous n'y ajoutions pas des oppositions qui ne sont pas réelles. Ces fausses oppositions naissent quand nous faisons erreur les uns sur les autres.

Il n'est pas rare que tel ou tel chrétien prête aux communistes des buts qu'ils ne poursuivent pas, des doctrines qui ne sont pas les leurs. Mais il en est de même pour certains communistes qui donnent sur la foi chrétienne des informations qui ne sont pas vraies.

C'est ainsi que certains chrétiens confondront la dialectique avec certaines de ses applications particulières, ignorant, tel Monsieur Jourdain avec sa prose, quelle rigoureuse dialectique suppose la vie chrétienne. Et c'est ainsi que des marxistes montrent les chrétiens réfractaires même à la dialectique élémentaire que réclame le simple bon sens aux prises avec la vie quotidienne.

Le chrétien croit, sur la parole de Dieu, que l'homme est immortel, que l'humanité tout entière a une destinée d'éternité. Le chrétien croit à la résurrection de tous les morts de l'humanité, de tous les corps. Il croit à l'humanité immortelle. Mais il croit sur la parole de Dieu, non pas à une sorte de prestidigitation magique... et grotesque. Il croit aux prolongations des mystères de la vie au-delà de la mort, à l'accomplissement de la vie par la mort; il croit à une raison d'être de la mort elle-même; il croit qu'elle reste atroce mais qu'elle n'est pas absurde.

Comme tout homme raisonnable, le chrétien voit sa vie, de sa naissance à sa mort, comme un devenir continuel accompagné d'une destruction continuelle. Mais le chrétien croit que dans ce devenir et par lui s'accomplit la germination, le développement de l'homme immortel qu'il est, mais qui se fait en lui chaque jour et qui restera ce qu'il sera devenu, dans l'éternité, pour l'éternité.

Cet homme immortel se fait en chacun à travers ses choix. C'est ce qu'il choisit qui fixe l'homme immortel dans la pleine vigueur ou dans la pire misère humaine. A l'heure de sa mort, l'homme est devenu celui qui vivra avec Dieu pour toujours ou celui qui existera loin de Dieu pour toujours.

LA LOI DE DIEU. LE BIEN ET LE MAL.

La loi divine dont le chrétien est responsable, la loi de l'humanité immortelle est la loi de la liberté. Elle parle à ce qui est libre dans chaque homme. Elle ne parle qu'à ce qui est libre en lui.

Elle dit à l'homme : « Tu aimeras le Seigneur de tout ton cœur, de toutes tes forces, de tout ton esprit et par-dessus tout, et ton prochain comme toi-même pour l'amour de Dieu. »

Traduisons : « Tu aimeras Dieu plus que tout et pour l'aimer, tu aimeras les hommes comme toi. »

Pour le chrétien, il n'y a pas moyen d'aimer Dieu sans aimer l'humanité; il n'y a pas moyen d'aimer l'humanité sans aimer tous les hommes; il n'y a pas moyen d'aimer tous les hommes sans aimer les hommes qu'il connaît, d'un amour concret, d'un amour actif.

C'est cette loi à elle seule qui est la loi du bien et du mal. C'est elle qui trie pour l'humanité entre le bon et le mauvais. C'est la loi vitale de l'humanité immortelle. La connaître c'est avoir la science fondamentale de notre devenir.

Chaque homme est une cellule active dans le corps de l'humanité. Chaque acte libre de chaque homme travaille pour le corps entier. Il adhère au dynamisme de la vie, ou cède aux scléroses ou aux pourrissements de la mort; il est un germe d'expansion ou un ferment de décomposition.

Ainsi, c'est dans ce que l'homme choisit d'en faire que réside en définitive l'utilité du monde, du monde qui, lui, n'est pas libre. Le monde est à la discrétion de l'homme. C'est l'action des hommes qui doit exploiter le monde. Mais la règle fondamentale de cette exploitation est une conséquence de la loi fondamentale de l'humanité : le monde doit être exploité par chacun pour tous.

Dans les choix qui déterminent l'action d'un homme réside la plus puissante des efficacités humaines. Quand un homme travaille au monde, à ses richesses ou à ses secrets naturels, comme aux lois et à la marche de son histoire, il travaille pour le bien de tous les hommes et pour son bien à lui, simplement parce qu'il est un homme; il travaille à tuer la mort. Il lutte contre elle, il en devient le maître. C'est qu'alors l'action des hommes travaille à la raison d'être de l'humanité maîtresse du monde : sa ressemblance avec Dieu.

Or, aimer tous les hommes de l'humanité c'est ressembler à Dieu, parce que lui, Dieu, les aime.

NOUS CROYONS A DES FAITS QUE NOUS NE VOYONS PAS A CAUSE DES FAITS QUE NOUS AVONS VUS : JÉSUS-CHRIST.

Je le répète : la foi n'est pas faite pour nous apprendre ce que peut connaître notre raison. La foi n'est pas faite pour nous apprendre les mystères de la nature et de la vie humaine dans la nature. La foi est faite pour nous apprendre le mystère de notre existence elle-même : que nous existons parce que Dieu vit, que nous vivons parce que Dieu nous aime; que les hommes sont immortels parce que Dieu les aime pour toujours; que l'amour de tous les hommes fait de chaque homme le vivant qu'il sera dans la vie éternelle. De Dieu seul le croyant peut dire : « Je crois Dieu. » L'incroyant, lui, dit : « Je ne crois pas en Dieu. »

De Jésus-Christ au contraire l'incroyant dira : « Je ne crois pas Jésus-Christ. » Pour nous tous, Jésus-Christ est un homme. On sait ce qu'il a fait, ce qu'il a dit, son pays, son métier, son âge.

Mais pour les chrétiens, Jésus-Christ n'est pas seulement un homme : il est Dieu.

Ce que je veux préciser c'est que, si cela est une invention, on peut dire que c'est une invention de Jésus-Christ lui-même, une idée de fou. On ne peut pas dire que ce soit une invention des chrétiens. Ce n'est pas, par exemple, une sorte de légende qui s'est greffée petit à petit sur la vie d'un personnage réel comme certaines légendes de l'Antiquité ou du Moyen Age. C'est Jésus-Christ lui-même qui a dit, redit, affirmé, proclamé qu'il était Dieu.

Si aujourd'hui, beaucoup le tiendraient pour fou, c'était pour les hommes de son temps et de son pays plus grave que la folie : c'était un crime de lèse-religion. Aucun peuple plus que les Juifs ne défendait comme un sacrilège tout ce qui pouvait faire de Dieu pour les hommes « quelque chose » d'humain, de limité. Dieu était pour eux le Quelqu'un immense, tout-puissant, incomparable. Dieu, pour eux, était vraiment Dieu et non un grand homme ou un surhomme.

Il ne s'agit pas d'une légende dont on a affublé Jésus-Christ et dont on se demande si on doit ou non le débarrasser. Il s'agit de croire ou de ne pas croire Jésus-Christ, de croire ou de ne pas croire ce qu'il a dit de lui. C'est refuser de le croire comme le refusaient sans cesse les amis qui vivaient avec lui. Le chrétien croit Jésus-Christ quand il affirme qu'il est Dieu.

Mais si le chrétien croit avec sa foi en Jésus-Christ vrai homme et vrai Dieu, le chrétien met comme base à sa foi non seulement les paroles de Jésus-Christ sur lui-même — paroles qui sont des faits — mais les actions de Jésus-Christ qui elles aussi sont des faits. Ces faits, bien qu'ils soient du domaine de la raison, ne peuvent être acceptés sans que la foi complète pour ainsi dire notre raison. Pour la raison, ce sont des faits réels mais inexplicables. Pour la raison complétée par la foi ce sont des faits réels dont on connaît les causes.

Parmi tous ces faits, le plus grave comme le plus déroutant, c'est que Jésus-Christ, mis à mort parce qu'il se prétendait Dieu, est ressuscité, est redevenu un homme vivant. C'est que ses amis ont douté... et l'ont redouté, l'ont nié puis constaté jusqu'à le toucher, le palper, le prouver.

C'est que ces hommes qui ne voulaient pas croire Jésus-Christ quand il se disait Dieu, qui ne voulaient pas croire à la vie de ce corps qu'ils avaient touché et palpé mort, sans le palper et le toucher de nouveau vivant, c'est que ces hommes soient partis à travers le monde de leur temps, non pour crier d'abord et plus fort l'amour universel que Jésus-Christ leur avait enseigné, la justice pour les petits, les faibles, les opprimés, la bonté pour tout homme vivant de la part de tout homme vivant, c'est que ces hommes soient partis pour crier d'abord et plus fort que tout : Jésus-Christ, l'homme qui était notre ami, Jésus-Christ, l'ami des pauvres, des pécheurs, des malheureux, Jésus-Christ qui menaçait les égoïstes et les orgueilleux d'une éternité de misère, Jésus-Christ sur qui on a craché, bavé, qu'on a matraqué et flagellé, qu'on a torturé en riant, Jésus-Christ qu'on a pendu sur une croix, qui a saigné tout sans sang, crié son dernier râle; Jésus-Christ qui a froidi sur sa croix, dont on était sûr que sa mort n'avait pas été ratée, Jésus-Christ avec qui nous avons vécu, qui est mort près de nous, qu'on a enterré dans le cimetière de chez nous, avec une grande pierre sur son corps et des soldats pour nous empêcher d'ouvrir le tombeau et de reprendre son cadavre, Jésus-Christ est ressuscité parce qu'il était, parce qu'il reste aujourd'hui, demain, toujours, vraiment homme et vraiment Dieu.

Les chrétiens croient ce que les hommes sont allés crier à qui voulait les entendre et surtout à qui ne voulait pas qu'on les entende. Ils ne se sont pas présentés comme les témoins de la doctrine de Jésus-Christ, comme ses parfaits observateurs. Ils n'y ont pas pensé.

Il se sont présentés comme les témoins de Jésus-Christ, de sa vie, de sa mort et de sa résurrection, comme les témoins de la Loi qu'il avait enseignée, des exemples qu'il avait donnés, des promesses qu'il avait faites. Ils se sont présentés comme les témoins personnels de la personne même de Jésus-Christ.

Douze sur douze ont subi le martyre l'un après l'autre parce qu'ils refusaient de se taire. Ce qu'ils ont dit, ce qu'ils ont écrit, nous le lisons encore aujourd'hui, nous le répétons encore aujourd'hui.

C'est à cause de ces faits que nous croyons Jésus-Christ, que nous croyons à ce qu'il nous a dit de Dieu, de ce qui intéresse les hommes en Dieu. Nous croyons Jésus-Christ qui nous a enseigné et qui nous a montré comment doit vivre un homme pour ressembler à Dieu, comment on vit la loi de l'humanité immortelle, l'humanité que Dieu veut, l'humanité que Dieu aime.

L'Église, une même vie dans un même corps[1]

Peut-être est-ce la « définition » de l'Église dont chacun d'entre nous porte la marque dans sa mémoire, qui nous amène à nous côtoyer comme dans une société plus qu'à vivre en elle d'une même vie dans un même corps.

Bien sûr, être baptisé, c'est être concitoyen du Peuple de Dieu et cela entraîne entre catholiques des devoirs dont tout un aspect reste social. Par exemple, on ne vit pas à sa guise dans telle communauté chrétienne située dans tel pays ou dans tel autre. Une faute qui restera personnelle dans tel milieu, se doublera dans tel autre d'un scandale. De même une vie toute simple de charité en pays chrétien deviendra ailleurs, sans y rien changer parfois, une proclamation de l'Évangile.

Mais, plonger dans le mystère intime de l'Église, dans le Corps mystique auquel Pie XII consacrait il y a quelques années une encyclique, nous fait prendre conscience de notre place et de la place de nos frères non plus seulement dans un peuple, mais dans Jésus-Christ. C'est tout à fait autre chose d'être homme d'un peuple ou la cellule d'un corps. C'est autre chose de participer à l'action extérieure de l'Église dans le monde ou de sauver, enfouis dans un organisme de salut, les hommes dont le salut exige que nous soyons et vivants et vivifiants.

Sans le don de nous-même à cette puissance invisible de l'Église, notre dévouement à sa puissance visible construira du fragile, du creux.

Elle doit être visible au monde, il lui faut l'effort de chacun pour que son vêtement indique qui elle est. Mais, si elle doit être visible, il faut d'abord qu'elle *soit*, et c'est par chacun de nous qu'elle *est*.

Ce que saint Paul écrivait jadis à nos pères dans la foi est

1. Note personnelle.

toujours valable lorsqu'il expliquait comment nous devions être les membres d'un même corps, différents quant à leurs fonctions, complémentaires pour un même but, nous pouvons le lire et le relire, puis en apprendre l'application.

On pourrait même dire que tout ce que la science nous a appris est singulièrement instructif au chrétien qui veut vivre assez l'Église, pour être apte à vivre dans le monde un Évangile authentique et courageux.

Je n'ai ni qualité, ni compétence et, si je les avais, c'est un gros livre qui serait nécessaire pour nous dire tout ce que l'Église est pour le chrétien, tout ce que le chrétien est pour l'Église.

Aussi, je resterai dans les limites qui sont miennes et je vous donnerai seulement quelques exemples : peut-être vous serviront-ils comme ils m'ont servi.

L'Église, comme toutes les sociétés et comme tous les corps, est faite de relations. Ces relations, nous ne sommes pas chargés de les inventer, mais de les connaître et de nous y soumettre. Nous devons nous y soumettre comme, sans condition, nous sommes soumis à des règles sociales que nulle révolution n'a détruites, aux lois de la vie que nous pouvons connaître mais qui nous font ce que nous sommes par notre soumission, volontaire ou instinctive, à ce qu'elles sont.

Ce que nous savons en premier, c'est, entre chrétiens, nos règles sociales vis-à-vis de nos concitoyens d'éternité, vis-à-vis du clergé, vis-à-vis de la hiérarchie, vis-à-vis du souverain pontife. Pourtant, même en ce domaine, nous glissons aux concepts d'une société humaine. Entre nous, nous essayons de « faire bloc », le clergé suscite notre respect, la hiérarchie, l'obéissance et le Saint-Père plus encore. Mais ce bloc devient souvent une forteresse défensive et offensive, cette obéissance devient souvent de la discipline, et ce respect du « savoir-vivre ».

Même quand nous considérons l'Église comme une société, ce n'est pas de concitoyens dont il s'agit : le plus inconnu des baptisés *est* notre frère dans une vie inouïe; le prêtre le plus effacé a reçu le pouvoir d'accomplir certaines fonctions du Christ lui-même, il est un miracle de richesses. Les évêques et le Saint-Père portent pour nous la charge écrasante de garder la foi de Jésus-Christ et de la transmettre, et ce n'est que grâce à eux que nous pouvons participer à la tâche la plus enthousiasmante : la révélation de Dieu, la communication de l'Évangile.

Il nous est, je crois, très important d' « ajuster » religieusement nos gestes religieux aux réalités profondes qu'ils recouvrent. Ces gestes, empruntés à la simple vie sociale, « naturalisent » pour ainsi dire le visage de l'Église en face des incroyants : le sacerdoce du Christ devient pour eux chefs de partis, responsables, permanents etc., une entreprise politique pour les uns, idéologique pour les autres. A plus forte raison nous cessons de « naturaliser » l'Église pour la « dénaturer » quand nous transformons un bloc humain en simple armée, le savoir-vivre en puérilité, la discipline en caporalisme.

En tous ces devoirs extérieurs réclamés par l'Église, il nous faut rester des hommes, vrais par ce qu'ils sont, et vrais par ce qu'ils font. Nous pouvons être humiliés, méprisés, bafoués, mais même en ces circonstances, il nous faut demeurer des créatures totalement vivantes de la même vie que les autres hommes, des hommes qui ont choisi librement d'être soumis à leur Église, d'être s'il le faut, écrasés.

Mais, il nous est encore plus nécessaire de nous *croire*, et il faut donner à ce mot le maximum de sens, des parcelles vivantes, prodigieusement actives du Corps mystique de Jésus-Christ, et dans la mesure où nous le croyons, de l'être.

Si notre appartenance à ce peuple de Dieu qui est l'Église nous commandait ou nous interdisait certains gestes et certains actes, notre incorporation à cette même Église doit transformer jusqu'à ce que nous avons de plus profond et nous donner des devoirs et des pouvoirs inconnus, entièrement, des incroyants.

Ces *devoirs* sont notre soumission aux échanges vitaux de la grâce comme ils sont la rectitude envers les relations dont le Corps mystique est fait.

Échanges et relations ont toujours un côté de mystère, même existeraient-ils entre des saints. Mais il faut bien être convaincu que ce mystère se double par le fait de ce qu'est chaque homme. Une fonction de grâce éminente peut être revêtue d'une personnalité médiocre ou mauvaise. Tel évêque serait, sans être évêque, un homme doué de remarquables facultés humaines. Tel autre semble en avoir peu reçu Ici ou là le visage de l'Église pourra s'en ressentir, la vie de grâce de chacun, elle, pourra, si la foi reste réaliste (si l'évêque est pour chacun, cette colonne qui garde et propage l'Évangile du Seigneur) s'enrichir et se fortifier.

« Deviens qui tu es », disait je crois saint Ambroise. « Rencontre qui ils sont », faudrait-il marquer au fer rouge dans nos cœurs. La « hiérarchie » ne se pèse pas à poids d'hommes mais au poids de la Toute-Puissance de Dieu. Le sacerdoce ne se juge pas, il se croit à la condition de l'aborder là même où il doit agir.

Et nos « frères »... Osons-nous même dire nos « frères » quand les hommes sont pour nous des valeurs étiquetées, cotées, bonnes à vendre ou possédant le droit d'achat. Et là je ne parle pas seulement de l'argent, mais de ces aptitudes que les uns ont et les autres pas, de tout ce qui sépare. (« C'est un pauvre type »...)

Et cette Église faite d'hommes, faite de nous, elle est chargée de continuer les relations du Christ avec les hommes qui l'ignorent. Une vie qui ne se diffuserait pas, ne serait pas une vie. Tout chrétien authentique travaille à cette diffusion soit directement, soit vitalisant ceux dont la tâche est, sous des noms variés, évangélisation, mission, apostolat...

Lumière et ténèbres[1]

A l'heure actuelle, là où nous sommes, les mots : lumière, ténèbres, prennent un sens très accentué, me semble-t-il. Le mot « ténèbres » de la Bible est illustré par des gens que nous côtoyons; ténèbres, plus obscures que n'importe quand et que n'importe où.

Ce n'est pas seulement Dieu vivant, fini de révéler dans l'Évangile, qui a été rejeté. C'est tout reflet de Dieu, toute trace de Dieu. L'homme se suffit. L'homme ne veut pas d'autre lumière que lui-même.

Le chrétien objectivement peut voir dans chaque homme la trace de Dieu parce qu'il y voit l'œuvre de Dieu. Subjectivement, ces traces restent invisibles pour beaucoup d'hommes. Aussi, quand le chrétien pénètre à l'intérieur de la mentalité de ses frères, il est au contact de ténèbres d'une densité extraordinaire. Cette densité s'accroît, pour le chrétien, par le contraste de la lumière qu'il porte en lui. Cette densité s'accroît encore par contraste avec la lumière chassée de milieux entiers d'humanité. Aussi, plus le chrétien recevra en lui-même la lumière de Dieu, plus ce contraste deviendra tragique.

C'est, à l'heure actuelle, me semble-t-il, le point de départ des perspectives missionnaires. C'est surtout la racine de la charité missionnaire.

Cette charité trouvera une intensité propre dans le contraste entre la lumière de ce que possédaient, autrefois, les milieux anciennement chrétiens et l'obscurité dans laquelle ils ont maintenant sombré. Il ne s'agit pas en effet de pays qui seraient dans une attente même inconsciente du Seigneur. Il s'agit de pays qui, ayant possédé la lumière du Seigneur, l'ont rejetée.

1. Note rédigée sur la demande d'un groupe d'étudiants de Lyon (1960).

Pourtant les contacts de l'athéisme actuel, ou bien de l'incroyance, ou bien de l'indifférence, ne doivent pas être seulement générateurs de la charité missionnaire, ils doivent être générateurs d'une foi vitalisée, d'une foi dilatée pour recevoir plus de lumière.

En effet, de tels contacts nous amènent à ne plus considérer le don de la foi, l'aptitude qu'elle nous donne à contempler Dieu, comme un fait auquel nous serions habitués, mais comme un trésor extraordinaire et extraordinairement gratuit.

Ces contacts nous apprennent à être éblouis de la grâce. Ils nous amènent à percevoir puis à vivre l'état d'âme du néophyte que nous avons été trop inconsciemment souvent. Ils nous révèlent une profondeur d'action de grâce que nous n'aurions pas connue sans eux. Normalement, s'ils nous font pénétrer dans une anxiété, dans une certaine douleur missionnaire, ils éclairent les vrais fondements de la joie chrétienne.

Car la foi que nous avons reçue de Jésus-Christ nous rend aptes à aimer Dieu parce qu'elle nous rend aptes à le connaître; mais notre état de chrétien, trop habitué, ne nous fait pas exploiter cette aptitude, ou tout au moins ne nous la fait pas suffisamment exploiter. Nous n'aimons Dieu que médiocrement parce que nous le connaissons médiocrement. Or, il semble que le premier de nos engagements temporels soit de connaître Dieu au maximum, pour le glorifier au maximum et pour compenser au maximum la méconnaissance de notre proche prochain vis-à-vis de lui.

Si nous sommes convaincus de ce premier devoir temporel, nous pouvons, je crois, affronter tous les autres devoirs temporels sans déséquilibrer notre vie surnaturelle : ils nous insèrent irréductiblement dans le premier et dans le second commandement du Seigneur.

Notre foi poursuit-elle la lumière de Dieu dans un monde qui a « perdu de vue » la lumière de Dieu?

Les plongées missionnaires au cœur de notre temps nous découvrent le monde tel que le voient les incroyants. Nous ne percevons pas toujours à quel point leur vision est différente de la nôtre, nous, chrétiens.

Contrairement au champ visuel des masses demeurées païennes, c'est un champ visuel qui fut autrefois éclairé par la lumière de Dieu. C'est un champ visuel pour lequel des hommes sont devenus aveugles à toute réalité surnaturelle, à toute réalité religieuse.

Si, dans une énorme proportion, le monde est resté fermé au christianisme, le monde est pourtant resté dans une aussi large proportion ouvert au sens du divin plus ou moins pur ou dégradé.

Au contraire, dans les milieux déchristianisés où nous vivons, c'est le sens du divin que perdent souvent les gens en premier, ils perdent le « christianisme » après.

Quelles sont les caractéristiques du champ visuel de ce prochain que nous côtoyons?

Par rapport à notre propre vision du monde, c'est d'abord d'être aujourd'hui éclairé par la seule lumière de l'esprit humain. C'est ensuite de n'être pas éclairé sur tout ce qui dépasse l'homme.

De ces deux caractéristiques découle une nouvelle échelle des valeurs : sur la réalité des choses, sur leur nécessité.

Dans ce champ visuel, une certaine utilité, une certaine réalité de chaque chose apparaissent. Cette réalité, cette utilité sont *vraies*; mais ce qui est irréparablement faussé, c'est l'échelle des valeurs parce que toutes les lignes de perspective ont été aveuglées.

On peut dire que tout ce qui est ainsi aveuglé par Dieu est en quelque sorte conquis par la mort, est englouti par les « ténèbres de la mort ». Chaque chose se trouve ainsi exaltée dans son présent et frappée à mort dans son devenir. Le désespoir en est accru. Chaque chose arrachée à Dieu est condamnée à mort.

C'est un soutien dans l'être qui s'effondre à l'intérieur de tout ce qui est vivant, de tout ce qui est aimé. C'est l'envahissement de toute chose par le néant et par l'absurde.

Au contact de ce désastre, la vie de foi réagit. Le chrétien révise sa vie chrétienne. Il s'interroge sur Dieu, sur l'importance de Dieu, sur la place de Dieu, sur son recours à Dieu.

Il peut alors constater combien il est facile de laisser Dieu s'effacer dans une vie chrétienne, s'effacer dans le Christ; combien ensuite il est facile que le Christ s'efface dans le christianisme; combien il est facile qu'un christianisme arrive à subsister d'abord sans Dieu, ensuite sans le Christ. Il comprend jusqu'au vertige comment les effondrements peuvent se produire [1].

DEUX ABÎMES.

Si notre force majeure est la passion de Dieu, nous quitterons, sans même nous en apercevoir, les routes missionnaires dangereuses. La voie qui nous restera ouverte sera vertigineuse, mais elle sera sans danger. Plus exactement le danger sera sans proportion avec notre force.

Cette passion de Dieu nous révélera que notre vie chrétienne est une marche entre deux abîmes. L'un est l'abîme mesurable des rejets de Dieu par le monde. L'autre est l'abîme insondable des mystères de Dieu.

Nous apprendrons que nous marchons sur la ligne médiane où le bord de ces deux abîmes se rencontrent. Ainsi, nous comprendrons comment nous sommes médiateurs, pourquoi nous sommes médiateurs.

Nous comprendrons de quelle « alliance » nous sommes dépositaires, de quelle alliance nous sommes à la fois bénéficiaires et intendants. Nous cesserons d'être perpétuellement distraits : distraits du monde par Dieu, distraits de Dieu par le monde.

C'est personnellement, sous le nom dont il a appelé chacun de nous que nous serons fidèles à Dieu, que nous serons librement soumis à sa gloire.

Mais c'est de la part du monde, c'est de la part de chaque homme, de tous les hommes que nous serons fidèles personnellement à Dieu, que nous serons soumis personnellement à sa gloire; cela, non à cause du monde, non à cause des hommes, mais à cause de Dieu qui a aimé le monde, qui a aimé les hommes d'un amour premier et gratuit.

LE SALUT ET LE BONHEUR.

Dans cette « actualité », nous devons écouter la parole de Dieu avec les résonances qu'elle y prend. Par exemple le passage

1. Cf. la note de la page 190.

d'Isaïe : « Moi, le Seigneur, je t'ai appelé dans la justice et je te tiendrai par la main, et je te rendrai fort : j'ai fait de toi une alliance pour le peuple, une lumière pour les nations, pour ouvrir les yeux des aveugles, faire sortir de prison les captifs, du cachot ceux qui sont assis dans les ténèbres » (Is. 42, 6-7).

L'écouter dans notre « actualité », notre actualité historique, notre vie quotidienne, notre actualité d'existence, notre relation permanente à Dieu, nos relations mouvantes avec les hommes. Dieu nous a *faits* alliance. Nous sommes un fait d'alliance divine. Cette alliance, chaque messe nous en rappelle l'ampleur totale.

Mais, pour que ce fait soit vrai, pour que cette alliance soit vécue par nous, universellement en esprit et en grâce, il faut qu'elle soit pratiquée concrètement là où nous sommes, quotidiennement, parmi des hommes que nous connaissons.

Pour ces hommes, leur peuple, leurs nations, leurs aveugles, leurs captifs, nous sommes « faits » alliance, comme par un devoir d'état personnel.

Pour que ce fait soit vrai, il faut donc que le peuple, les nations, les aveugles, les captifs existent pour nous, soient présents en nous, comme nous existons pour nous-mêmes, comme nous sommes présents à nous-mêmes.

Ils doivent être la chair de notre chair, des fibres de notre cœur; ils doivent être sans cesse rassemblés en nous par notre pensée. Eux et nous devons être, vitalement, inséparables. Nous devons mettre en commun leur destin et notre destin, le destin qui, pour nous, est l'accomplissement du salut.

Nous avons la charge de connaître les conditions concrètes et singulières où se joue leur salut. Nous avons mission de peser sur elles de la part de Dieu. Cela, c'est notre service temporel pour lequel nous n'avons pas de remplaçant.

Notre temps dans le temps, notre place dans le monde, ces hommes parmi les hommes sont pour nous le visage concret du peuple avec lequel en nous Dieu veut faire alliance. Le chrétien animé par la passion de Dieu verra croître en lui la passion d'imiter la bonté paternelle de Dieu par une charité fraternelle toujours plus exigeante et toujours plus vraie.

Mais ce même chrétien, toujours possédé davantage par le sens de l'alliance divine, voudra toujours davantage rapprocher les hommes du salut, œuvre suprême de la bonté de Dieu pour eux.

Le chrétien se trouvera contraint, simultanément, à être toujours davantage au service du bonheur de chacun de ses frères; il sera contraint d'être toujours davantage au service de leur salut.

Le bonheur et le salut des hommes s'affronteront au plus intime de lui-même.

Mais de cet affrontement, il ne sortira ni confusion, ni tension stérile. Le service des bonheurs humains, qu'il poursuivra à la ressemblance du Père céleste, s'ordonnera, se hiérarchisera, se finalisera dans la grande perspective du salut.

QUATRIÈME PARTIE

Les combats de la foi
1961-1964

1. *Temps d'aujourd'hui, temps de notre foi*, 1961.
2. *Espoir marxiste et espérance chrétienne*, 1961.
3. *Athéismes et évangélisation*, 1962.
4. *Les hommes de bonne volonté*, 1964.

Le chrétien doit savoir qu'il a d'office de quoi voir clair et de quoi se battre.
Pour se battre, il faut être en bonne santé, ne pas être alourdi d'habitudes inutiles.
Le « rien de plus, rien de moins que l'Évangile » fait discerner en chaque circonstance :
ce qui est certain, nécessaire, de foi,
Tu aimeras Dieu plus que tout
Tu te feras le prochain de ton proche.
Allez, évangélisez,
Priez.

Ce qui n'est ni impératif ni permanent,
ce sont nos mentalités (anciennes ou nouvelles) à réviser en fonction de la charité et de l'évangélisation.

Deux règles d'or :
« Être prêt à changer tout ce que nous sommes libres de changer. »
« Il serait inutile d'être assez proches pour être entendus, de parler la langue de nos semblables, de leur être présents et existants si, toutes ces conditions étant remplies, nous n'avions pas retrouvé nous-mêmes le message total que nous avons reçu et que nous avons à transmettre. »

(Athéismes et Évangélisation, p. 257.)

Décembre 1961. Message de Noël de Jean XXIII : *Paix et Bonté.*
Octobre 1962. Ouverture du concile Vatican II.
Avril 1963. Encyclique *Pacem in Terris.*
Juin 1963. Mort de Jean XXIII.
Élection de Paul VI.

A partir de 1959, Madeleine, ayant retrouvé un certain équilibre de santé, répond plus facilement aux demandes de conférences qui lui sont adressées.

Son rayonnement s'exerce à travers de multiples rencontres : lors d'une session œcuménique à Bossey en 1959, en différentes sessions et congrès, celui de Pax Christi *à Genève, d'A.C.O. à Marseille, d'A.C.G.F. à Paris, etc., sans parler de causeries moins officielles avec tel ou tel groupe d'Action catholique ou de réflexion missionnaire.*

Chaque fois, à chaque public différent elle adapte sa pensée, elle reprend ses développements. De nombreuses notes nous restent de ces dernières années, qui n'ont pas trouvé place dans ce volume; elle rédige également des relations de voyage, notamment d'un voyage en Pologne où des amitiés très fortes l'avaient appelée, et d'un autre à Abidjan où une équipe de son groupe est fixée depuis 1961. Sa pensée s'élargit aux problèmes du tiers monde, en même temps que sa réflexion missionnaire déborde les perspectives du marxisme pour s'étendre de plus en plus à l'athéisme moderne et technique de notre temps.

Temps d'aujourd'hui, temps de notre foi[1]

Tout d'abord, il est utile de vous donner un avertissement pratique concernant mon vocabulaire. En effet, vous êtes tous spécialisés pour devenir les « qualifiés » de quelque chose. Moi, je ne relève d'aucune de vos qualifications et ma façon de parler n'en relève pas davantage. Or les mots les plus usuels peuvent contenir des significations cachées au profane, signification ou scientifique, ou philosophique, ou technique. Je vous demande de prendre les miens dans leur sens le plus commun, le plus quotidien.

A ce que je veux vous dire de la foi, on pourrait donner pour titre : Temps d'aujourd'hui, temps de notre foi.

Le temps, vous voyez déjà de quelle aventure de mots l'on pourrait partir, le temps vulgaire est, aujourd'hui comme hier, cette espèce de pellicule qui enregistre l'histoire des choses et l'histoire des gens, l'Histoire tout court et *notre* histoire.

Mais il semble bien que jamais ce film n'a enregistré un tel amoncellement d'une telle superposition d'images. Et, d'autre part, il semble aussi que jamais le film n'a été passé à une telle rapidité.

Aujourd'hui, dans ce seul jour, on a autant de faits accumulés qu'il en a fallu — du moins à notre connaissance — pour toute l'histoire de certains peuples. Or, il semble que dans ce film, la foi, sauf exception, apparaît peu. Il semble que l'action de la foi ne laisse pas de trace ou peu de traces, que, même là où la foi est persécutée, là où des gens souffrent et meurent pour elle, elle soit persécutée à cause d'hier, à cause du passé. Il semble

1. Conférence faite à l'Unesco, aux étudiants du Centre Richelieu, pour la préparation du pèlerinage annuel des étudiants à Chartres (mars 1961).

que les persécutions qui sont déclenchées contre elle, comme certaines campagnes qui paraissent ailleurs menées pour elle, ne soient que les conséquences de ce qu'elle a jadis inspiré et qui subsiste dans le monde.

L'actualité de la presse, de la radio, de la télévision, ne nous fournit pas ou la voix ou l'image d'une foi qui ait notre âge. Elle semble pénétrer dans cette actualité comme par raccroc, à cause non d'elle-même mais de ses œuvres et, même quand ses œuvres sont des chefs-d'œuvre, nous avons l'impression permanente que ce sont de vieux chefs-d'œuvre.

Ce temps, ce film dont nous sommes spectateurs, nous l'appelons pourtant « notre temps ». Nous avons le droit de l'appeler notre temps, car nous y sommes toujours concernés, nous y sommes souvent acteurs. Ces événements ne sont pas seulement portés à notre connaissance, ils sont portés à l'intérieur même de notre vie et certains l'ont bouleversée ou modifiée. Même ce qui en lui ne nous atteint pas constitue pour nous comme un air que nous respirons et qui nous imprègne. Il crée en nous une sorte de parenté, des liens vitaux, des liens naturels. Par cet aujourd'hui que nous connaissons ensemble, ou que nous vivons ensemble, nous sommes faits contemporains d'une tout autre façon que ne l'étaient les hommes d'hier.

Être contemporain, aujourd'hui, devient quelque chose qui ressemble à être compatriote. Nous sommes ainsi, et souvent à notre insu, constitués en peuples de mentalités voisines, de sensibilité identique, de craintes et de désirs communs. Ces peuples tendent à devenir des sortes de patries contemporaines dont la racine n'est plus dans une terre particulière.

Or, nous remarquons une espèce d'absence de la foi dans le film projeté du temps, du temps d'aujourd'hui. Il ne semble pas qu'il soit, même partiellement, déterminé par la foi; elle y est comme écrasée par des activités, des objectifs, des désirs pour lesquels il ne paraît pas qu'on ait besoin d'elle. Elle semble être de trop pour agir, elle est tentée de se mettre à l'écart, de sortir de notre temps, de prendre du recul.

Mais il y a plus grave : ce sont les milieux les plus contemporains qui ont la réputation d'être nuisibles à la foi, d'être mal supportés par elle. Cette réputation n'est pas gratuite, elle est basée sur des faits : nombreuses sont les vies chrétiennes qui, dans ces milieux, ou s'amenuisent, ou s'altèrent, ou s'effondrent.

Pourtant, qu'il s'agisse de ces attitudes incertaines, qu'il s'agisse de ces détériorations ou de ces effondrements, il convient d'affirmer qu'ils ne sont pas le fait de la foi, mais qu'ils sont le fait de ce que les chrétiens appellent la foi; c'est le fait d'une représentation de la foi où celle-ci est tronquée, mutilée, privée de certains éléments essentiels; ou bien d'une représentation de la foi où celle-ci est alourdie, encombrée, emmêlée d'éléments qui ne sont pas elle, de mentalités, de principes, de buts qui lui sont plus ou moins étrangers. C'est le fait en particulier et surtout d'une foi qui tend à se conserver, à se préserver et qui a oublié sa fécondité et son efficacité propre.

La foi, la vraie, elle tient bon.

Il serait par trop absurde d'imaginer que la foi ne puisse tenir dans les milieux pour lesquels elle semble précisément exister.

Il serait absurde de penser que le chrétien est fatalement entraîné à perdre la foi dans les milieux où la foi n'a pas été annoncée.

Si nous sommes si souvent des apostats partiels et pratiques, c'est que nous sommes des oublieux. Dans la mesure où nous découvrons ou redécouvrons une réalité de la foi et nous laissons captiver par elle, nous sommes sans cesse tentés de nous désintéresser simultanément d'une autre vérité que nous finissons très vite par oublier.

Tantôt nous nous souvenons que la foi est dans le temps et pour le temps. Et, à ce moment-là, nous sommes tentés de la faire toute temporelle, de la naturaliser. Tantôt, éblouis par ce que la foi nous apporte d'éternel, nous pensons être fidèles par l'immobilité. Or, si Dieu est immuable, cela n'est pas l'immobilité qui nous fait lui ressembler.

La foi, la vraie, est tout entière faite pour nous conduire dès le temps, pour nous faire vivre dès le temps vers la vie éternelle, dans la vie éternelle.

Mais nous ne pouvons accéder par la foi à cette vie éternelle que dans le temps et par le temps, puisque la foi elle-même est temporelle. La foi doit passer, saint Paul le dit : « Elle passera », la foi est une passante; aucun temps ne lui est réfractaire, elle n'est réfractaire à aucun temps, elle est faite pour le temps, elle est destinée à chaque temps et quand un temps semble lui être réfractaire, c'est à nous qu'il est sans doute réfractaire parce que nous drainons avec nous le résidu d'un autre temps qui se trouve être contradictoire au temps même que nous devons vivre.

Cependant, la foi vraie, nue, ne trouve pas dans le temps un accueil confortable. La foi dans notre temps reçoit les questions de ce temps, elle y est mise à la question, souvent elle y est mise en question. Et la règle du jeu, c'est la loi de la Rédemption.

Mais, si nous nous contentons de la foi, si nous ne lui ajoutons rien, et si nous ne lui enlevons rien, nous pourrons être questionnés, mis à la question avec elle, elle nous fera vivre par elle, agir par elle, parler par elle, quel que soit le temps où nous vivons, même si ce temps est celui d'aujourd'hui.

Aussi, je n'ai pas d'autre ambition, avec vous ici, que de vous apporter les faits, les acheminements par lesquels je suis arrivée moi-même à cette conviction. Elle s'est formée en moi pendant les très longues années que j'ai passées dans un même milieu incroyant, je dirai même athée.

Si ce milieu est un milieu généralement communiste, cela ne veut pas dire que ma conviction n'est valable que pour lui. Mais ce milieu éclaire plus brutalement ce qui est en cause dans la résistance chrétienne et dans les tentations qu'elle subit.

D'autre part, je ne suis pas fâchée que ce soit un milieu communiste car *les* milieux communistes sont ceux qui sont désignés comme les plus dangereux, les plus destructeurs pour la vie chrétienne.

Même si je ne vous laisse pas une certitude, j'aimerais vous laisser au moins l'hypothèse d'une incertitude. Je voudrais vous dire qu'étant pourtant une convertie, j'ai trouvé dans ce milieu incroyant des conditions favorables à une nouvelle conversion, à une conversion à une foi plus authentique, plus vraie, plus saine.

Et je voudrais vous dire, avec la même fermeté, avec la même conviction, que j'ai trouvé dans ce même milieu des conditions tout aussi favorables pour l'évangélisation de ce milieu.

Je dirai plus : je dirai que dans un milieu marxiste, que près des communistes, on a des conditions spécialement favorables pour évangéliser, car les communistes sont des gens qui interrogent et que l'on ne peut pas se taire sans refuser l'évangélisation.

Je dirai que les communistes peuvent eux-mêmes nous évangéliser de leur propre « bonne nouvelle » et que si nous ne les évangélisons pas, c'est que nous acceptons d'être le terrain de leur propagande. Ils démasquent ainsi notre silence, qui dans d'autres milieux reste masqué. Ils nous apprennent que le silence des chrétiens est le plus souvent ou bien ignorance, ou bien lâcheté.

Comme ligne de réflexion, je prendrai, si vous le voulez bien, deux slogans :

— Croire, c'est savoir (et savoir-faire);

— Croire, c'est parler.

Dans un milieu athée, dans un milieu contemporain, on est sans cesse ramené à l'une de ces deux attitudes chrétiennes.

CROIRE, C'EST SAVOIR (ET SAVOIR-FAIRE)

SAVOIR.

Les milieux contemporains sont, très généralement, sous l'emprise du réel. Ceux qui y font figure de héros, qui souvent le sont, ont la passion de connaître la vie ou la passion de la vivre.

Ceux qui ne sont pas des héros ont, le plus souvent, la passion des choses, des choses qui donnent facilité, saveur, distraction à la vie quotidienne. Qui n'est pas réaliste, n'est pas contemporain.

Ce que nous croyons n'intéresse pas, le plus souvent, les gens au milieu desquels nous vivons. Ce n'est pas sur ce que nous croyons que les milieux contemporains nous interrogent d'emblée. L'insistance de leurs questions, même si elles sont muettes, porte sur : « Pour vous, qu'est-ce que c'est que croire? »

Et nous nous apercevons assez vite que nous-même ne le savons pas très bien. Nous arrivons à nous poser à nous-même la question que les autres nous posent; la foi, à quoi ça sert?

Or, si nous n'esquivons pas la question, si nous nous mettons devant elle, nous nous apercevons qu'insensiblement la foi était devenue pour nous une façon de penser, une façon de voir la vie, une façon d'envisager notre comportement intérieur, mais que nous ne nous servions pas beaucoup de la foi pour agir, pour faire. La foi, en nous, n'avait pas son plein emploi, parce que, bien plus apparentés au milieu contemporain que nous ne pouvions le penser, nous n'éprouvions pas le besoin d'elle. Nous ne voyions plus très bien à quoi la foi pouvait servir pour faire ce que nous avions à faire.

Et la première étape de notre reconversion à la foi est de découvrir qu'elle est, elle-même, tout entière, un réalisme.

Si nous cherchions une analogie qui puisse faire comprendre ce qu'est la foi, nous ne trouverions pas cette analogie dans des systèmes de philosophie, dans des règles de morale, dans des aspirations artistiques. Nous la trouverions dans la science, dans l'une des sciences de la vie, par exemple la biologie. Une science de la vie enseigne les lois de la vie, elle enseigne une réalité sur laquelle on peut agir par les lois qu'on y a découvertes.

Dès les premières conversations qu'on peut avoir avec des camarades communistes, on découvre que l'on est pour eux « un idéaliste ». Et en allant plus au fond de la question, on s'aperçoit qu'il faut prendre le mot idéaliste dans son sens philosophique.

Croire, pour les communistes, c'est appartenir à un système philosophique idéaliste. Et, nouveau service qui nous est ainsi rendu, nous sommes amenés à constater quelle part d'idéalisme nous gardons dans notre vie chrétienne. Nous nous apercevons d'un vrai désordre dans notre vie de foi. Ce que la foi nous enseigne, nous le savons mal et incomplètement, et ce que nous en savons nous ne l'appliquons que partiellement ou nous l'appliquons à ce pour quoi la foi n'est pas faite.

De beaucoup de tâtonnements, de beaucoup de recherches se dégagent alors pour nous des vérités pratiques très simples. Nous tenons alors sérieusement la foi pour *la science d'un réel qui nous dépasse et qui nous concerne*. Un réel sur lequel Dieu nous a renseignés lui-même. Ce réel s'appelle la vie éternelle.

Les lois que Dieu a énoncées pour nous sont donc les lois d'une vie. La réalité de cette vie et les lois qui la régissent, il ne dépend pas de nous qu'elles soient autres. On ne nous demande pas de supposer ce qu'elles seraient si elles étaient autrement. On nous demande de les prendre pour ce qu'elles sont : de les vivre comme elles sont.

On ne fait appel ni à notre initiative, ni à notre imagination pour les modifier; en revanche, tout ce qui dépend de notre vie naturelle d'homme demande et notre initiative et notre curiosité et notre imagination et nos interventions.

Or, sur le plan où il nous est seulement demandé de nous conformer à la réalité que nous connaissons et d'obéir à ses lois vitales, nous sommes singulièrement agités. Tandis que là où, pour obéir à d'autres lois vitales, il nous faut être actifs et entreprenants, nous sommes singulièrement passifs et timides.

La foi, à quoi ça sert? Ça sert à quoi faire?

Nous sommes harcelés d'une façon impressionnante sur notre efficacité, or il y a malentendu sur l'efficacité dont il s'agit et j'ai honte pour nous de nous sentir aussi paralysés par un complexe d'infériorité, pour des raisons qui sont fausses.

En face des questions sur notre efficacité, nous avons mieux à faire, en effet, que de nous complexer. Ces questions elles-mêmes doivent nous conduire à rechercher ce qu'est l'efficacité propre à la foi; car la foi n'est pas seulement une science, elle est une science pratique, elle est une science appliquée. La foi nous fait savoir, mais la foi est aussi un savoir-faire.

Savoir-faire.

De ce savoir-faire on peut avoir une idée en prenant du recul. Mais ces travaux pratiques ne sont pas ailleurs que dans ce que nous faisons nous-mêmes, dans ce que nous avons à faire avec les autres et pour les autres. Dans la mesure où nous oublions la condition temporelle de la foi, nous oublions toute une part du vrai travail de la foi et donc de son efficacité : c'est vivre comme Jésus-Christ a dit de vivre et c'est faire ce que Jésus-Christ a dit de faire; c'est le vivre et c'est le faire dans *notre* temps. C'est une vie pour laquelle nous n'avons pas de clichés que nous puissions traduire. C'est un travail pour lequel il n'existe pas de maquette.

La volonté du Père est toujours la même, mais elle se fait toujours à neuf. Son œuvre est toujours la même, c'est toujours à neuf que nous devons travailler à ce que nous avons à en accomplir.

La foi est chargée de nous faire accomplir, dans le temps, de l'éternel. Elle est chargée de nous faire agir sur les épisodes de nos histoires, de notre histoire, pour faire, avec chacun de ces épisodes passagers, un événement éternel; un événement éternel, non seulement pour nous, mais pour toute l'humanité.

La foi, c'est l'engagement temporel de la charité de Dieu, c'est l'engagement de la vie éternelle dans le temps. C'est manquer de foi que de ne pas se laisser enseigner par la foi sur le sens du temporel, comme de ne pas se laisser enseigner par elle sur le sens de l'éternel.

Quand nous apprenons par la foi ce qu'est la vie éternelle, comment la vivre, que faire par elle, nous sommes des élèves de Dieu. Il n'y a pas de plus grand bonheur pour une intelligence humaine. Ce bonheur nous ne le réalisons pas, et nous ne réalisons pas davantage les responsabilités qui en découlent.

Croire, c'est connaître Dieu par le dedans, par une participation à son esprit, par une participation à son œuvre, c'est entrer dans l'intimité de Dieu pour une science à laquelle nous n'aurions pas accès seuls : la science de la vie éternelle.

On parle beaucoup de l'honnêteté, de l'humilité scientifiques; devant la réalité de Dieu, c'est cette humilité infiniment plus grande, c'est cette honnêteté beaucoup plus grande que nous devrions avoir :

— Tenir pour certain ce qui est certain et la foi ne nous indique pas tant de certitudes.

— Tenir pour nécessaire ce qui est nécessaire et la foi ne nous indique pas beaucoup de nécessités.

— Mais ne pas encombrer ce plan du nécessaire et ce plan du certain par des « peut-être » et par des obligations.

Ce qui est nécessaire oblige à des obligations. Mais ce n'est que la conséquence d'une nécessité. Les obligations n'existent pas en elles-mêmes. Elles sont tout entières relatives, ce qui ne veut pas dire qu'elles soient facultatives pour nous.

Or, une nécessité qui nous est révélée par la foi, c'est que ceux qui ont reçu la foi annoncent la foi à ceux qui n'ont pas encore reçu la foi. C'est qu'ils disent ce qu'ils croient à ceux qui ne le savent pas. Et comme le prochain des milieux contemporains comporte toujours des incroyants, nous sommes dans ces mêmes milieux contraints par nécessité surnaturelle d'évangéliser.

Aujourd'hui, il y a toujours près de nous des gens qui disent avec Prévert : « Et nous ne savons pas ce que c'est que la vie et nous ne savons pas ce que c'est que le jour et nous ne savons pas ce que c'est que l'amour. »

La foi est la science de notre ignorance fondamentale.

Je n'ai pas besoin de vous dire que pour savoir il faut travailler et que pour travailler, il faut quelquefois souffrir. Le savoir-faire de la foi ne s'acquiert pas sans souffrance; et les sortes de travaux pratiques par lesquels il faut passer comportent d'une façon quasi permanente un élément commun : les tentations. Or, nous nous étonnons d'être tentés, puisque nous

nous plaignons d'être tentés. Et nous excusons, par le fait d'être tentés, celui de faire les choses à notre guise.

Être tenté, pourtant, c'est avoir de la chance : c'est avoir l'occasion de savoir. Un seul exemple suffira : nous pensons généralement que la charité fraternelle est assez facile à comprendre et que nous la connaissons. Je peux dire que je sais que je ne la connaissais pas, ou que je la connaissais mal, avant un certain nombre d'expériences faites avec les communistes.

En effet, les communistes qui vivent près de chacun de nous sont notre prochain, et ce que la foi nous demande vis-à-vis d'eux en tout premier, c'est de les traiter comme on doit traiter son prochain quand on est disciple de Jésus-Christ : toutes les indications sont données dans l'Évangile, particulièrement dans le Sermon sur la Montagne. Les communistes ont droit, sans discussion de notre part, à tout le Sermon sur la Montagne.

Mais, en essayant de les traiter véritablement comme des frères, nous nous apercevons que ces frères sont comme habités par une doctrine qui ne nous est pas du tout fraternelle, qui nous est même adversaire et ennemie. Nous sommes alors tentés de traiter les communistes comme le mérite, à notre sens, d'être traitée la doctrine qui les anime. Et c'est ainsi que certains chrétiens prennent, par rapport aux communistes, des attitudes que l'on peut qualifier de guerrières, sans qu'il soit pour autant question de combat spirituel.

Mais, si nous échappons à cette tentation, ne soyons pas certains d'être saufs. Une autre nous guette : la sympathie. L'amour que nous portons aux communistes nous fait connaître avec sympathie, comme une chose qui appartient à ceux que nous aimons, leur doctrine, leur système, leur but. A ce moment-là, nous les jugeons sur leurs intentions et, du même coup, nous jugeons leur doctrine sur ces intentions. Il peut arriver que nous voyions en eux des hommes pleins d'innocence et il peut arriver encore que leur doctrine nous séduise parce que eux-mêmes ont fait la conquête de notre cœur.

Et si la première tentation nous rappelait que le Sermon sur la Montagne ne pouvait jamais perdre ses droits; la deuxième tentation rappelle que le deuxième commandement du Seigneur « Tu aimeras le prochain comme toi-même » ne peut jamais annuler le premier « Tu adoreras le Seigneur ton Dieu ».

Ce n'est pas encore fini. A la lumière des relations avec les communistes nous découvrons une vérité qui nous paraît singulière. C'est que nous sommes contraints d'aimer dans ces hommes des pécheurs, des pécheurs plus ou moins conscients, mais des pécheurs qui participent au moins à un péché public, collectif, sans compter que certaines de leurs manières de voir ou de faire, sur le plan de la vérité, ou sur le plan de la violence, peuvent nous apparaître comme des péchés vraiment actifs. Il nous semble alors avoir quelques droits à prendre une certaine liberté avec la charité fraternelle, avec l'amour du prochain.

Si nous nous cramponnons à ce que la charité fraternelle a d'absolu, de sans exception et de sans limites, nous arrivons à comprendre que *ce qui nous paraît surprenant, est le fond même de la condition d'un amour du prochain normal.*

Tant que nous serons sur la terre, quand nous aimerons notre prochain, nous aimerons des gens qui sont pécheurs. Tant qu'un chrétien sera sur la terre, il sera un pécheur qui aime un autre pécheur car il n'y a pas d'hommes qui ne soient pas des pécheurs. Et tant qu'un chrétien sera sur la terre, il ne pourra pas aimer son frère d'un amour qui ne soit pas un amour de rédemption.

Et je pourrais multiplier les exemples d'aventures, courtes ou longues, dramatiques ou un peu comiques, où, par les tentations, on arrive à découvrir ce qu'est la vraie volonté de Dieu sur nous.

CROIRE, C'EST PARLER

Dans les milieux les plus contemporains, croire, c'est savoir, mais croire c'est aussi parler.

Je ne sais où on a pu aller chercher l'opinion si courante aujourd'hui que parler soit facultatif quand on est chrétien.

Je vous disais tout à l'heure que, dans un milieu incroyant, il y a nécessité chrétienne d'évangéliser. Je vais plus loin : je dis que si on ne peut pas choisir d'évangéliser ou de ne pas évangéliser, de parler ou de se taire, on ne peut même pas choisir *de quoi* on parlera.

Un exemple entre mille : un soir, réunion d'une quinzaine de personnes, majorité d'hommes, je les connais bien tous. L'un me dit : « Écoute, tu ne vas tout de même pas me faire croire que tu crois, toi, que Jésus-Christ, après avoir été mort, il a recommencé à vivre. Est-ce que tu le crois? »

Eh bien, je vous assure qu'entre dire : « est ressuscité des morts le troisième jour » dans le Credo, ou répondre : « oui je le crois », il n'y a pas de différence pour le fond de ce que l'on dit, mais il y a une drôle de différence dans l'effet que ça vous produit.

Si le choix nous était laissé, la résurrection du Christ ne serait sûrement pas le sujet que nous choisirions pour un début d'évangélisation. Mais, dans un milieu incroyant, surtout quand il est communiste, il faut répondre à des interrogations et ces interrogations, on ne nous en laisse pas toujours l'initiative.

Il faut aussi que nous sachions bien qu'évangéliser, ce n'est pas convertir. Qu'annoncer la foi, ce n'est pas donner la foi. Nous sommes responsables de parler ou bien de nous taire, nous ne sommes pas responsables de l'efficacité de nos paroles.

La foi, c'est Dieu qui la donne. Et là, il y a encore des choses à mettre en ordre. Il arrive que souvent, pour nous, « l'arbre cache la forêt ». L'incroyance ou l'inquiétude religieuse de quelques-uns que nous connaissons plus intimement, risque de nous rendre un peu captifs d'eux. Pourtant, même si nous avons vis-à-vis d'eux une responsabilité particulière, elle ne doit pas nous empêcher de voir un peu au-delà, elle ne doit pas restreindre notre regard.

Évangéliser c'est parler, c'est parler pour annoncer une « Bonne Nouvelle ». C'est parler à quelqu'un pour *lui* annoncer une bonne nouvelle.

Pour cela, il faut d'abord être ce qu'on appellerait en langage contemporain, un informateur. Près de gens qui sont notre prochain, de qui nous sommes le prochain, nous devons être les informateurs d'une nouvelle.

Informer, c'est prendre des moyens pratiques pour annoncer à ces gens une nouvelle qu'ils ne connaissent pas encore. Mais si on la leur annonce, c'est qu'elle les concerne et, pour qu'ils l'écoutent, il faut qu'ils se sentent concernés par elle, il faut qu'elle se situe dans l'ensemble des informations qui retiennent leur intérêt. Il faut avoir des références d'informateur.

L'informateur de l'Évangile doit être quelqu'un qui, sur d'autres plans que celui de l'Évangile, est reconnu pour véridique, pour exact, pour être quelqu'un qui ne prend pas des fumées pour des réalités.

Il s'agit d'une nouvelle, d'une chose qui est en train de se passer, un événement qui est en route. Ce n'est pas une leçon d'histoire ancienne, c'est une information sur notre temps, c'est une nouvelle fraîche.

Au sujet des contacts avec le milieu ouvrier, ou plus exactement avec les milieux ouvriers, on a beaucoup parlé de l'importance du vocabulaire. Quel que soit le milieu dont il est question, cette importance est, je crois, la même. Le vocabulaire le plus familier à un milieu est généralement celui qui sera étranger à un autre milieu. Il faut avoir l'habitude de traduire spontanément.

On a peut-être moins parlé du danger que représente une certaine langue morte en usage pour tout ce qui touche au plan religieux. On a surtout beaucoup moins parlé d'une sorte de prononciation feutrée, engourdie, de mots par eux-mêmes compréhensibles partout, et qui, du fait de cet engourdissement et de ce feutrage, ne peuvent évoquer que de la mort ou de l'ennui. Un vocabulaire hors de la vie ne peut signifier pour les gens que des choses hors de la vie. Et cette prononciation ennuyeuse ne peut signifier que des choses, elles aussi, ennuyeuses.

Si vous voulez prendre une leçon de bonne prononciation, je vous engage à écouter Édith Piaf par exemple, chantant l'*Hymne à l'amour*. Des mots comme « éternité », « immensité », « Dieu », « ciel », prennent par sa voix, un sens perceptible, un sens évident.

Et ne croyez pas que ces questions de vocabulaire soient utiles seulement pour les autres. Elles sont utiles tout autant pour nous, car on ne peut parler de la vie avec des mots morts. Ou bien ces mots morts sont le signe que nous ne traitons pas les vérités surnaturelles comme vivantes, ou bien à force de parler de la vie éternelle avec des mots morts nous en prendrons conscience comme d'une chose morte.

Maintenant il faut que je termine, puisque ce laïus, comme toutes les autres choses du temps, est une chose qui doit finir.

Que prendre, pour finir, parmi les réflexions que je laisse en rade? Eh bien, je prendrai quelques remarques sur *le langage de l'Évangile*.

Annoncer l'Évangile avec le langage des gens avec lesquels on parle n'est pas suffisant. Il faut annoncer l'Évangile dans le langage de l'Évangile, dans le langage de Jésus-Christ.

Le langage de l'Évangile est tout entier accompagné par les mots de la bonté, de la bonté de Jésus-Christ. Sur cette bonté, il y aurait beaucoup à dire, beaucoup à nous dire.

On a minimisé et vilipendé son nom — voyez plutôt une « bonne » affaire, une « bonne » fille, et on s'est pris à la mépriser elle-même. Or, la bonté de Jésus-Christ vécue, ou qu'on tente de vivre dans toutes ses dimensions, sans exception, sans limites, pour chaque homme, est un miracle par elle-même car elle est comme le signe sensible de la charité de Dieu.

N'oublions pas que, même si la nouvelle que nous annonçons retentit aux oreilles de nos frères comme une nouvelle, comme une actualité, ce n'est pas cela qui en fera une *bonne* nouvelle. Cette nouvelle paraîtra bonne si elle est annoncée par quelqu'un qui fait les gestes de la bonté de Jésus-Christ, gestes visibles et gestes invisibles.

Cette nouvelle paraîtra bonne si la deuxième caractéristique du langage de Jésus-Christ est réalisée par nous, si, comme Jésus-Christ, nous sommes un homme qui parle à un autre homme, un homme libre qui parle à un autre homme libre, un cœur libre qui appelle un autre cœur libre d'homme. Tout l'Évangile est plein de ces appels personnels à une liberté qui peut dire oui ou qui peut dire non.

Car pour libérer l'humanité de ce que l'on appelle ses aliénations, il se trouve qu'on aliène la liberté elle-même telle qu'elle existe, telle qu'elle vit, telle qu'elle est concrète, dans le cœur de chaque homme de l'humanité.

La lutte pour les libertés n'est pas une lutte contemporaine, ce sont certains de ses épisodes qui sont contemporains. Le fait contemporain concernant la liberté, c'est que la liberté se pose des questions, est mise à la question, est mise en question. Ce temps assigne à la liberté de chacun de nous le destin que ce même temps assigne à Dieu.

Je pourrais commencer là une autre conférence... ne craignez rien. Je vous dirai seulement ce qui dans cette perspective vous concerne, vous, davantage.

Hier encore la jeunesse avait avec le temps deux sortes de conventions. Il était probable de vivre la force de l'âge, il était possible d'accéder à une vieillesse.

Aujourd'hui, ces conventions sont rompues : la jeunesse est rançonnée sur ses libertés de départ. L'avenir n'a pas son coefficient habituel de probabilités.

Aujourd'hui, dans ce temps qui peut finir ce soir, la foi est comme toujours contradictoire, mais sa contradiction, comme toujours, est contemporaine. Elle éclate dans notre actualité la plus immédiate, car elle témoigne tout ensemble de Dieu et de nous en désignant pour seul interlocuteur de Dieu, en nous-mêmes comme dans le monde, notre cœur libre.

Espoir marxiste et espérance chrétienne[1]

Mes sœurs,

Vous m'avez donné un bien beau sujet. Je le trouve même un peu trop beau. Il me donnerait le trac, si je n'étais pas méridionale. Pourtant, par prudence, j'ai invité, sans vous en demander l'autorisation, une religieuse pour participer à nos travaux ce soir et pour nous y apporter son aide.

Cette religieuse est morte il y a quelques années. J'ai de bonnes raisons pour avoir fait appel à elle. En effet, quoique ne l'ayant jamais vue, je crois bien la connaître, cela à travers son frère, communiste authentique, chargé d'activités importantes quelque part dans le parti communiste. Il ne fut jamais chrétien et il reste athée. Il m'a plusieurs fois et longuement parlé de sa sœur qu'il aimait comme telle, mais aussi comme une amie dont il respectait la foi, la vocation et même la famille religieuse.

Il m'a dit aussi, mais avec force, n'avoir jamais été mieux compris que par elle. Aussi me suis-je tournée vers elle durant les quelques semaines où j'ai cherché, groupé et noté ce dont nous pourrions parler ensemble aujourd'hui. C'est pourquoi je me tourne encore vers elle à cet instant pour lui demander la lucidité et la cordialité dont nous avons besoin pour que cet entretien se déroule dans la vérité et dans l'amour.

Au nom de deux espérances, le parti communiste et l'Église existent dans le monde, agissent sur le monde, travaillent à un avenir du monde. Pour cela ils tendent tous les deux à une propagation universelle, à une continuité à travers le temps, à un rassemblement des hommes qu'ils enseignent, éduquent et organisent.

1. Conférence faite à Marseille au cours d'un congrès régional de l'Union des religieuses des congrégations d'action hospitalière et sociale (1961).

Mais leurs deux espérances sont essentiellement contradictoires car ils espèrent deux avenirs qui s'excluent l'un l'autre. Aussi les deux organismes vivants, les deux corps universels permanents et conquérants que constituent le parti communiste et l'Église sont-ils intolérants l'un à l'autre. Ils ne peuvent coexister sans s'opposer, ni se rencontrer sans conflits. Or ils sont par vocation voués à se rencontrer, chacun d'entre eux devant aller partout et devant y préparer tout l'avenir.

Si le parti communiste et l'Église semblent tendre le monde en deux sens contraires, c'est que leur coexistence partielle ou massive ne posera jamais de questions ou seulement pratiques ou seulement théoriques. Toute question entre eux devient toujours et théorique et pratique parce que si, pour eux, espérer c'est comme on dit à Marseille attendre, ça n'est jamais seulement attendre. Dès aujourd'hui l'un comme l'autre travaillent à l'avenir : ils le préparent, le réalisent, le hâtent. Pour chacun d'eux, espérer c'est être certain et c'est agir avec certitude.

L'espérance de l'un est inséparable de l'action tactique parce que sa doctrine est un système d'action. L'espérance de l'autre est inséparable d'une charité active parce que sa foi n'est que science et savoir-faire de la charité.

Aussi je ne puis vous parler de l'espérance communiste et de la nôtre sans vous en parler comme d'une espérance vécue par des gens qui sont notre prochain. Or, quand des communistes sont notre prochain, leur espérance peut être pour nous une tentation de désespoir ou une occasion d'espérer mieux et davantage. C'est un sujet difficile mais qui devient simple dès qu'on en souligne les mots : *Quand les communistes sont notre prochain.*

Oui, en 1961, les communistes sont forcément notre prochain, il suffit de regarder une carte du monde pour s'en convaincre. Que nous connaissions des communistes ou que nous n'en connaissions pas, quel que soit le type de rencontre que nous ayons avec eux, la vraie rencontre entre eux et nous se fait au fond de nous-même. Elle est aujourd'hui une conséquence inévitable de notre vie de foi, de notre vie d'Église. Si cette rencontre profonde avec la réalité du communisme n'existait pas en nous, toutes nos rencontres extérieures resteraient superficielles, elles seraient sans valeur chrétienne. En effet, notre vocation à l'Espérance est une avec la vocation de l'Église et il est normal que les innombrables hommes communistes pèsent sur nous parce qu'ils pèsent sur la responsabilité, sur la mission, sur l'amour de l'Église.

Nous aimons les vers de Péguy sur la petite fille Espérance. Ils disent des choses très vraies mais, ne nous y trompons pas, l'espérance qu'il faut que nous vivions en présence du communisme ne peut être une petite fille. La petite fille doit grandir. C'est une espérance faite femme, c'est une espérance de femme qui aime dont on a besoin pour faire face, l'espérance de cette femme qui, folle d'inquiétude, sort de la ville, demande aux soldats, demande aux gardes « Avez-vous vu mon Bien-Aimé? Savez-vous où il est [1]? »

Cette espérance doit être forte, elle doit être vraie aussi. Ce que nous devons aux communistes — cela parce qu'ils sont notre prochain — c'est l'espérance surnaturelle, c'est l'espérance que nous donne Dieu, c'est l'espérance que nous devons sans cesse demander à Dieu. Elle est désir de Dieu, passion de Dieu, compassion pour le monde. Elle est faite pour prendre chair dans notre cœur. Et elle y crée des espoirs qui sont ceux de Jésus-Christ, ceux de la passion de Dieu et de la compassion de Dieu pour tous les hommes comme de chaque homme.

Vous le savez sans doute mieux que moi, il y a rarement fidélité à Dieu sans que l'espérance soit éprouvée. Il semble que, pour le Seigneur, il n'y ait pas de fidélité véritable là où il y a certaines confusions; là où nous confondons ce que le Seigneur nous donne, mais qui reste à lui et ce qu'il nous a donné comme étant à nous; ce qui sera toujours gratuit, étranger dans ses dons et ce dont nous pouvons user un peu comme des propriétaires; ce qui est de lui, ce qui est de l'homme. Il n'aime pas qu'on confonde la foi et la raison, il n'aime pas qu'on confonde l'espérance et l'espoir.

Or, le grand avantage de la rencontre avec les communistes, c'est que ce tri se fait facilement avec eux parce qu'ils nous ramènent sans cesse à ce qui est fondamental dans la vie chrétienne, en le contredisant ou en le menaçant. Ils ne mettent pas en cause des détails. Aussi, quand il s'agit de l'espérance, l'attaquent-ils en ce qu'elle a d'essentiel, mais, du même coup, nous sommes mis en demeure de réviser notre espérance et d'en vivre pleinement la réalité.

1. *Cantique des cantiques*, III, 3.

ESPÉRANCE COMMUNISTE

Pour signifier ce que les communistes espèrent, le mot espoir est trop restreint. Trop faible aussi. C'est le mot français « espérance » qui convient, mais il ne faut pourtant pas oublier, même tant soit peu, que l'espérance communiste et l'espérance du chrétien signifient des réalités entièrement distinctes et contradictoires.

Le mot espérance quand il s'applique aux communistes signifie une espérance humaine, sur des objets humains. Le mot espérance, quand il s'applique à l'espérance du chrétien est une réalité qui tout entière vient de Dieu, à laquelle nous n'avons pas droit en tant qu'homme. Il s'agit d'une espérance surnaturelle, d'une espérance divine, d'une espérance qui plonge dans le mystère même de la vie de Dieu.

Nous n'essayerons pas ici de comprendre l'espérance des communistes comme on comprend une théorie. Nous n'essayerons pas davantage d'en prendre conscience comme on le fait d'un programme politique ou d'un plan économique. Je voudrais que nous essayions de la comprendre d'une façon fraternelle; de la comprendre comme étant l'espérance de notre prochain d'aujourd'hui, de certains de nos frères dans l'humanité contemporaine. Je voudrais que nous la comprenions comme l'a comprise la religieuse dont je vous parlais au début.

Le communiste, ce frère souvent inconnu de nous, qu'espère-t-il donc?

Une réponse à l'espoir des pauvres.

Pratiquement, l'espoir est une sorte de faim, de soif du cœur de l'homme. Dans certaines souffrances, dans certains manques, dans certaines privations, le cœur de l'homme aspire à ce que cesse ce manque, cette privation, cette souffrance. L'espérance est comme une réponse, une promesse, que les espoirs de l'homme trouvent extérieurement à eux : la promesse d'être satisfaits.

Dans le parti communiste des cœurs innombrables gardent, crient, manifestent l'espoir des pauvres. A cet espoir vécu par des multitudes répond la doctrine même du communisme. Il décrit un avenir où sera réalisé ce à quoi aspire l'espoir des pauvres : un avenir qui est un certain bonheur, parce que cet avenir est la disparition de ce dont souffrent les pauvres.

Le malheur, pour le communisme, découle entièrement d'un mal économique dont la malfaisance s'appelle inégalités, injustices, oppressions. L'avenir communiste est un avenir libéré de ce mal économique. Si, même sans Dieu, le monde à venir doit être un paradis, c'est que ce monde à venir sera un monde sans pauvres.

Espérance pour les hommes de l'avenir.

L'espérance du parti communiste est encore une espérance, parce que chacun ne l'espère pas pour lui-même. Chacun travaille à sa réalisation, se dévoue pour elle, mais ne compte pas en bénéficier. Les communistes espèrent pour les autres; ils espèrent l'avenir pour les hommes de l'avenir. A qui ne croirait pas à ce désintéressement, je citerai cette phrase de Gorki : « Celui qui travaille pour l'avenir doit s'abstenir de tout dans le présent. »

Pourtant, si le communisme satisfait ainsi un espoir du cœur de l'homme, il ne faut pas oublier qu'il se désintéresse entièrement d'autres espoirs du cœur de l'homme; qu'il va même jusqu'à les faire dépérir si ces espoirs distraient l'homme du seul avenir qu'il doit espérer.

L'espérance d'un amour.

Dans le parti communiste, je suis persuadée que le mobile le plus puissant qui fasse agir un communiste est, très souvent, pour ne pas dire le plus souvent, l'amour. L'espérance communiste est l'espérance d'un amour, c'est un amour qui espère quelque chose.

Je me rends trop bien compte de ce que cette affirmation peut avoir d'insolite pour ne pas m'abriter derrière celle que j'ai déjà évoquée plusieurs fois : la religieuse, sœur d'un communiste. Ce n'est, en effet, que dans un regard fraternel que nous pouvons comprendre la part d'amour qui reste prédominante dans l'action, non pas du parti communiste, mais des hommes qui composent le parti communiste.

Même si, comme partout, il y a chez les communistes de faux communistes, des communistes qui ont pensé trouver leur intérêt dans le fait d'être communiste, même si certains autres ont perdu en vieillissant l'objectif primitif vers lequel ils comptaient marcher, je prétends que la plupart des communistes ne sont communistes que parce qu'ils aiment les hommes, que parce qu'ils n'ont pas voulu prendre leur parti de ce qui, dans le monde, est souffrance évitable. C'est qu'ils n'ont pas voulu prendre leur parti d'une injustice dont ils n'étaient pas certains qu'elle fût nécessaire.

Ce que leur amour espère, c'est un monde à venir où on ne verra plus, par manque d'argent, des enfants garder une fringale d'études sans que les études viennent jamais. On n'y verra plus de gens travailler à fabriquer des richesses dont ils n'auront pas le droit de se servir. On n'y verra plus des machines produire du superflu pour les uns, et menacer la vie des autres. On pourra, dans ce monde, être un travailleur manuel, sans être fatalement privé de liberté, à côté des non-manuels qui eux, semblent avoir normalement le privilège de la liberté. Dans ce monde on ne pleurera plus pour des souffrances qui sont évitables et on pourra se réjouir des joies faites pour tous et qui, mises à prix, sont devenues des joies de quelques-uns.

C'est avec toute la force de leurs cœurs rassemblés que les communistes espèrent un bonheur. Et si ce bonheur est un bonheur d'ordre économique basé sur une meilleure répartition des richesses, cela ne veut pas dire que c'est un bonheur fait de marchandises achetées. Le manque d'argent, en effet, entraîne la privation de biens qui ne sont pas des biens économiques, tels que la culture, une certaine liberté, un certain épanouissement humain. Quand on parle de ce bonheur, il s'agit donc d'être précis et d'être nuancé.

L'espérance communiste, à travers le monde entier, charrie d'innombrables espoirs personnels, l'espoir qu'un jour viendra où ce dont on a souffert n'existera plus; l'espoir qui, dans le cœur de chacun porte un nom particulier, un désir singulier; l'espoir de la femme qui dit : « Plus tard, il n'y aura plus d'hommes que le travail forcera à boire. » — l'espoir de la femme qui dit : « Plus tard il n'y aura plus de guerre qui tueront les gosses de vingt ans. » — l'espoir du vieillard qui économise passionnément de quoi survivre, et qui dit : « Plus tard, quand on sera vieux, on vivra sans contrainte. » Dans tous ces espoirs les hommes reconnaissent l'écho de ce que chacun d'entre eux souffre. Ils reconnaissent leur propre malheur, accusé, condamné à disparaître, accusé d'être le vrai mal dont l'homme doit se libérer.

C'est parce que ces espoirs innombrables la vivifient que l'espérance du parti communiste est une grande espérance. Il ne faut pas chercher ailleurs la principale cause de l'expansion communiste; cause sans laquelle tous les moyens mis en œuvre par le communisme seraient incomplets et inefficaces, car cette espérance constitue leur dynamisme propre. C'est elle qui explique la ferveur unanime des plus obscurs militants : colleurs d'affiches ou distributeurs de tracts aux quatre coins du monde. Et c'est elle qui s'explique spontanément au cours de la vie quotidienne : je rencontre le dernier jour de l'année une de mes amies communiste, je lui dis : « Alors il faut se souhaiter une bonne année... Espérons qu'elle le sera. » Elle me répond : « Elle le sera sûrement puisque pour toi comme pour moi elle nous rapproche du but. »

Une ferme espérance.

Les espérances humaines ne sont pas, généralement, exemptes de doute.

L'espérance chrétienne est une espérance certaine parce que c'est la foi qui est « la substance des choses qu'on espère » et que la foi, elle, est certaine.

L'espérance communiste bannit, elle aussi, tout scepticisme. La doctrine communiste se sert fort peu du mot espérance, elle affirme ce qu'elle tient pour des réalités, pour sa vérité. C'est parce que cette vérité représente, pour des hommes qui espèrent, une réponse d'espérance, qu'on peut parler d'espérance communiste.

Si les espoirs humains se trouvent apaisés par l'espérance chrétienne, l'espérance chrétienne ne leur doit rien. Au contraire, si l'espérance communiste satisfait un certain espoir du cœur humain, c'est qu'elle est dans son prolongement, c'est qu'elle en découle.

L'une et l'autre sont pourtant inséparables des espoirs humains : l'espérance communiste parce qu'elle découle d'eux, l'espérance chrétienne parce qu'elle les rectifie, les régénère et les complète.

En qui espèrent les communistes?

Les chrétiens espèrent en Dieu. Les communistes, eux, n'espèrent pas en peu de chose : ils espèrent dans le monde qui, bien qu'ils le nient, est création de Dieu.

Ils espèrent dans le monde dont l'humanité fait partie, dont elle est un produit, dont elle est solidaire, en dehors duquel rien n'existe; dans un monde qui a existé sans Dieu, qui existe seul. Monde, nature, univers, tous ces mots peuvent traduire ce que, pour les communistes, signifie le mot : matière.

Il m'est arrivé de rencontrer des chrétiens qui n'ont pas de Dieu, qui n'ont pas de la foi, une prise de conscience aussi vaste qu'un communiste en a de la matière.

On trouve souvent chez les communistes un amour filial de la nature. Pour eux elle est bonne, elle est celle qui sait, qui porte en elle ce que la science découvrira. Elle est celle dont les lois tendent à un accomplissement de la vie; dont les lois tendent en définitive au bonheur. C'est pourquoi, même quand ils ne sont pas savants, les communistes aiment de tendresse les savants qui, eux, peuvent pénétrer dans les secrets intimes de la nature. La découverte, l'accomplissement des secrets de la nature les intéresse autant, idéologiquement parlant, que leur propre accomplissement; que l'accomplissement de leur vie. La nature est maternelle et ce n'est pas elle qui fait le mal de l'homme.

Aussi, connaître les lois de la nature, c'est connaître les lois du bonheur; les appliquer, c'est hâter l'avènement du bonheur.

En communisme on n'espère pas à l'aveuglette, on espère suivant des lois, on espère en appliquant des lois, moyennant quoi on est sûr de posséder une efficacité vis-à-vis de l'avenir.

Aussi, si nous nous demandons comment espère le communisme, et comment le communisme sait espérer, nous verrons que sa leçon d'espérance est une leçon sur la loi intime de la nature.

Pour le communisme, la vie, toute vie est une évolution, une transformation incessante. Le moteur de cette transformation de toute chose et du monde entier est une lutte interne, intime à tout ce qui existe; une lutte entre ce qui vit déjà et ce qui doit vivre; entre ce qui vivait hier et ce qui vit aujourd'hui; lutte entre des forces de mort et des forces de vie; entre la germination et la décomposition; entre le dépérissement et la croissance.

Évolution, transformation suivent ainsi à travers une ligne brisée, à travers des dépressions et des sursauts, la ligne d'un progrès constant quant à l'accomplissement de ce que chaque chose doit devenir, de ce à quoi chaque chose doit servir. C'est ce qu'on appelle la dialectique et si ce mot semble s'écarter du domaine commun, il est d'un usage courant en milieu communiste.

L'histoire de chaque homme parmi l'histoire de tous les hommes, l'histoire de l'humanité mêlée à l'histoire de tout ce qui existe est, elle aussi, réglée par la dialectique. Appliquée aux choses humaines, elle prend le nom de dialectique historique, elle est le sens de l'histoire, la marche scientifique de l'histoire, qui explique l'histoire et qui s'applique à l'histoire. Celui qui connaît cette loi, qui lui soumet ses actes, peut hâter l'avenir.

Cette force historique qui conduit l'humanité a pourtant son point d'élection : une sorte de ligne de crête où chemine le progrès, l'évolution du travail humain; elle a sa propre loi, sa dialectique propre : la lutte des classes.

Pour le communisme, la lutte intime du monde devient, dans l'histoire humaine, la lutte du travail. Pour lui c'est le travail qui a séparé, qui sépare constamment les hommes entre oppresseurs et opprimés, entre profiteurs et brimés, entre riches et pauvres, entre puissants et désarmés. C'est l'histoire du travail qui coupe sans cesse l'humanité, chaque fraction d'humanité en deux : celui des hommes qui font souffrir et des hommes qui souffrent; mais, et nous touchons là le point culminant de l'espérance communiste, cette souffrance se trouve être la source de la condition du progrès lui-même, la condition éloignée mais nécessaire du bonheur.

Parce que cette souffrance finit toujours par devenir intolérable les hommes qui la subissent se refusent à la supporter, ils se révoltent, ils détruisent l'ordre qui les écrase; ils font une révolution. L'histoire se présente ainsi pour les communistes, comme une chaîne aux innombrables anneaux où oppression et révolte s'engendrent les unes les autres. Cela jusqu'au jour où pourra naître un état de communisme total.

Tant qu'on n'a pas compris le rôle capital que joue la souffrance dans les perspectives communistes, la signification profonde de la lutte des classes, on ne peut pas comprendre les prises de position des communistes en face des événements. On ne peut pas comprendre davantage les initiatives qu'ils prennent et qui, souvent, nous révoltent. Ce souci d'appliquer la dialectique à l'histoire, d'infléchir les circonstances dans le sens de l'histoire pour leur donner une efficacité maxima explique les volte-face du parti communiste qui nous laissent stupéfaits et scandalisés.

C'est le parti communiste qui garde et qui diffuse l'espérance communiste. Quand on n'a pas bien saisi ce qu'est le parti communiste, il est difficile de ne pas être ou timide, ou téméraire vis-à-vis des communistes eux-mêmes.

Le parti communiste n'est pas un assemblage de gens adhérant d'un même enthousiasme à un même programme. C'est un véritable corps politique, un organisme vivant, animé par un esprit commun, mû par un même dynamisme; muni de mêmes réflexes, solidement articulé et solidement hiérarchisé. Ce corps exige les mêmes caractéristiques dans tous ses membres. Il les veut tous reliés à lui et tous ouverts vers l'extérieur jusqu'au sacrifice d'eux-mêmes.

Il a pour chantier l'univers entier, pour ambition toute la terre et tous les temps. Ses outils ce sont les hommes, et son objectif c'est l'homme; pour faire l'avenir il refait chaque homme par son éducation, par son instruction, par sa discipline. Il se considère comme le guide d'une humanité dont le prolétariat est une sorte de peuple élu. De ce prolétariat, en effet, il est à la fois le guide et le serviteur. C'est en drainant dans son action les gens qu'il a attirés par sa parole, que le parti communiste rattache à lui de nouveaux membres qui, à leur tour, garderont et annonceront l'espérance communiste.

Ce corps politique, dont les apparences calquent si étrangement certaines apparences de l'Église, se trouve être précisément pour l'Église une contre-espérance. Cela parce que le parti communiste tout entier espère quelque chose et parce que l'Église tout entière espère Quelqu'un.

Le monde communiste s'espère lui-même. Il respire son propre souffle; même quand il contient des hommes qui l'espèrent, il reste un monde satisfait, fini, en soi.

Si, pour le chrétien, l'avenir est, comme pour le communiste un devenir, le monde fournit, pour cet avenir et pour ce devenir, un relatif que Dieu seul peut ensemencer : l'éternité. L'Église elle-même est tout entière relative, elle reçoit sans cesse de Dieu de quoi devenir sans cesse elle-même.

Le communisme ne lutte pas contre Dieu parce qu'on ne lutte pas contre ce qui est inexistant; il lutte contre la foi en Dieu dans chaque homme vivant. Il lutte surtout contre ce qui dans la foi est espérance, parce que l'espérance de l'homme qui croit, distrait ce croyant du seul avenir pour lequel le communisme lutte et travaille.

Corps a corps.

Avant de voir ensemble ce qui, près des communistes, constitue l'épreuve de notre propre espérance, je me retourne vers la religieuse contemplative.

Certaine de cette unité de chair et de sang dont nous parlions plus haut, qui la liait indissolublement à son frère, elle était certaine aussi d'une contradiction tragique établie entre elle et lui parce que lui était comme une cellule dans un organisme universel, dans un corps politique universel; parce qu'elle était elle-même une cellule dans le corps universel de l'Église de Jésus-Christ, et que ces deux corps, de nature différente, étaient irréductiblement opposés, contradictoires, intolérants l'un à l'autre.

Mieux que tout le monde, elle pouvait mesurer l'étendue, le drame de cette contradiction. Elle savait que ce qui faisait l'unité du Corps de Jésus-Christ c'était l'appartenance à Dieu, la disponibilité à Dieu, pour le service de Dieu et le travail de Dieu. Elle savait que le corps politique du communisme avait son unité réalisée par un esprit hostile, non pas à Dieu qu'il ne connaissait pas, qu'il niait, mais hostile à toute foi en Dieu subsistant dans un cœur humain.

Elle savait que l'étendue de l'ambition de l'Église de Jésus-Christ, ambition assignée à l'Église par Jésus-Christ lui-même, était les extrémités de la terre et la fin de tous les temps; mais elle savait aussi que le parti communiste avait pour ambition de travailler toute la terre, de la transformer dans son entier et de transformer l'humanité jusqu'à la fin des temps.

Elle savait que la vocation de l'Église de Jésus-Christ était liée à une mission d'évangélisation, d'annonce de la foi, de dilatation de la foi et du Royaume de Dieu. Elle savait que l'Église ne peut pas vivre sans parler, elle savait tout autant que le corps politique du communisme était expansif de nature, expansif et contagieux, et que sa contagion s'exerçait par la parole; qu'il devait parler s'il voulait vivre.

Elle savait par le cœur et par la chair que l'Église demande à ceux qui se donnent à Dieu par elle de devenir des sacrifices authentiques, de n'être plus que des gens offerts, désappropriés d'eux-mêmes. Mais elle savait aussi que le corps du parti communiste demande à ceux qui sont ses membres une abnégation d'eux-mêmes qui va très loin, qui peut leur demander de se sacrifier, cela arrive souvent, mais aussi de sacrifier des inconnus, des indifférents et quelquefois des amis.

Et surtout elle savait qu'entre Dieu et le mal il y a une haine implacable, que le chrétien doit nécessairement partager. Mais elle savait aussi que, pour le communisme, le mal c'est celui qui empêche l'avenir et que la haine ne va pas seulement au mal mais à tout homme qui empêche de hâter l'avenir et de le faire. Le communiste est obligé de haïr aujourd'hui des hommes, par amour de l'humanité de demain.

Les deux commandements du Seigneur : « Tu aimeras le Seigneur ton Dieu; tu aimeras ton prochain comme toi-même », ces deux commandements formaient comme une contradiction vivante, une double contradiction entre la religieuse et son frère.

De cela la religieuse nous parlerait avec une vérité aimante parce que sa vie donnée publiquement, solennellement à Dieu et la vie d'un frère opposé à Dieu, ces deux vies contradictoires radicalement restaient quand même irréductiblement fraternelles par ce qui leur était commun dans le sang de leurs veines, les fibres de leur cœur, dans leur forme de caractère et dans leurs souvenirs.

On ne peut pas cesser d'être frère et sœur; bien sûr on peut être divisé pratiquement mais on ne peut diviser ce qui est constitutivement un entre deux.

De même quand, chrétiens, nous nions par nos actes être le frère des autres, quand nous nions ce frère que tout homme devient en naissant pour tous les autres hommes, nous sommes, comme le dit saint Jean, des menteurs. Nous nions ce que Dieu a créé, nous nions ce que nous sommes.

CONVERSION A L'ESPÉRANCE

Les communistes nous sont comme un rappel de notre condition de lutte, en nous provoquant à une lutte qui est essentiellement la leur, et où leur espérance condamne à l'absurde la raison d'être et de notre conversion, et de notre combat, et de notre travail.

Leur espérance éprouve pratiquement la certitude de notre espérance; nous tente quant à sa réalité. Si nous n'avons alors qu'une espérance de temps de paix, fragile et oublieuse, nous irons de revers en revers, de défaillance en défaillance, voire d'écroulement en écroulement.

Si nous ne nous soucions pas de réviser notre espérance, nous serons fascinés par des contradictions qui nous déconcertent et par des tentations inconnues parce que imprévues. Jusqu'au jour où nous risquerons de prendre pour un vrai bien ce que des tentations nous proposent, un bien auquel notre espérance n'opposera pas son trésor, celui qu'elle a pour fonction de désirer, parce qu'elle l'aura oublié, partiellement.

Il pourrait alors arriver que notre dernière tentation soit de reconnaître au communisme, soit pour nous soit pour les autres, une force plus forte que la foi. Nous lui abandonnerions alors, par crainte de nous perdre, les hommes qui vivent de lui. Nous jugerions les communistes impropres à recevoir le salut de Jésus-Christ et nous nous écarterions d'eux. C'est ainsi que nous prétendrions rester fidèles à une foi dont nous trahirions l'espérance.

Et trop de faits récents paraîtraient nous donner raison.

Mais si, au contraire, nous déchiffrons dans chaque contradiction, opposition, tentation, une excitation à dilater notre espérance, à espérer plus et à espérer mieux, notre vie chrétienne retrouve avec la lutte pour laquelle elle est faite la condition normale de sa vigueur et de sa croissance.

Comprenez-moi bien : il n'est pas question de voir dans l'espérance communiste une sorte d'aide pour l'espérance chrétienne. A plus forte raison il n'est pas question d'y voir un complément de l'espérance chrétienne et encore moins un rectificatif.

Je dirai que c'est plutôt par une sorte de choc en retour que l'espérance communiste nous entraîne à une révision de notre propre espérance et à une révision de notre réalisme vis-à-vis d'elle.

Ce choc en retour nous contraint à réviser ce que nous avions pu oublier et le degré de certitude vivante que nous donnons à ce que nous n'avons pas oublié. Il nous permet de devenir plus fidèle à une espérance authentique et de devenir plus réaliste vis-à-vis d'elle.

Tant que nous n'avons pas rencontré, de quelque façon que ce soit, des gens pour lesquels il n'y a aucune vraisemblance dans la foi, plus encore, des gens qui n'ont pas entendu parler de ce que la foi nous a enseigné, il nous est presque impossible de réaliser ce que la foi a d'inouï, inouï à proprement parler, jamais entendu, pas à portée de l'oreille humaine.

Par là même nous perdons de vue que la foi est un don de Dieu et que toute vie qui découle de la foi continue à être un don de Dieu; que la foi n'a rien à voir avec nos aptitudes humaines ou d'honnêtes gens. La foi, c'est chose divine que Dieu se réserve.

Réalisme d'espérance et vie intérieure.

Que la foi soit inouïe et inouï ce qu'elle nous procure explique que, le plus souvent, l'activité de la vie éternelle en nous offre si peu de prise à nos impatiences et à nos curiosités. La cellule de notre âme manque d'imagination tangible. Du travail de Dieu en nous, le plus clair reste les obstacles que nous y mettons. Je n'ai pas l'expérience de la vie religieuse, mais si les femmes qui ne sont pas religieuses ont souvent le goût de l'introspection et tendance à ne pas toujours simplifier ce qui est compliqué, comme à compliquer ce qui est simple, c'est peut-être que, sans cela, la vie intérieure leur donnerait l'impression de ne pas exister.

Or, l'espérance chrétienne crée en nous une capacité de désirer et de recevoir ce que par nous-mêmes nous ne pourrions ni désirer recevoir, ni même connaître. Avant de réaliser la gratuité inouïe de la foi, la vie intérieure, la vie surnaturelle était souvent pour nous comme la part la plus précieuse de notre vie, une part « à part », privilégiée et, d'une certaine façon, autonome.

Le contact des communistes et, plus généralement, des athées, nous démontre que la place du don de Dieu, c'est tout ce que nous sommes et rien d'autre, pour une greffe mystérieuse à laquelle nous devons tout entiers fournir un terrain de vie. La vie intérieure, nous découvrons qu'elle est l'intérieur d'une vie et, tout autant, l'intérieur des actes de cette vie. L'espérance en est comme l'incessante respiration. On respire pour vivre; il n'y a pas un âge ou une heure pour respirer, on ne s'arrête pas de respirer pour travailler.

Le contact des communistes et de leur matérialisme met sous nos yeux, autant que dans nos oreilles, la vie et ce qu'elle est pour eux. Rien n'échappe à l'unité de la vie et cette unité se réalise pour eux, toujours, dans l'action. Nous nous demandons si nous n'avons pas pris sans le traduire dans notre Église le mot « vie » dont l'Évangile est rempli.

Notre Seigneur a parlé d'une vie; il n'a pas parlé d'un programme d'étude qu'il faudrait parcourir comme pour un examen. Il n'a pas parlé d'un système politique pour organiser la vie des hommes; il n'a pas parlé d'une doctrine philosophique faite pour nous donner une vue objective du monde. Il ne nous a même pas parlé d'un traité sur Dieu fait pour réjouir notre intelligence.

Il nous a parlé d'une vie qui, reçue par nous, nous permettrait de vivre par elle. Il nous a parlé d'une vie où savoir que Dieu nous aime et pouvoir l'aimer à notre tour ne feraient qu'un; d'une vie vécue par chacun avec tous, et avec tous pour Dieu et par Dieu. Une telle vie pourrait-elle être moins vivante, moins réelle, moins dynamique que la vie de cette terre, que la vie du monde, que la vie de la création? Pourtant n'en faisons-nous pas souvent un programme de connaissances, un système de pensée, une doctrine philosophique? Ou une contemplation inerte de Dieu? Prenons-nous les réalités fondamentales de cette vie, ses lois vitales, ses fonctions organiques comme elles sont, pour ce qu'elles sont, comme des réalités certaines, et auxquelles nous ne pouvons rien changer.

Avons-nous, pour cette vie, les mêmes certitudes pratiques simples, directes que lorsque nous ne pensons pas à marcher autrement qu'avec nos jambes; à prendre des objets autrement qu'avec nos mains. Avons-nous les réflexes réalistes dont notre vie quotidienne est pleine quand il s'agit d'utiliser des applications techniques de la science? Quand, par exemple, sans avoir suivi un cours d'électricité nous appuyons sur un commutateur électrique. Sommes-nous sûrs des certitudes de la foi, sommes-nous sûrs que la foi est la science pratique d'une vie et qu'elle est le savoir-faire de cette vie?

Or, appliquer les lois de la foi, nous conformer aux règles de son savoir-faire, c'est forcément nous convertir. Car ces règles et ce savoir-faire vont à l'encontre de nos penchants héréditaires et surprennent, comme ils les dépassent, nos habitudes et nos aptitudes naturelles.

Aussi y a-t-il souffrance, toujours, là où il y a conversion. Il faudrait accumuler ici toutes les phrases où, dans l'Évangile, le Seigneur fixe le prix du retournement d'un homme vers lui. C'est « le prix fort », un prix jamais fini d'acquitter, la foi ne peut être pour nous qu'un état violent. Mais si cette souffrance colle à nous, l'espérance colle à cette souffrance; que celle-ci soit tentation, défaillance, dégoût, lassitude, l'espérance lui donne son véritable nom et la transforme à nos yeux, l'espérance l'appelle conversion, c'est-à-dire retournement vers Dieu, retour à Dieu, accès à Dieu.

Car si le rôle de l'espérance concerne la vie éternelle, elle la concerne dès le temps et dans le temps. Son rôle n'est pas de nous faire prendre patience, sur une terre où nous attendrions une éternité tenue en réserve par-delà la mort. Même quand elle vise l'éternité, l'espérance chrétienne espère le présent, car ce qu'elle espère pour l'éternité existe déjà et existe pleinement. L'espérance chrétienne espère Jésus-Christ, espère Dieu. Ce que Dieu était hier, il le reste aujourd'hui, il le sera demain. Et Jésus-Christ est ressuscité pour toujours. L'espérance, dans notre vie intérieure, a une activité et une efficacité prodigieuses. Elle nous permet, par la poussière de luttes, d'efforts, de labeurs infimes, de transformer les circonstances ou les événements de notre vie en événements éternels. Nous mettons dans l'histoire du salut les événements que nous étions destinés à y mettre.

Réalisme d'espérance et vie d'Église.

Prendre conscience, comme nous essayons de le faire, que pour notre temps de terre la foi dépose en nous un ferment de lutte, un débat permanent, un choix incessant entre Jésus-Christ et ce qui dans le monde reste hostile à Dieu, c'est réaliser en nous la vocation même de l'Église.

Sur la terre l'Église est faite pour se battre; par vocation elle est en lutte contre le mal; par mission elle est sans cesse à la lisière du mal; par fonction elle délivre du mal.

Le combat de l'Église ne cesse jamais d'être sanglant : les frontières auxquelles elle se tient ne cessent pas d'être attaquées et la libération qu'elle poursuit est toujours violente. Un amour réaliste de l'Église comporte nécessairement de recevoir des coups et de porter des plaies. Or, ce qui donne un sens au combat de l'Église, ce qui trace le sens de son histoire, c'est l'espérance.

Pour marcher, pour se propager, pour libérer, l'Église lutte, les yeux et le cœur rivés sur les promesses de Dieu. Localement, physiquement pourrait-on dire, chacun de nous est traversé par cette frontière de l'Église. Il est à la frontière du bien et du mal; du « avec Dieu » et du « sans Dieu »; du « pour Dieu » et du « contre Dieu ».

L'espérance chrétienne nous assigne pour place cette étroite ligne de crête, cette frontière où notre vocation exige que nous choisissions, chaque jour et à chaque heure, d'être fidèles à la fidélité de Dieu pour nous. Sur la terre, ce choix ne peut être que déchirant. Mais l'espérance nous interdit d'en faire jamais un dolorisme. C'est la souffrance de la femme qui met un enfant au monde. Chaque fois où nous sommes ainsi déchirés, nous devenons comme des brèches ouvertes dans la résistance du monde. Nous livrons passage à la vie de Dieu. Rien ne peut nous introduire davantage dans la réalité intime de l'Église.

Espérance chrétienne et fidélité a l'espoir.

Dans un cœur pauvre d'espoir, il y a peu d'espérance, même si ce cœur est le cœur d'un chrétien.

L'espérance par laquelle nous espérons d'être fidèles à Jésus-Christ nous donne, pour devoir d'état inéluctable et incessant, la bonté de Jésus-Christ, la traduction humaine de la charité divine.

Quel que soit le prochain auprès duquel nous devons vivre, quels que soient nos engagements, nos travaux, nos devoirs, ils ne nous permettent pas d'échapper aux exigences souveraines de la bonté. Nous ne pouvons pas espérer la charité sans espérer la bonté.

Aussi, et quelle que soit la diversité de nos rencontres avec les communistes et les complications qu'elles puissent représenter, une chose reste certaine, simple : nous devons tout faire pour qu'ils rencontrent, quand ils nous rencontrent, la bonté de Jésus-Christ.

On se sert souvent, pour parler du cœur du Seigneur, de tout un vocabulaire dont on n'use guère habituellement pour parler d'amour, d'amitié, d'affection. Aussi est-il plus sûr peut-être de nous refaire des convictions en relisant les mots mêmes de l'Évangile, pour y voir et pour y entendre battre le cœur de Notre Seigneur Jésus-Christ. Ce cœur, raison d'être de notre espérance, est un cœur débordant d'espoir.

Nous ne remarquons pas toujours que la Bonne Nouvelle de l'Évangile passe sans cesse sur les lèvres du Seigneur à travers des paroles qui s'adressent à l'espoir du cœur, à l'espoir des hommes. C'est en interpellant des gens qui pleurent et qui espèrent ne pas pleurer, qui espèrent la paix, qui espèrent la justice, qui espèrent échapper aux excès de la pauvreté que le Seigneur annonce les Béatitudes éternelles, que le Seigneur les appelle à l'espérance.

Quand nous nous adressons aux hommes, Notre Seigneur ne nous demande pas d'être moins humains que lui, de trahir plus que lui l'espoir. Il est un Dieu fidèle aux cœurs qu'il a créés, et leur vocation à l'espérance n'est pas une trahison de l'espoir. A son école nous apprenons à mettre notre cœur à l'écoute du cœur des autres; à l'écoute de ses espoirs. Nous apprenons à y reconnaître ce qui est préfiguration de l'espérance.

Nous avons vu longuement tout à l'heure ce qu'espèrent les communistes; leur espérance, prolongement de certains grands espoirs humains et d'une multitude d'espoirs personnels, nés dans l'amour, le travail ou la peine. Si le Seigneur avait rencontré ces communistes, il les aurait tout à la fois appelés par leur nom et interpellés sur leurs espoirs. De même nous devons appeler par son nom le communiste que nous connaissons, non par le nom de son idéologie ou de son parti et nous devons l'interpeller sur ce qui, dans ses espoirs, reste encore l'espoir des pauvres; il faut que son cœur ne nous soit pas étranger; que nous ne soyons pas blasés sur le mal du monde.

Peut-on espérer pour de bon, et d'espérance, la Rédemption du monde, sans avoir un cœur passionné de voir cesser les injustices du monde et leurs conséquences, même si elles ne sont ni ne font tout le mal. Peut-on espérer sincèrement la Rédemption, l'espérer avec espérance, et ne pas espérer que cessent les conséquences de ces péchés qu'on appelle les égoïsmes, les injustices, les répressions? Est-ce parce que les communistes font au nom de tout cela des révolutions que nous devons, nous, prendre notre parti de la souffrance des autres et du péché des autres?

Quand nous pleurerons avec ceux qui pleurent parce qu'un enfant est mort qui aurait pu ne pas mourir; parce qu'un homme mutilé aurait pu ne pas l'être; parce qu'un homme a passé vingt ans en prison et qu'il aurait pu ne pas les passer. Alors peut-être saurons-nous espérer, avoir un cœur qui ressemble, par l'espoir, au cœur même de Jésus-Christ.

Athéismes et évangélisation [1]

I. ALTÉRATIONS ET DÉPÉRISSEMENT DE LA FOI

En milieu athée, nous subissons nous-mêmes une altération et un dépérissement de la foi.

L'apparente soudaineté de la déchristianisation dans certains milieux, les effondrements apparents de la foi là où il y a nécessité

1. Ce texte, rédigé en 1962 en vue d'une documentation pour le Concile, était précédé d'une étude sur les *Athéismes contemporains* qui n'a pu trouver place dans ce volume. Nous en donnons cependant ici la conclusion :

« *Athéisme du silence.* A côté du vieil athéisme français, doctrinaire et professoral, de ses dérivés politiques, philanthropiques, voire satiriques, tous tapageurs, le communisme prend le rôle de ténor et tous les autres deviennent musique de scène. Sa propagande qui entraîne les uns sème la panique chez d'autres.

« Il en va tout autrement pour l'athéisme d'aujourd'hui. Car il faut bien noter que, malgré ses affirmations, le communisme « date » déjà. Il continue à remporter des victoires contemporaines et sans doute n'a-t-il pas fini d'en remporter. Mais son germe, sa doctrine, son inspiration sont d'hier. Ce qu'il met en vedette comme étant en lui le plus actuel, ses découvertes scientifiques, ne lui appartient pas en propre. Quels que soient l'avance ou le retard scientifiques d'une nation, les milieux de la recherche, nés de cette recherche elle-même, sont étroitement apparentés quant à leur réalité profonde.

« Si les problèmes de classe à classe ont eu et gardent leur importance dans les problèmes de déchristianisation ou d'évangélisation, dans de nouveaux milieux, c'est la relation homme-matière qui doit retenir l'attention chrétienne. Cette relation s'établit dans un silence total vis-à-vis de Dieu. Par une étrange substitution, la création prend l'espace du créateur. Ce silence ne nous alerte pas. Un péril majeur s'approche de l'Église sans bruit : le péril d'un temps, d'un monde où Dieu ne sera plus nié, pas chassé, mais exclu, où il sera impensable; d'un monde où nous voudrons alors crier son Nom, mais où nous ne de l'annoncer (en milieu communiste par exemple), notre apparente incapacité à évangéliser les milieux athées, marxistes ou contemporains sont trois faits insolites qui interrogent tragiquement une conscience chrétienne.

1. Une même cause joue sur ces trois faits et les explique au moins partiellement : *une sorte de naturalisation de « notre » foi.*

Dans les milieux où les chrétiens vivent entre eux depuis des générations, une confusion a fini par se produire entre la foi et une mentalité chrétienne. Dans cette mentalité, le don gratuit de Dieu, don de connaître ce qu'il est, don d'agir comme il veut, don de la vie créée et de la vie éternelle, don de la création et don de l'Incarnation rédemptrice, est devenu une sorte de propriété innée du chrétien de souche, le bien héréditaire des familles chrétiennes.

Peu à peu, la foi en Dieu, foi vivante en Dieu vivant, a été confondue avec le bon sens, avec le bon sens d'une croyance en Dieu. Peu à peu les vertus de l'Évangile sont devenues puis ont été confondues avec les vertus de l'honnête homme.

D'où le dépérissement partiel d'une vie de foi partiellement pratiquée, non exercée, bref, existante mais non totalement vivante : la vie intérieure devient exploitation de biens personnels, n'aspirant pas de nécessité vitale à ce que Dieu propose et *donne*; la prière est lésée de ses fondements d'adoration; le Christ et son Évangile ne sont plus assez source de vie et deviennent un peu trop un capital de vie.

D'où, sur cette vie chrétienne affaiblie de certaines caractéristiques propres, la surcharge et l'encombrement de convictions et de devoirs qui ne lui sont pas propres : attachement à des

pourrons pas aller pousser ce cri, parce que nous n'aurons plus de place où mettre les pieds.

« En découvrant les lois dont Dieu a tissé la création, nous découvrons comment « faire » à sa manière. Les choses vont à une vitesse extrême, chaque année semble porter des siècles d'histoire. La vie éternelle que nous avons reçue, pour qu'elle habite le monde, sera trahie par nous si nous voulons nous amarrer à ce qui dure, si nous refusons de nous laisser emporter avec elle dans ce temps qui est notre temps. »

moralismes particuliers, dévouement à des options politiques, adoption de styles de vie, usages, de soi indifférents, tout cela étant considéré comme des obligations de vie chrétienne, tout cela confondu avec la vie de foi.

2. *Dépérissement de « notre » foi et déchristianisation.*

La confusion entre la foi et une mentalité chrétienne fait que la foi est surtout éduquée sur les terrains où on ne la confond ni avec le bon sens, ni avec l'honnêteté. L'éducation de la foi devient principalement une éducation au culte, aux cérémonies, à une « discipline » pratique à l'Église. Et ces terrains ne sont plus qu'insuffisamment irrigués par la sève initiale de la foi en Dieu. Tout y prend taille et valeur humaine (l'obéissance à l'Église, par exemple, devient une simple discipline).

On glisse du réalisme des nécessités vitales surnaturelles aux obligations qui les traduisent suivant les lieux et suivant les temps. Le lien vital qui relie les obligations aux nécessités de la foi étant supprimé, les obligations de la « pratique religieuse » tombent à la merci d'un changement de mentalité.

Si le chrétien varie sur des convictions où il est pourtant libre de varier, mais qui furent par lui confondues avec la foi, les obligations qui, de ce fait, ne sont pas basées sur la foi, s'effondrent. L'expression extérieure, même parfaite, de la foi devient fragile à l'extrême quand la foi qu'elle exprime est dévitalisée; un barrage, ouvrage d'art parfait, a été emporté en France comme un fétu il y a trois ans; on n'a pas compris pourquoi jusqu'à ce qu'on ait découvert la roche d'ancrage : elle était pourrie.

3. *Quand la foi est la foi, elle tient.*

La foi paraît ne pas pouvoir « tenir » là où précisément elle doit être annoncée. L'exemple le plus connu est celui des milieux communistes. Les apostasies pratiques en milieux incroyants sont innombrables mais silencieuses. Elles ne se produisent pas au contact d'une doctrine agressivement tapageuse. Aussi n'ont-elles pas entraîné des codes de prudence. Au contraire, en milieu communiste, les effondrements de vies chrétiennes, sacerdotales ou laïques, ont, bien qu'incomparablement moins nombreux, entraîné de sévères mises en garde. C'est qu'il s'agissait souvent de chrétiens liés à des expériences neuves, promoteurs de vues hardies sur l'évangélisation; leurs déroutes et leurs écarts étaient contagieux. Ces faits étaient orchestrés : dans l'Église, douloureusement; hors de l'Église, politiquement.

De même que le communisme climatise d'innombrables gens qui ne sont pas communistes, de même les mises en garde de l'Église cherchent à étendre des zones de sécurité au-delà des stricts contacts catholiques-communistes. D'où un frein légitime incontestable pour l'évangélisation. Mais ce qui est troublant, c'est que ce frein soit légitime. Il est troublant que, pour garder la foi, on redoute de l'annoncer là où elle n'est pas annoncée.

Pourtant, ni le Seigneur ni son Église ne sont absurdes : si les faits d'une foi qui s'affaisse sont indiscutables, c'est que cette foi n'est pas la foi. Plus exactement c'est une foi amputée et altérée, une foi mêlée de ce qui n'est pas elle qui s'effondre. Le choc d'un milieu athée n'a pas « détruit » la foi; la foi engagée dans ce combat était une foi mêlée de convictions naturelles, attaquée sur ce qui l'avait comme naturalisée.

Car, quand la foi est la foi, elle tient. Elle tient, mais en souffrant, en combattant. Comme l'Église de la terre, elle est par état « militante ». Dans les milieux anciennement chrétiens, nous nous étions habitués à vivre l'Église militante « en caserne ». Le contact des athéismes nous ramène au combat, le combat qui éprouve, le combat qui réclame des forces, en particulier la force de souffrir, souffrir la souffrance même de la Rédemption : la tentation. Mais, pour se battre, il faut être en bonne santé.

4. *Une foi altérée n'est pas une foi prête à l'évangélisation des milieux athées.*

Quand on n'a pas le sens du « don de Dieu », don de sa révélation, don de sa vie, on ne peut avoir le sens de l'athée. Quand la foi en Dieu est confondue avec le bon sens, l'athée est confondu avec le « fou » (je l'ai entendu affirmer). L'athée est alors hors du monde humain pour le chrétien. Si celui-ci ne va pas jusqu'à diagnostiquer une tare mentale chez l'athée, il accuse en lui une monstruosité morale, non objective, mais subjective.

Le plus souvent, le chrétien « ne croit pas » à l'athée, à sa possibilité. Dans tous les cas, il ne réalise que bien rarement ce qu'est un homme pour lequel il n'y a pas de Dieu, un homme qui n'a pas choisi que cela soit ainsi, mais auquel les choses ont été montrées, démontrées ainsi. Le chrétien ne peut alors réaliser davantage la famine essentielle de cet homme, famine souvent inconsciente, celle de quelqu'un qui « ne sent plus sa faim », mais qui meurt d'inanition par toute une part de lui-même et le chrétien ne peut pas réagir à ce qu'il ignore.

L'évangélisation est et sera toujours annoncer une Bonne Nouvelle. L'Évangile est une nouvelle pour tout homme car il est révélation de ce que l'homme ne peut savoir si Dieu ne le lui dit pas. Mais, dans les milieux athées, cette nouvelle surnaturelle doit être accompagnée, doublée d'une nouvelle naturelle, une nouvelle que les hommes devraient connaître et ne connaissent plus : Dieu est — et il est Dieu.

Une bonne nouvelle change dans une vie le niveau du bonheur, et cette nouvelle bonne doit être annoncée par un informateur qui est présent, qu'on peut entendre, qui parle la langue de ses auditeurs, qui parle le langage du Christ, qui est le chemin d'un fait actuel et vrai, qui est digne de foi, crédible parce que véridique dans le reste de sa vie.

Une foi atrophiée et altérée n'est pas une foi prête à cette évangélisation. Nous ne pouvons pas évangéliser dans la mesure où nous ne savons plus que nous sommes évangélisés, que nous avons reçu la bonne nouvelle et qu'elle nous a été donnée. Ce que nous pensons croire « naturellement », nous ne nous sentons pas en dette de l'annoncer; il nous paraît normal que ce soit su.

Cette foi que nous assimilons à une « bonne mentalité », elle est réduite en nous aux limites d'une mentalité d'homme; nous ne pouvons plus la proposer aux autres comme des gens qui ont reçu gratuitement un trésor et qui veulent le partager. D'indiscutable elle devient, en milieu athée, discutable, comme une opinion philosophique. Pêle-mêle sont mises en cause nos certitudes : celles de la foi et celles de notre mentalité. Pêle-mêle nous les défendons; là où il y a matière à une discussion humaine, nous affirmons des absolus; là où il y a matière à évangélisation, nous discutons d'idées, nous ne témoignons pas d'une vie.

Nous n'annonçons pas la Bonne Nouvelle, parce que l'Évangile n'est plus une nouvelle pour nous : nous y sommes habitués, c'est une vieille nouvelle. Le Dieu vivant n'est pas un bonheur prodigieux et bouleversant; il est un dû, toile de fond de notre vie. Le bonheur, ce sont des surplus variables en marge de lui qui est permanent. Nous ne nous rendons pas compte de ce que serait l'absence de Dieu pour nous; donc, nous ne nous rendons pas compte de ce qu'elle est pour les autres. Nous discutons d'une idée quand nous parlons de lui; nous ne témoignons pas d'un amour reçu et donné. Nous ne pouvons pas annoncer aux incroyants la foi comme une libération de l'absurdité d'un monde sans Dieu, car cette absurdité, nous ne la percevons pas.

Nous défendons Dieu comme notre propriété, nous ne l'annonçons pas comme la vie de toute vie, le prochain immédiat de tout ce qui vit. Nous ne sommes pas les informateurs de la nouveauté éternelle de Dieu, mais des polémistes défendant une vision de la vie à faire durer. Aussi, serait-il inutile d'être assez proches pour être entendus, de parler la langue de nos semblables, de leur être présents et existants si, toutes ces conditions étant remplies, nous n'avions pas retrouvé nous-mêmes le message total que nous avons *reçu* et que nous avons à *transmettre*.

II. TENTATIONS ET VITALISATION DE LA FOI

1. *Tentations.*

Dans un monde athée, spécialement en milieu communiste, un chrétien, dans la mesure où sa foi est vivante, est un homme durement tenté.

LE CHRÉTIEN EST REMIS BRUTALEMENT DANS SON ÉTAT NORMAL, CELUI DE L'ÉGLISE MILITANTE : UN ÉTAT DE COMBAT.

Il est tenté par les séquelles de la tentation originelle, tenté dans son esprit et dans son cœur, tenté de régler entre hommes le sort du monde, en laissant Dieu régir le ciel, soit qu'il veuille faire le monde *avec* les communistes, en perdant de vue Dieu puis sa loi, soit qu'il veuille faire le monde *contre* les communistes en perdant de vue dans la violence la loi de Dieu... au nom de Dieu.

Il est tenté de trahir la tâche que Dieu a confiée à l'homme dans la création, soit qu'il travaille avec les communistes à découvrir dans la création le destin de l'humanité et ses capacités de puissance, soit qu'il fuie l'investigation scientifique de la création comme étant étrangère aux tâches chrétiennes ou qu'il s'en méfie comme d'un terrain où sa foi est menacée.

Il est tenté d'oublier que tous les hommes sont à Dieu, de faire de Dieu le Dieu de certains hommes, soit qu'il limite les « amis de Dieu » à ceux qui ont une certaine optique humaine, qui, dans l'Évangile, mettent en exclusive ce qui est sympathique aux communistes; soit qu'il fasse du Dieu des chrétiens, non pas le Dieu annoncé par les chrétiens, mais un Dieu propriété des chrétiens et sans contact vital avec les autres; dans les deux cas, un Dieu sans lequel des créatures humaines pourraient vivre.

Il est tenté sur la réalité de l'Incarnation du Christ, continuée par l'Église et par chaque chrétien dans l'Église. Il est tenté de perdre l'équilibre entre la vie éternelle qu'il porte en lui et le temps qui est sa condition de vie, soit que, capté par la nouveauté du temps, il veuille consacrer cette nouveauté à Dieu, sans faire de chaque événement un « événement éternel », soit que par intention de fidélité à Dieu il considère les temps comme « profanes », qu'il confonde la durée et l'éternité.

Il est tenté sur l'obéissance et la liberté que Dieu veut de lui, soit qu'il choisisse en fonction d'une liberté, n'ayant sous les yeux que les événements, les circonstances, les réalités de la condition humaine actuelle; soit qu'il choisisse, en prenant du recul, en s'évadant de cette condition actuelle de l'homme, en fonction d'un homme qui n'évolue pas, d'un homme idéal qui n'est plus l'homme créé par Dieu.

Il est tenté sur la Rédemption : il est tenté sur l'efficacité; on lui dit : « Ça sert à quoi, la foi? » Il souhaite donner une réponse éclatante, obéir avec brio aux impératifs de la charité fraternelle : nourrir, habiller, loger, etc., mais il risque de perdre de vue l'œuvre de rédemption qui se fait avec ces actes de charité fraternelle, mais aussi avec l'effacement, mais aussi avec la prière, mais aussi avec le mystère des épreuves que Dieu invente.

Il est tenté sur le bonheur et la béatitude, tenté de travailler au bonheur sur terre, tenté même de travailler à un certain bonheur, qui n'est pas le bonheur humain, et tenté que, pour le salut, la bonne volonté de chacun fasse le reste.

Il est tenté sur la nécessité d'évangéliser, soit que, séduit par les communistes ou par d'autres, il juge que la bonne volonté suffit au salut et que faire le monde presse davantage; soit que, passionné d'évangéliser, il ne réalise pas que l'évangélisation demande une proximité, une présence, un *a priori* de véracité, les attitudes du Christ lui-même qui veut évangéliser; soit que, encore, il estime que, selon les cas, les communistes ou les anti-communistes soient inévangélisables, qu'il perde l'espérance pour eux et se taise.

Le chrétien doit savoir que, dans cet état normal, il a d'office de quoi voir clair et de quoi se battre.

Voir clair, c'est-à-dire être sûr de ce qui est certain et nécessaire. Il doit être certain que ce qui est de foi est indiscutable : « Tu aimeras le Seigneur de tout ton cœur... plus que tout... Tu aimeras ton prochain comme toi-même... Allez... Évangélisez... »

Il doit être non moins certain, et au nom de la foi, qu'il faut discuter tout ce qui n'est pas indiscutable, qu'il faut choisir tout ce qui n'est pas impératif permanent. Il doit savoir que tout ce qui est notre ancienne mentalité, ou tout ce qui est la nouvelle mentalité qui nous séduit, est relatif et doit être révisé en fonction de la charité et de l'évangélisation qui, elles, sont indiscutables; que toutes les fidélités sont petites et relatives quand il est question de la fidélité à la foi.

Il doit être sûr de ce qui est nécessaire. Par exemple, prier est nécessaire; cette nécessité est traduite par des obligations. Tant que nous sommes libres, nous devons accomplir ces obligations; mais si elles deviennent impossibles, à nous de trouver le moyen de prier dans nos possibilités, mais de prier à tout prix parce que prier est nécessaire.

Il nous faut faire, bon gré mal gré, l'apprentissage des forces surnaturelles telles qu'elles sont. Pour nous servir, elles doivent cesser d'être les « forces spirituelles » avec lesquelles nous les confondions trop souvent; elles doivent vivre dans le nous-même le plus concret. Nous apprenons qu'elles prennent chair dans les aptitudes humaines, qu'elles rectifient en les débordant; que l'homme racheté par Dieu, l'homme nouveau, ne plane pas sur l'homme créé par Dieu, mais que l'homme créé est la matière première de l'homme racheté; l'homme pécheur, la matière première de l'homme sauvé et sauveur; l'homme évangélisé, la matière première de l'homme qui évangélise.

Le réalisme de la foi ne peut être un réalisme surnaturel que s'il est un réalisme naturel. La foi est provoquée par l'athéisme à prendre toutes ses dimensions : celle de la vie humaine qui la reçoit, celle de la vie divine qu'elle communique.

Un exemple : l'apprentissage de la charité fraternelle.

Évangile à la main et tentation sur le dos, il nous faut apprendre comme à nouveau ce qu'est la charité fraternelle et comment la vivre... l'Évangile en main tel que nous le donne l'Église, tel qu'elle nous en donne les impératifs indiscutables et prioritaires.

Qui est mon prochain? Les communistes que je connais sont des hommes. Qui est mon prochain? Tout homme, les hommes communistes autant que les autres. Sans problèmes et sans complications je leur dois, parce que je suis chrétien et parce qu'ils sont des hommes, l'amour du prochain tel que le Christ nous l'a appris et montré, l'amour dont Dieu a voulu que la charité pour lui soit inséparable. Je leur dois tout ce que me demande le Sermon sur la Montagne.

« Vous êtes tous frères. » Près des communistes, le chrétien subira presque nécessairement l'une ou l'autre de deux tentations :

— ou bien attaché affectivement à des camarades communistes par le prestige de l'héroïsme certain qu'il n'est pas rare de trouver chez eux, ou plus souvent par la cordialité, la générosité, la fraternité pratique qu'il y rencontre, il sera tenté de cesser d'aimer certains de ceux que les communistes combattent. Autre rupture de charité : il cherchera des motifs qu'il dira chrétiens; il amputera ainsi la charité au nom de la justice et de la paix; il pourra même, toujours pour les mêmes motifs, être tenté de tomber dans une malfaisance pratique;

— ou bien, adversaire du communisme par le fait même de sa foi, ou engagé contre lui dans des combats politiques, il sera tenté de refuser à des hommes qui véhiculent le communisme, incarnent son action, le nom de frères; parfois, pour nuire au communisme, il sera tenté de nuire à leur vie personnelle; pour maltraiter le communisme, de les maltraiter; il sera au moins tenté d'ignorer, sous la rubrique de « communistes », des hommes qui s'appellent Pierre, Paul ou Jacques.

Soit que ces tentations restent sèchement intellectuelles, soit qu'elles comportent, comme c'est le cas le plus fréquent, un élément passionnel difficile à contrôler ou à maîtriser, elles sont pour nous une extraordinaire leçon sur les dimensions divines de la charité. Souvent, si nous aimons facilement tous les hommes, c'est que nous oublions purement et simplement que beaucoup d'entre eux existent.

Pécheur qui aime les pécheurs. Sorti de ces tentations, le chrétien en trouvera d'autres; elles semblent encore contradictoires mais en réalité elles ne font qu'un.

Pour un tel, la tentation sera d'être séduit par les « vertus » communistes; il pensera que son témoignage consiste à s'aligner sur elles, à montrer qu'on en est capable. Il voudra imiter, parce qu'il les admirera, l'abnégation des uns, le désintéressement des autres, le don de soi, l'ambition d'une humanité moins souffrante. Il devra découvrir à *contrecœur*, contre son cœur, le parti pris, expression jamais aussi appropriée de tant d'actes sincères et coûteux, auxquels seule une catégorie idéologique et une humanité sans visage ont droit. Il devra découvrir aussi la déformation du cœur humain qui va de pair avec les actes : cœur hypertrophié, battant à coups redoublés pour des espoirs qui sont réellement humains, espoirs mis en branle par la propagande, les campagnes, les meetings, espoir des pauvres qui pour nous devrait être sacré; cœur atrophié, tranquillisé sur toute une part de ce qui lui est aussi essentiel : liberté, amour personnel, fidélité. Ce chrétien réapprendra que l'amour ne peut plus être une admiration sans compassion. Il apprendra que la charité ne peut être sur la terre que l'amour d'un pécheur pour un pécheur.

Pour un autre chrétien, la tentation sera d'être « écœuré » par ces déformations mêmes, d'être foncièrement antagoniste à celui qui les porte en lui. Ce chrétien devra apprendre alors dans son prochain la marque du même péché qui nous a tous blessés. Il devra accepter, pour recevoir la charité fraternelle, d'être un pardonné, non un innocent. Lui aussi devra savoir que, par la charité, c'est nous, pécheurs, qui aimons d'autres pécheurs.

Tout cela, bien sûr, nous aurions dû en être convaincus par

l'enseignement de la foi. Mais sur ce point, comme sur beaucoup d'autres, l'enseignement est comme le froid compte rendu d'un état de fait incontesté : nous étions des gens sauvés, sans avoir su que nous étions perdus. Il n'y avait pas eu de joie parce qu'il n'y avait pas eu d'alerte.

La leçon de choses sur la charité fraternelle et toutes les autres leçons de choses reçues dans un milieu athée nous fait entrer dans la réalité de ce qui nous fut enseigné. Mais, nous comprenons d'un même coup que, pour les incroyants que nous côtoyons, cet enseignement séparé de l'annonce d'une vie, de la révélation d'une vie, d'une vie où Dieu existe et qui existe par Dieu ne peut pas être évangélisation; que cet enseignement réduit à lui seul risque même de stériliser chez les chrétiens le germe de l'évangélisation.

J'ajoute enfin que les tentations d'un milieu communiste nous mettent dans l'obligation de réaliser ce que c'est que de faire corps avec l'Église, de substituer vis-à-vis d'elle une obéissance vitale à une discipline passive; d'apprendre que sa matière vivante, sa chair est l'amour mutuel entre chrétiens.

2. *Évangélisation.*

Pour éviter tout malentendu, je précise dans quel sens je prends le mot « évangéliser » dans le cas où ce sens serait incomplet ou incorrect. J'entends ici par « évangéliser », dire à des gens qui ne le savent pas, qui est le Christ, ce qu'il a dit et ce qu'il a fait, de façon à ce qu'ils le sachent.

Il ne s'agit pas seulement d'un témoignage de vie, mais de parler explicitement à des gens qui peuvent déjà avoir entendu parler du Christ, de ce qu'il a fait, de ce qu'il a dit, mais qui ne l'ont pas humainement compris ou humainement entendu, afin qu'ils sachent ce que nous croyons et sachent que nous en sommes sûrs.

Il ne s'agit donc pas ici de catéchumènes, encore moins de néophytes. Il s'agit de gens qui, baptisés ou non, n'ont pas été évangélisés, ne savent pas ce que croit celui qui croit. Il s'agit de ceux dont saint Paul a dit : « Comment croiront-ils si on ne les évangélise pas? »

Les caractéristiques propres à cette évangélisation sont : — avoir pour programme rigoureux le rien de plus et rien de moins du message évangélique; faire passer avant les plans, les tactiques et les méthodes une vue réaliste des possibilités et des chemins d'évangélisation tels qu'ils sont disposés dans les conditions actuelles de la vie, les circonstances et les événements.

Pour beaucoup d'entre nous, le « Allez ! » du Seigneur consiste à transformer des voisinages sans contacts en proximité vraie avec un vrai prochain; utiliser les voies préparées par le Seigneur avant d'inventer les nôtres; accepter pour programme celui que tracent les occasions quotidiennes. C'est une évangélisation, à bâtons rompus, dirigée par les faits et les circonstances, réclamant une attention très humble et docile, prête à être continuée, menée à terme, comme à être interrompue, confiée à d'autres dans l'espérance au Dieu fidèle.

Le communiste parle, il parle même généralement le premier, soit sur le plan public, soit sur le plan personnel. Il parle de la foi et de sa foi, soit pour attaquer la foi des autres, soit pour proposer la sienne. Il ne se désintéresse pas du Dieu auquel nous croyons, même s'il le combat comme le pire mensonge de l'esprit. Même si c'est pour nous débarrasser de Dieu que le communiste s'intéresse à Dieu, même si, pour lui, ce Dieu n'est pas du tout Dieu, la question « Dieu » reste pour lui une question actuelle. Si Dieu était tout à fait mort, il n'y aurait pas besoin de le tuer.

ÉVANGÉLISATION QUI NOUS ÉVANGÉLISE.

En milieu communiste, la séparation entre vie chrétienne et vie apostolique, la méfiance pratique d'une action apostolique, soupçonnée de pouvoir être une sorte de parasite pour la vie intérieure, ne peuvent plus exister. Tout est soudé par une internécessité : « Malheur à moi si je n'annonce pas l'Évangile », mais aussi malheur à moi si évangéliser ne m'évangélise pas.

Le communisme est la doctrine d'une action. Sa philosophie veut être celle d'une vie qui s'organise pour agir et qui agit. Il est un anti-idéalisme; il nous accuse d'être des idéalistes négateurs de la vie et qui lui sont nuisibles. Cette accusation est porteuse d'une tentation assez redoutable pour désarçonner certains d'entre nous. Si au contraire nous la prenions comme une provocation à réviser notre foi, nous constaterions à quel point la foi, elle, est un réalisme, à quel point nous sommes devenus non les vivants et les savants d'une vie révélée, mais ses théoriciens et ses idéologues.

Nous ne pouvons annoncer que la foi dans toute la vérité de son réalisme et, l'annonçant, nous sommes bien obligés de nous reconvertir nous-mêmes.

Le communisme reconnaît la dialectique comme la loi fondamentale de toute vie, de son développement et de son évolution, se réalisant dans un combat permanent entre les formes successives de la vie, détruites les unes après les autres par d'autres formes qui naissent. Prenant cette loi de la vie pour loi de l'humanité, le communisme cherche à se soumettre à elle non seulement pour comprendre l'histoire mais pour la faire. Cette efficacité sur le monde est, pour les jeunes, pour d'autres aussi qui ne le sont plus, la force attractive du communisme. Mais là encore la tentation peut nous provoquer à retrouver certains fondements de notre foi, peut-être même sa loi fondamentale.

Ce ne sont ni Karl Marx ni Lénine qui ont proposé aux hommes la loi d'une vie et d'une fécondité, loi de la vie éternelle semée dans un monde rebelle à Dieu, loi de fécondité de la rédemption : « Si le grain ne meurt... »

La Croix ne devient certes pas pour nous une équivalence de la dialectique communiste, mais la dialectique devient pour nous un rappel lancinant de la Croix.

Milieu communiste et conditions de l'évangélisation.

Évangéliser, c'est d'abord dire quelque chose à quelqu'un. Pour « dire », il faut être là. Souvent les contacts avec les communistes ont été le résultat de rencontres suscitées par eux en vue d'une action ou d'une prise de position communes, publiques; ces rencontres sont celles que visent presque toujours les directives de l'Église. Il faut noter que, même si, pour une raison particulière ou locale, ces disciplines devaient ou pouvaient être assouplies ici ou là, de telles rencontres seraient des occasions médiocres d'évangélisation, difficiles et ambiguës presque toujours.

Il faut souligner, au contraire, que les occasions normales d'évangélisation, les contacts quotidiens d'habitation, de travail, de relations amicales ou familiales, occasions où doit jouer la simple pratique de l'Évangile, sont les meilleures et ne comportent aucun risque de désobéissance à l'Église.

Cependant, les différents voisinages que nous avons de fait

avec les communistes ne nous mettent vis-à-vis d'eux à portée de voix que si, non seulement nous les traitons comme étant notre prochain, mais encore si nous devenons le leur. Être leur prochain, c'est d'abord être quelqu'un qui ne les évite pas. Être leur prochain, c'est être quelqu'un qui existe, dont l'existence soit assez ouverte pour être connue; n'être pas des repliés chez soi. Être leur prochain, c'est avoir dans cette existence connue d'eux une certaine densité, un certain poids de ce qui constitue pour eux un « homme véritable » : un homme capable de bien faire quelque chose, de le faire à fond, un homme tout de suite alerté par des faits qui les intéressent eux-mêmes, des faits qui éprouvent la vie des gens, depuis le fait d'un chômage personnel jusqu'à celui d'une catastrophe publique, depuis l'effondrement d'une mine jusqu'à la guerre d'Algérie.

En face de ces faits, ce qui nous rend pour eux un homme véritable est moins notre ligne d'action ou nos options, même si elles divergent des leurs, que l'intensité d'intérêt que nous y portons : l'intensité de cet intérêt, la priorité que nous donnons aux autres dans l'ensemble de notre vie, ce que nous faisons réellement pour autrui.

Est un homme véritable celui qui ne tait pas ce qu'il est et ce qu'il pense, qui n'obéit pas à la peur, surtout pas à celle de confronter ce qu'il croit à ce que nient les autres.

Dire et être compris.

Même à portée de voix, il ne suffit pas qu'on nous entende pour que ce que nous avons à dire soit entendu, soit compris, comme on dit « comprendre une langue ». La condition préalable, elle, relativement facile, c'est d'exprimer les réalités quotidiennes, quand nous en parlons avec eux, par des mots dont ils se servent eux-mêmes, sans les mots qui leur sont étrangers; cela joue sur le choix de braves mots français parmi lesquels il faut simplement préférer les uns aux autres.

Mais il faut que nous sachions bien que la langue limpide des passages les plus simples de l'Évangile est d'emblée intraduisible aux communistes. Tout l'Évangile vient de Dieu et va à Dieu et c'est le mot « Dieu » — et tout ce en quoi il est sous-entendu — qui non seulement redevient en milieu communiste *l'* « *intraduisible* », mais qui, par surcroît, signifie *le contraire* de toute représentation même la plus humaine de Dieu. Cet intraduisible, il faudra, pour évangéliser, le cerner, l'approcher, le faire présumer, le faire pressentir. Il faudra en témoigner par toute une attitude de vie, par des options, par des actes qui supposent Quelqu'un, invisible mais vivant, intouchable mais agissant.

Il faut aussi que nous sachions l'inadaptation du vocabulaire doctrinal par lequel sont généralement exprimées les bases humaines d'une « croyance en Dieu ». Cela nous a souvent été exprimé dans une langue morte, plus exactement la langue de gens morts depuis longtemps, langue sans vocabulaire pour dire ce que sont, dans le monde d'aujourd'hui, les traces de Dieu. Il y a là tout un humble travail d'intelligence dont l'évangélisation ne peut se passer et que Dieu nous laisse à faire comme étant notre tâche propre.

Évangéliser, c'est être un informateur, c'est annoncer une nouvelle à quelqu'un. Une nouvelle dans le sens de « dernière nouvelle », non une leçon d'histoire, mais une « actualité ». Évangéliser ce n'est pas raconter quelque chose qui s'est seulement passé, mais un fait qui se passe encore, qui est un élément de l'actualité, qui concerne chacun parce qu'il concerne le monde. Comme la nouvelle d'un nouveau traitement du cancer réduit l'horizon des craintes humaines, comme un nouveau voyage spatial élargit le champ de la vie humaine, comme une guerre évitée rétablit l'équilibre du monde, cette nouvelle met en cause le sens même de la vie.

C'est une nouvelle dont on peut douter, mais qu'on éprouve de la gêne à nier quand on connaît l'informateur, qu'on le sait véridique et exempt de folie dans la vie quotidienne, quand cet informateur se porte témoin du fait qu'il annonce, quand la nouvelle annoncée conditionne la vie même du témoin; une nouvelle qui s'apparente aux « découvertes sur la vie », non pas une dissertation philosophique.

L'informateur, le chrétien, est un homme qui, comme tous les hommes, est voué à la découverte du monde-univers, à son utilisation pour l'humanité, il y doit sa raison, toute sa raison, il se passionne pour le travail de l'homme, pour la progression de l'humanité dans le monde.

Mais l'informateur est un homme qui a buté sur le Mystère, un mystère sur lequel la raison n'a pas de prise, un mystère de la destinée de ce monde, de l'humanité, de chaque homme, le mystère fondamental du pourquoi de la vie et du pourquoi de la mort; pour le chrétien, cet informateur, le « pourquoi » est un « Quelqu'un », dépassant tout parce qu'il a tout voulu et tout fait; ce Quelqu'un s'est révélé à l'homme, a dit à quelques hommes la loi de la vie et son terme.

Ce Quelqu'un est aussi vivant que puissant, aussi puissant que vivant; il aime autant qu'il connaît tout ce qu'il a fait. Par le Christ, ce Quelqu'un a dit à l'homme toute la science de la vie éternelle. Il reste responsable du monde comme tous les hommes, par la vie et la mort.

Aussi ce chrétien n'est-il informateur que parce qu'il est, en ce monde, l'élève de Dieu. Il a appris de Dieu les lois de la vie éternelle qui germe, croît et s'épanouit de la naissance à la mort. Mais, parce qu'il est chrétien, il est proprement responsable de la germination, de la croissance, de la fécondité de cette vie éternelle dans l'humanité; il doit proclamer ces lois fondamentales de la vie à toute créature, il doit les vivre lui-même, les vivre pour ceux qui les refusent, par le don volontaire de sa vie à lui, don de sa vie ou don de sa mort. Il pèse d'un poids irrésistible — mystérieuse dialectique de Dieu — sur le destin éternel de toute l'humanité.

Cette nouvelle s'annonce dans la langue des hommes, mais c'est une nouvelle à laquelle le langage même du Christ est indispensable : ce langage est celui que le Christ tient à travers nous, que nous tenons en son nom à tout homme que nous rencontrons, à cet homme qui s'appelle notre prochain.

Dire ce qu'est la fidélité au langage du Christ sera à la fois l'introduction et la conclusion de cette note, comme ce pourrait être l'introduction et la conclusion de toute note sur toute évangélisation : le langage du Christ est celui d'un cœur fraternel et bon.

III. CONCLUSION OU INTRODUCTION : BONTÉ DU CŒUR ET ÉVANGÉLISATION FRATERNELLE

Quand le Saint-Père nous évangélise.

Il est certain que, même en vivant avec nous, les incroyants peuvent ignorer ce que sont les lignes maîtresses de la foi au Christ et les impératifs de sa charité. Il ne sert pas à grand-chose de nous en accuser parfois, de nous entraccuser plus souvent. Il ne sert pas davantage de préconiser des révolutions intérieures pour que nous apparaissions aux yeux des autres et aux nôtres comme des purs.

Il serait sûrement moins tapageur et peut-être plus efficace de procéder à une révision simple et paisible de notre foi; d'en dégager pour nous-même les lignes maîtresses et les impératifs de charité. Car il est douloureux qu'on ne les discerne plus en nous. Mais il est tout aussi douloureux que, pour avoir perdu de vue leur priorité ou leur urgence, nous ne les vivions plus nous-même.

Je donne ici un exemple récent, particulièrement actuel d'une telle révision de foi. Si je cite ce fait à titre de témoignage personnel, il est certain que bien d'autres gens pourraient en témoigner avec moi.

Le Saint-Père n'était le Saint-Père que depuis quelques semaines. Parmi les premiers actes publics dont la presse rendit compte, certains étaient la simple mise en pratique de la bonté chrétienne, ce que l'antique tradition appelle « les œuvres de miséricorde ». De courtes allocutions accompagnaient ces actes. Elles nous rappelaient en quelques mots un point précis du b-a-ba chrétien. D'autres points de ce b-a-ba étaient rappelés par d'autres actes et d'autres allocutions.

Il en résultait noir sur blanc que si, pour beaucoup d'entre nous, la bonté faisait en principe — un principe quelque peu oublié! — partie intrinsèque de la vie chrétienne, ce que nous appelions bonté n'était plus la bonté du Christ. Elle était à peine la bonté humaine, elle était entravée par de « bonnes » raisons qui, pour ceci ou pour cela, nous empêchaient d'être bons. Le Saint-Père, nous évangélisant, nous rappelait sans vacarme que là où il n'y a pas de bonté, il n'y a pas de charité.

Dévaluation de la bonté humaine. — Dévaluation du cœur.

En France, il suffit de voir la pente que prend le mot « bon » dans le vocabulaire courant pour percevoir la dévaluation de la bonté en tant que réalité humaine. Pour les hommes, la bonté est remplacée par des valeurs de substitution : on parlera volontiers de solidarité, surtout d'efficacité; les deux trouveront de l'héroïsme disponible. L'héroïsme de la bonté, lui, n'a plus beaucoup d'amateurs.

Là où on la tolère encore, la bonté est comme à double tranchant : on aime ceux-ci contre ceux-là; on aide les uns, on ignore ou on assomme les autres. A la bonté se substituent de « bonnes » dispositions de la société pour la société. Ces dispositions luttent authentiquement contre la souffrance et l'allègent. Mais elles ne remplacent pas pour autant la bonté. L'homme devient le n° 99 de la catégorie Z, aidé par le paragraphe A du texte n° 7.

En milieu chrétien, la bonté a souvent glissé sur l'échelon des bonnes mœurs; elle n'est plus soudée à la charité. Quand de « nouvelles mentalités » se substituent aux anciennes, la bonté laisse le pas à plus décoratif qu'elle : la solidarité, l'efficacité déjà nommées. Nous avions été mis en garde, à juste titre, contre une bonté qui serait sentimentalisme, ou agitation, non charité; mais nous en avons oublié parfois, souvent peut-être, que s'il peut y avoir de la bonté sans charité, il n'y a jamais de charité sans bonté.

Une autre dévaluation est courante, celle du cœur. Plus à la mode que le cœur est tout ce qui contredit pratiquement sa liberté : inconscient ou subconscient, hérédité, « science de nos profondeurs »... Le cœur est relégué dans le rayon où traîne la « presse du cœur » et ce qu'il y devient ne ressemble guère à lui-même.

Si le cœur est absent de la doctrine communiste, il est sans doute son plus important facteur d'action. Comme cela a été suggéré plus haut, chez les communistes, le cœur humain retrouve souvent des « fonctions » qu'il n'a plus chez des gens tombés dans l'indifférence ou dans l'athéisme passif.

Le communiste se dévoue pour d'autres, se sacrifie pour eux. Il peut abdiquer toute ambition personnelle pour ce qu'il estime être le bien d'autrui. Il peut payer sa sincérité du prix de son aisance, de sa sécurité, voire de sa liberté, voire même de sa vie. Les caractéristiques de son athéisme, un athéisme « pseudo-religieux » lui gardent un sens d'absolu qui disparaît chez les indifférents ou d'autres athées. Il lui reste de « vraies oreilles pour entendre », parce que son cœur est sans cesse interpellé, ne s'est pas assourdi dans le sommeil.

Mais comme cela a été dit aussi, le communisme déforme le cœur : il l'hypertrophie pour tout ce qui touche certains biens et certains malheurs, certaines tâches, certains événements; il exalte l'espoir des pauvres, non pas toujours d'une façon excessive, mais en lésant d'autres espoirs; il atrophie des aspirations fondamentales du cœur humain, il tranquillise, il endort tout ce qui est pierre d'attente de l'espérance; il asphyxie ce qui est sentiments, fidélité, amour personnels; surtout il captive la liberté du cœur; enfin, comme tous les athéismes, le communisme isole le cœur : tout ce qui, dans l'homme, existe pour une rencontre de Dieu devient chez l'athée, donc chez le communiste, zone de solitude. (Ces observations sont à nuancer par rapport à l'extrême diversité des hommes communistes.)

Mais le cœur d'un communiste reste un cœur d'homme, fait par Dieu, pour Dieu, apte à s'entendre appeler par Dieu, apte à aimer Dieu, un cœur d'homme d'avance investi par Dieu, en contact ignoré avec Dieu nié.

La bonté du cœur venue du Christ, donnée par lui, est pour le cœur croyant un pressentiment de Dieu lui-même. Elle a, pour le cœur incroyant, le goût inconnu de Dieu et elle le sensibilise à sa rencontre. Elle est, pour l'incroyant, insolite, liée à cet insolite absolu que Dieu est pour lui. Elle réveille, interroge les forces assoupies de son cœur, des forces inconnues de lui dont il constate en lui la réalité vivante. Elle sympathise avec ce qui, dans le cœur de l'incroyant, est à la fois le plus solitaire et le plus apte à se tourner intérieurement, secrètement. vers Dieu comme un possible.

La bonté du cœur, langage de l'Évangile.

L'Évangile n'est annoncé vraiment que si les chrétiens qui l'annoncent tendent de toutes leurs forces à avoir un cœur bon.

Car, même dans un monde peuplé de bonnes gens, la bonté d'un cœur converti au Christ ne ressemblerait pas aux autres bontés. Cette bonté propre au Christ ne laisse place à nos inventions que lorsque nous avons satisfait à ses lois qui sont strictes et précises. Elle réclame que nous aimions n'importe qui, jusqu'au bout et n'importe quand. Elle n'accepte aucune bonne raison de ne pas être bon. Et ce « n'importe qui » doit être pour nous le Pierre ou Paul qu'il est pour le Jacques ou Jean que nous sommes, car ce n'importe qui doit avoir pour nous la valeur irremplaçable, unique, qu'elle a pour Dieu.

La charité pour autrui est fraternelle et elle ne peut être que fraternelle. Nous *sommes* avec tout homme vivant frère de création et de rédemption. C'est un fait. Le vivre en est un autre. Cette fraternité *prime* tous les autres liens humains. Quoi que nous soyons les uns pour les autres par les relations de la chair et du sang, de l'affection et de l'amitié, de la société et de la proximité, nous resterons toujours des frères d'origine et de salut. C'est un fait : il faut le vivre.

Quand nous pratiquons une charité qui se veut le droit d'être maternelle, éducative, rectificative, nous dérapons du sol ferme de la réalité : nous ne sommes plus frères.

Près d'un incroyant, la charité devient évangélisation, mais cette évangélisation ne peut être que fraternelle. Nous ne venons pas offrir de partager généreusement ce qui serait à nous, c'est-à-dire Dieu. Nous ne venons pas comme des justes parmi des pécheurs, comme des gens qui ont conquis des diplômes parmi des gens incultes; nous venons parler d'un Père commun, connu des uns, ignoré des autres; comme des pardonnés, non comme des innocents; comme des gens qui ont eu la chance d'être appelés à croire, de recevoir la foi, mais de la recevoir comme un bien qui n'est pas à nous, qui est déposé en nous pour le monde : de cela découle toute une façon d'être.

Seul est fraternel un cœur converti.

L'Évangile n'est annoncé vraiment que si l'évangélisation reproduit entre le chrétien et les autres le cœur à cœur du chrétien avec le Christ de l'Évangile. Mais rien au monde ne nous donnera la bonté du Christ sinon le Christ lui-même. Rien au monde ne nous donnera l'accès au cœur de notre prochain sinon le fait d'avoir donné au Christ l'accès au nôtre.

Le cœur fraternel, fraternellement bon, traducteur de la bonne nouvelle ne peut être qu'un cœur converti. Le Christ revendique de nous apprendre lui-même ce qui est à la fois la condition et le signe de la conversion du cœur, ce qu'on ne peut apprendre et recevoir que de lui : *l'humilité* et la *douceur*.

Sans l'humilité et la douceur, il n'y a pas de cœur fraternel proprement chrétien, de bonté et d'évangélisation chrétiennes. C'est l'humilité et la douceur qui cicatrisent en nous la rébellion et l'orgueil originels. Sans elles, nous ne pourrions être pour Dieu des créatures vraies et des fils dociles. Sans elles, nous pourrions peut-être traiter les autres *comme* des frères, mais ils ne seraient pas, pour nous et pour de bon, *nos frères*.

Ce que nous sommes mais devons devenir : un peuple universel d'hommes doux et humbles.

Telle est la « race » du Christ, mais elle doit sans cesse se réaliser et chacun doit se livrer au Christ pour qu'il nous rende conforme à sa race. La fidélité à ce lignage du Christ est le front même de notre combat avec le monde. Souvent, nous situons notre combat ailleurs : il est dur pour nous, non de nous battre, mais de nous battre sans grandeur. Pourtant, quand un chrétien accepte de porter sur lui la signature vive du Christ, il met les cœurs incroyants en alerte.

Je cite ici un fait qui fonde cette affirmation, un des faits dont il ne m'était pas possible de « doubler » chaque paragraphe de ces notes. J'ai travaillé longtemps avec un communiste. Il était onéreusement fidèle à ses convictions et loyal à son parti. Il n'avait ni passé chrétien, ni mémoire chrétienne. Il me dit un jour : « J'ai connu un chrétien que je n'oublierai jamais. C'était un homme extraordinaire : il prenait à cœur tout ce qui arrivait aux autres; il ne parlait jamais de ce qui lui arrivait; il ne se défendait pas quand on lui voulait du mal. »

Je ne sais qui est ce chrétien. Mais, pour lui, j'ai souvent rendu et je rends encore grâce à Dieu. Je demande à Dieu de me faire lui ressembler, moi et beaucoup d'autres.

Les hommes de bonne volonté[1]

En lisant *Pacem in Terris*, nous sommes nombreux à nous être dit : les hommes de bonne volonté, à quoi les reconnaît-on? Comment ne pas être dupés par des apparences?

La question n'est pas facile. J'apporte simplement ici les réflexions qu'elle m'a suggérées.

C'est invisiblement que les hommes de bonne volonté peuplent la terre. La bonne volonté elle-même est invisible. Sa place est notre zone de solitude intime où Dieu seul pénètre et voit. L'homme créé par Dieu est un homme de bonne volonté. Saboté par le péché, réparé par le Christ, il demeure jusqu'à sa mort un homme de bonne volonté possible, capable de dire librement « oui » à ce que Dieu lui propose pour être bon, à ce qui lui *paraît* bien, à ce qui lui *paraît* bon. Certains devront dire ce « oui » ou le refuser chaque heure de leur vie; d'autres peut-être un seul instant, une seule fois.

Les actes visibles de la bonne volonté n'en sont que des témoins incertains. Il en est d'éclatants et rares; de minuscules et innombrables. En eux, pour nous, la bonne volonté semble évidente, tangible. Mais, devant des mensonges, des tromperies, des oppressions, des meurtres, des actes qui font du mal et sont le mal, nous sommes tentés ou de nier toute bonne volonté chez celui qui les commet, ou de ne rien vouloir savoir pour les excuser avec une confortable ignorance.

Dans les deux cas nous aurions tort.

Nous avons la possibilité de savoir si les actions extérieures d'un homme sont bienfaisantes ou malfaisantes et nous avons le devoir de les traiter en conséquence. Cependant, les meilleures

1. Article pour *Le Journal de la paix*, février 1964.

de ses actions témoignent imparfaitement sur la bonne volonté d'un homme; et les pires ne témoignent qu'obscurément contre elle.

En étant le vrai prochain de notre prochain, nous pouvons entrevoir ce qui, dans la bonne volonté, est perceptible. On ne peut aimer pour de bon les autres sans les connaître, sans savoir, plus ou moins, ce qu'ils *savent.* On apprend ainsi que, pour beaucoup, les circonstances de leur vie furent maîtresses de mensonges dont les mauvaises leçons ne furent jamais contredites. On apprend que certains ont eu leur conscience éduquée, pétrie, formée de telle sorte qu'ils appellent, avec une certitude entière, tel bien un mal ou tel mal un bien. On apprend encore que d'autres ont été habitués depuis toujours à ne voir qu'un aspect des choses, un côté du monde, un morceau de la vie et cette habitude est devenue en eux comme une infirmité de la vue.

Le Christ nous a donné sa bonne vérité, sa Bonne Nouvelle, mais il ne nous a pas donné le monopole de la bonne volonté. Quand passe un saint, des éclairs font éclater le ciel des hommes. Nous sommes, nous, des clignotants au ras des routes. Le saint connaît sa fraternité d'infirmité avec tous. Il crie vers Dieu et reçoit la force de Dieu pour faire la vérité de Dieu.

Nous savoir faibles de la faiblesse commune nous permet de pressentir la bonne volonté et de devenir, peut-être, au seuil du cœur, un signal de l'amour du Christ.

CINQUIÈME PARTIE

La leçon d'Ivry

Milieu athée, circonstance favorable à notre propre conversion, 16 septembre 1964.

De la dernière conférence de Madeleine, il faut souligner le titre qui en une ligne est son testament d'espérance : « Milieu athée, circonstance favorable à notre propre conversion. »

Et voici l'impression de l'organisateur de cette rencontre :

« *Notre amie, je m'en souviens, avait parlé de la mort pour la comparer à la foi. Je l'entends encore nous dire :* « On entre seul dans la foi comme dans la mort. » *Sans négliger la communauté que forment les croyants, elle avait tenu à nous dire :*
« Il faut savoir être seul avec Dieu pour faire une communauté. C'est comme une forêt qui est belle si chaque arbre est fort et a des racines puissantes : ces racines sont solitaires. »

« *Madeleine Delbrêl avait conquis son auditoire de quelque quarante étudiants et étudiantes. Quelques jours plus tard, elle m'écrivait pour me dire combien cette rencontre l'avait elle-même plongée dans la jeunesse, la sienne, toujours vive. J'ai su, d'autre part, par des remarques de certains auditeurs, l'impression qu'elle avait faite : c'est la réalité de sa foi, plus forte, plus consistante que le vide de l'athéisme qui nous avait tous frappés.*

« *Et je ne dis rien du charme qui émanait de sa personne, de ses propos !...* »

Une des constantes de la vie de Madeleine est l'horreur qu'elle avait de la mort. Cela n'entamait en rien sa foi mais c'était chez elle une répulsion physique, une chose littéralement insupportable. Je pense que, sans le formuler, c'était vraiment pour elle le désordre fondamental apporté au monde par le péché.

Dans le Dieu est mort, vive la mort *de ses dix-sept ans, dans les poèmes de* La Route *de ses vingt ans, cette pensée de l'absurdité de la mort est sous-jacente.*

Convertie, elle vit d'autant plus de la Résurrection, mais toute son existence elle restera blessée profondément en sa chair : ce n'est ni une peur, ni une angoisse personnelle, mais « que la vie même soit frappée à mort » et chaque mort lui rappelle cela.

Ayant appris l'accident, au Brésil, d'un prêtre, Paul Xardel, qu'elle connaissait, elle écrivait, deux mois avant sa propre mort à elle, au compagnon de ce Père :

« Ce que je peux vous dire, c'est que je réalise *jusqu'au plus profond de moi-même ce que cette épreuve est pour vous. Parce que je n'ai pas de dispositions pour la mort, je disais hier soir à L. : « Comme il est étrange qu'en trente ans de vie commune aucune de nous ne soit morte. Quand j'y pense, je me sens incapable de supporter la mort de l'une d'elles. J'ai bien du mal à ne pas souhaiter d'être la première. C'est sans doute de la féminerie, mais c'est le pauvre cœur aussi... et les hommes les plus forts en ont un! » Ceci était écrit le 22 août 1964.*

Le 13 octobre, en moins d'un quart d'heure, alors qu'elle écrivait, Madeleine Delbrêl mourait.

Le rayonnement de son message commence.

« Nous ne sommes pas les premiers à devoir, en tant que chrétiens, étrenner un « temps nouveau ». D'autres ont dû avant nous marcher sur des sols inconnus sans pouvoir imiter un précurseur, un camarade. Mais Dieu reste père : s'il le faut, il nous envoie des guides... et la grâce de les reconnaître [1] ... »

Nous pensons que Dieu a préparé Madeleine dans les trente années qui ont précédé le Concile pour être, après le Concile, l'un des guides de la vocation chrétienne nouvelle et ancienne.
Elle nous rappelle trois choses :

— *La présence au monde a ses dangers :*
« On pourra voir alors la vie chrétienne normale basculer sous l'hypertrophie du sens apostolique, la vie apostolique s'affaisser sous l'exclusivité d'une mission particulière, la vie missionnaire être vidée par l'obsession de la présence au monde, la présence au monde s'effacer devant la vocation au monde [2]. »

— *Nous possédons le remède et le secret de l'action :*
« Le premier de nos engagements temporels est de connaître Dieu au maximum pour Le glorifier au maximum et pour compenser au maximum la méconnaissance de notre proche prochain vis-à-vis de lui.

« Si nous sommes convaincus de ce premier devoir temporel, nous pouvons, je crois, affronter tous les autres devoirs temporels sans déséquilibrer notre vie surnaturelle : ils nous insèrent irréductiblement dans le premier et dans le second commandement du Seigneur [3]. »

— *Alors plus rien de la vie des hommes ne nous sera étranger :*
« Quand nous pleurerons avec ceux qui pleurent parce qu'un enfant est mort qui aurait pu ne pas mourir; parce qu'un homme mutilé aurait pu ne pas l'être; parce qu'un homme a passé vingt ans en prison et qu'il aurait pu ne pas les passer, alors peut-être saurons-nous espérer, avoir un cœur qui ressemble, par l'espoir, au cœur même de Jésus-Christ [4]. »

1. « La leçon d'Ivry », p. 291.
2. « A la suite d'une décision romaine », p. 169.
3. « Lumière et ténèbres », p. 208.
4. « Espoir marxiste et espérance chrétienne », p. 251.

Milieu athée, circonstance favorable à notre propre conversion [1]

Je suis généralement sans complexe devant les gens dont on dit à Ivry : « Ils ont de l'instruction. » Mais quand je dois faire à ces gens quelque chose qui ressemble à un topo, les complexes me menacent. Heureusement, ma qualité de gasconne m'empêche de sombrer dans une timidité inhabituelle chez moi. Donc allons-y.

Merci de ne pas m'avoir donné l'un de ces sujets où le mot « communisme » arrive « bille en tête ». Je ne les aime pas. En effet, malgré sa volumineuse actualité, le communisme en soi n'est pas actuel. S'il est chargé de fruits, il est un arbre centenaire.

Anti-religieux, plus que a-religieux, simpliste, dogmatique, propagandiste, tapageur, son contact nous donne seulement, sauf dans les pays qu'il gouverne, un apprentissage élémentaire pour les rencontres plus sévères des athéismes contemporains : scientifique, technique ou pratiquement matérialiste.

Mais vous me demandez la leçon spirituelle que m'a donnée Ivry. Pour cette leçon, Ivry fut mon école de foi appliquée — trente ans sur soixante ans de vie. Dans cette ville, une ville marxiste, enseignants et moniteurs étant mes relations vivantes avec des communistes, je vous parlerai d'eux bon gré mal gré. Je signale pourtant que la leçon reçue à Ivry déborde très largement les questions posées par le marxisme.

A en parler il y a un autre et grave motif :

Plus que tous autres athées, les communistes ont été signalés comme des milieux dangereux, presque impropres à la vie de foi. Il ne faut pas s'en étonner, étant donné les accidents retentissants et combien douloureux survenus au travers des rela-

1. Cette dernière conférence a été faite à un cercle d'étudiants le 16 septembre 1964.

tions entre chrétiens et communistes — ces effondrements firent plus de bruit à eux seuls que l'effondrement silencieux de la foi dans des milieux ou des régions entières —, effondrements où le communisme n'était pas impliqué.

Ces mises en garde motivées peuvent soulever un paradoxe déroutant; la foi, faite pour être annoncée, paraîtrait difficilement viable là où elle n'a pas été annoncée.

Cette apparence d'une foi trop faible pour supporter le contact d'un athéisme doit être arrachée : la foi est faite pour vaincre le monde — là où elle paraît vaincue, il ne s'agit pas d'elle-même, mais de notre vie de foi, d'une vie de foi soit amputée, soit altérée.

La question vaut la peine d'être clarifiée, car elle pèse sur l'évangélisation du monde actuel. Il nous faut savoir :

— si les athéismes d'aujourd'hui constituent pour les chrétiens des tentations devant lesquelles ils succombent ou peuvent à peine survivre;

— si, au contraire, ces milieux athées constituent pour nous des lieux auxquels Dieu nous destine, des circonstances favorables où la foi peut croître vigoureusement en nous et être annoncée aux autres.

Cette seconde hypothèse, je l'ai expérimentée comme vraie; d'autres chrétiens l'ont expérimentée comme moi. Je la sais pourtant trop subjective pour servir de matériau à une théorie ou à un système. Mais elle a pour moi valeur de certitude : valeur de fait.

Je n'ai pas l'intention de vous raconter mes mémoires!... Ce serait un peu long pour vous et pour moi! Je me contenterai donc d'un genre de « morceaux choisis »... Mais le thème de ces entretiens sera pourtant : « *Milieu athée, circonstance favorable à notre propre conversion.* »

Rentrée des classes : Une élève sans préparation.

Depuis que j'avais l'âge de raison, mes parents m'avaient destinée à être pianiste — j'avais peut-être ce qu'on appelle des dispositions... mais aucune ne ressemblait à du génie. Pourtant, mes études scolaires durent se loger dans les heures que le piano n'envahissait pas. J'ai donc poussé en dehors de toute discipline d'enseignement.

J'ai vécu aussi, et cela fut une chance, hors des cloisonnements sociaux : ma famille était faite de tout; par voie de conséquence, moi aussi. Dans cette situation anarchique, dès mon arrivée à Paris, vers treize ans, l'Intelligence avec un grand I eut la première place dans mon échelle de valeurs.

Dans une famille incroyante, au hasard des déplacements d'un père cheminot, j'avais trouvé des gens exceptionnels qui me donnèrent de sept à douze ans l'enseignement de la foi. A Paris, d'autres gens exceptionnels me donnèrent une formation contradictoire. A quinze ans j'étais strictement athée et je trouvais chaque jour le monde plus absurde.

Comme travail, je devins une bricoleuse dans un univers où la politique ne pénétrait pas.

A vingt ans, une conversion violente suivit une recherche religieuse raisonnable.

J'étais donc une convertie récente mais assez solitaire quand, en 1933, j'arrivai avec deux compagnes à Ivry pour y vivre librement l'Évangile.

A tout hasard, j'avais fait des études d'assistante sociale.

A Ivry, des surprises m'attendaient. Ce furent précisément d'abord des surprises sociales.

— L'inégalité des conditions de vie, la condition ouvrière en ce temps-là — avant 1936 — me laissa stupéfaite. (Dans toute une vie, pas un jour de congé qui ne soit férié ou dimanche...)

— Surprises sociales liées à une surprise chrétienne.

Les chrétiens qui vivaient là semblaient parfaitement accoutumés à ce qui me laissait stupéfaite. Les trois usines dont les salaires étaient les plus bas avaient pour patron et propriétaire des catholiques vivant sur place. A Ivry et dans la région, des usines « chrétiennes » bâtissaient des églises.

Ce fut aussi la surprise d'une ville communiste. Simultanément, je découvrais une ville communiste, moi qui ignorais tout du communisme, sauf qu'en Russie il avait fait la révolution. Un drapeau rouge permanent flottait sur la mairie. Les murs de la ville étaient recouverts, avec un remarquable renouvellement, d'affiches multiples annonçant les événements locaux les plus divers : films soviétiques, conférences idéologiques, meetings d'action, kermesses municipales, baptêmes civils, pâques rouges, etc.

Ce fut encore la surprise de communistes tels que je les vis et tels qu'on me parlait d'eux. Dans la rue, des gens se saluaient gaiement en se tendant le poing. Dans les H.B.M., les gosses étiquetaient le camp adverse de « cocos » et de « curés » et se livraient à des batailles rangées. La municipalité communiste qui gouvernait Ivry depuis plusieurs années avant notre arrivée, accordait ou refusait certains privilèges ou aides selon l'école que fréquentaient les enfants, la carte du parti, etc.

Dès que nous avons été repérées en tant que « curés », il nous arriva de recevoir des pierres dans la rue comme les « curés » en recevaient eux-mêmes. Les chrétiens de notre paroisse nous fournirent une liste où étaient soigneusement notés les commerçants communistes auxquels nous ne pouvions, sans trahir, donner notre clientèle.

Par goût de l'information, j'assistai à une réunion électorale de Maurice Thorez : une salle comble dans le plus grand cinéma d'Ivry. « Maurice », il ne s'appelait qu'ainsi à Ivry parmi ses camarades, arriva portant une énorme gerbe de roses rouges; la foule se leva, poings dressés, et entonna *l'Internationale.* Je ne me souviens pas si c'est ce soir-là, ou un soir analogue, que j'entendis chanter *la Marseillaise* et que je découvris son inspiration primitive.

Surprise enfin de contacts directs avec des communistes : j'ai d'abord eu des contacts « à la base » avec des communistes de mon quartier. Puis, assez vite, des contacts quotidiens de collaboration avec la municipalité pour des tâches communales. Ces tâches, n'importe quelle municipalité les aurait eues en charge parce que nécessaires à la ville. Refuser de travailler, dans de telles circonstances, avec des responsables administratifs de la ville, parce qu'ils étaient communistes, équivalait à faire une grève de citoyen.

Ces contacts de quartier et ces contacts de travail m'ont permis de savoir *qui* étaient les communistes et par eux ce qu'était le communisme.

J'ai connu alors chez eux la générosité, le désintéressement, les sacrifices de leurs militants; j'ai connu — distinct du prosélytisme — leur accueil chaleureux, cordial, une fois tombés les *a priori* de méfiance. L'estime et l'affection que je leur donnai, je ne les ai jamais reprises.

C'est dès ce moment-là que je commençai mes études « marxistes ». La façon de penser et d'agir de mes nouveaux amis me posait question sur question quant à leur idéologie. Sans essayer de planifier ces questions, j'en cherchai les réponses dans les textes orthodoxes du communisme.

Dernière surprise de la rentrée des classes.

Travaillant de plus en plus avec les communistes, de plus en plus d'accord avec eux sur le monde scandaleux où nous vivions ensemble et l'efficacité qu'exigeait la suppression de son scandale, j'arrivai à envisager une décision qui me paraissait harmonieuse. Je leur laissai leur athéisme, je gardai notre Dieu et ensemble nous luttions pour la justice humaine.

Avant de prendre cette décision, il me parut normal de relire l'Évangile d'un bout à l'autre. En effet, si je ne l'avais pas abandonné, je m'étais peu à peu spécialisée sur des pages auxquelles je revenais sans cesse : celles où le Christ stigmatise mauvais riches et pharisiens; appelle au secours vers les pauvres; celles où le Christ m'apparaissait comme le leader révolutionnaire des petits et des opprimés. C'est une espèce de besoin d'honnêteté qui me fit entreprendre une relecture complète.

Tout en exigeant que j'aime mes amis communistes infiniment plus que je les aimais, l'Évangile éclairait brutalement entre moi-même et le communisme un désaccord fondamental jusqu'à nouvel ordre irréductible. J'étais fort ennuyée... Tellement ennuyée que j'achetai dare-dare une brochure des éditions communistes : *Lénine et la religion*, dont tous les textes sont de Lénine lui-même.

Cette lecture fut aussi brève qu'efficace : la position du communisme par rapport à la religion, était exposée avec toute la clarté et la fermeté désirables. Lénine précisait successivement :

— qu'il y avait une incompatibilité radicale entre le communisme et la religion;

— que la destruction de la foi chez les croyants était une œuvre majeure du communiste, nécessaire pour mener sa tâche à bien;

— que la foi ne pouvait être une « affaire privée » chez un membre du parti;

— que l'adhésion d'un prêtre au parti était le cas de conscience du prêtre agissant en contradiction avec lui-même, non une question pour le parti;

— que les discussions étaient des armes vaines contre la religion, l'arme adaptée était d'agir avec le croyant tout en l'enseignant.

Quelques indications me permettaient de savoir à quel stade du traitement je me trouvais.

D'un seul coup, tout fut tranché. Je le rappelle, j'étais convertie récente — j'avais été et je reste éblouie par Dieu. Il m'était, comme il me reste, impossible de mettre sur une même balance Dieu d'un côté, de l'autre tous les biens du monde, que ce soit pour moi ou pour toute l'humanité.

Je dis les choses telles que je les vivais à mes camarades... et depuis je les ai redites aussi souvent qu'il a fallu. A Ivry, j'ai accepté de travailler avec eux pour des objectifs définis, limités dans le temps, chaque fois où ces objectifs coïncidaient avec les commandements du Seigneur. J'ai refusé toutes les fois où agir avec mes camarades était agir directement ou indirectement contre Dieu. Chaque fois où il en est besoin, j'ai donné mes références : Les paroles du Christ. J'ajoute que j'ai aussi refusé de sauter « d'une action dans l'autre » sans avoir, entre les deux, le temps de penser et de prier — cela m'a évité les engrenages aveuglants... Ça continue depuis trente ans.

MORCEAUX CHOISIS DANS LES ANNÉES SCOLAIRES.

Leçon pratique sur l' « Église militante ».

Il faut apprendre que la vie de guerre n'est pas la vie de caserne. Nous avons eu l'occasion, à plusieurs reprises, d'apprendre dans la simple vie quotidienne, qu'il y a une notable différence entre le service militaire en caserne et le service militaire pendant la guerre.

Des siècles de générations où des chrétiens vivaient avec des chrétiens, avaient transformé pour nous — sauf exceptions que des historiens me jetteraient à la figure — la vie de l'Église militante en vie de caserne. Dans de nombreux milieux, régions ou professions, la foi était tenue un peu comme héréditaire; la définition du chrétien se confondait souvent avec celle de l' « honnête homme ». L'incroyant était un pécheur de mauvaise volonté.

On pouvait avoir fait beaucoup de grandes manœuvres, on avait pu accéder aux écoles supérieures de stratégie... sans avoir jamais été blessé, terrassé, sans avoir connu le danger de mort. Là où les temps actuels réservaient des coups à la vie chrétienne, nous n'avions pas de muscles; là où il fallait savoir lutter, nous avions surtout appris à discuter.

C'est *cette* vie de foi atrophiée de ce qui est elle-même, alourdie parfois d'apports étrangers, qui fut déconcertée par les milieux athées contemporains; c'est elle qui donna des signes impressionnants de faiblesse, c'est elle qui nous fit croire et fit croire à d'autres que la foi, la foi réelle, était inviable là où elle devait être annoncée.

La vraie vie de foi tient et se développe en milieu athée. D'avance, elle se sait vouée aux coups durs, elle ne va pas les chercher mais elle est rassurée quand elle les reçoit. C'est une vie dont la paix est une lutte et pour laquelle une tranquillité moelleuse est suspecte.

Il faut apprendre que la foi de l'Église militante est un état violent.

La conversion est un événement violent. Dès ses premières pages, l'Évangile nous appelle à la *metanoia* — convertissez-vous c'est-à-dire retournez-vous, ne vous regardez plus, faites-moi face.

Le baptême a effectué ce retournement violent. Mais en nous cette conversion peut être à peine ou pleinement consciente; à peine ou pleinement volontaire; à peine ou pleinement libre.

La conversion est un moment décisif qui nous détourne de ce que nous savons de notre vie, pour que, face à face avec Dieu, Dieu nous dise ce qu'il en pense et ce qu'il en veut faire. A ce moment-là Dieu nous devient suprêmement important, plus que toute chose, plus que toute vie, même et surtout la nôtre. Sans cette primauté extrême, éblouissante d'un Dieu vivant, d'un Dieu qui nous interpelle, qui propose sa volonté à notre cœur libre de répondre « oui » ou de répondre « non », il n'y a pas de foi vivace.

Mais si cette rencontre est l'éblouissement de tout nous-même par Dieu, cet éblouissement pour être tout à fait vrai, doit être tout à fait obscur. Avoir la foi vivante c'est être aveuglé par elle afin d'être conduit par elle; il nous est difficile d'accepter celle qui fut appelée « la lumière noire ».

A l'école d'Ivry, on apprend que la conversion et sa violence durent toute la vie.

La vie nouvelle, le monde neuf, où la « lumière noire » nous guide, nous tendons sans cesse à en faire notre vieille vie, et un monde fait de main d'homme : une vie où la foi ne bouscule rien; un monde avec lequel la foi s'accorde sans accrochage.

Nous retomberions dans ces compromis sans la vigilance de Dieu qui permet à la foi de rester vraie en l'éprouvant. Il est bien intéressant de voir dans la vie des saints l'imagination de Dieu à l'œuvre... de la voir aussi à l'œuvre dans la vie des gens que nous connaissons et qui ont simplement voulu être des chrétiens pour de bon. Par des circonstances ou des événements prodigieusement variés, on voit dans chacune de ces vies la raison qui, restant elle-même, doit obéir à la foi; l'espérance contrainte à se passer d'espoir, la charité faire exploser l'amour. On touche là, quelles que soient leurs apparences, les phénomènes d'une seule vie; les mêmes conditions nécessaires à son développement et à sa fécondité.

Les épreuves de la vie de foi en milieu marxiste ne me paraissent pas être autre chose. Mais, pour qu'elles ne nous écrasent pas, il faut que nous soyons certains que ces épreuves sont des conditions normales de notre vie, que leur aspect ne change rien à ce qu'elles doivent opérer de nécessaire en nous. Il semblait autrefois que les cloîtres aient l'exclusivité de ces épreuves et c'est sous l'habit religieux que les docteurs mystiques nous les présentaient — aujourd'hui elles marchent dans la rue, habillées de prêt-à-porter. C'est peut-être pour cela qu'on ne les reconnaît pas toujours.

De cela il y aurait assez d'exemples pour qu'on puisse écrire avec eux de nouveaux *Châteaux de l'âme* ou de nouveaux *Chemins de perfection.*

Disparition de Dieu et solitude.

Dans une ville communiste, ce qui peut nous éprouver le plus sensiblement, c'est souvent la disparition d'un Dieu jusque-là apparent, évident, pour nous. Cette disparition a pour signe une totale « inutilité » de Dieu éclatant dans la vie des communistes et dans la vie de la ville en tant que cité.

Comme corollaire de cet état de fait, éclate une épiphanie de l'homme, de sa valeur, de sa puissance, de son destin collectif. Car si le milieu exceptionnel communiste d'Ivry : responsables nationaux, régionaux, locaux, tous formés doctrinalement selon l'échelle de leurs responsabilités — militants de base, chargés de tâches variées à l'extrême, depuis le collage d'affiches jusqu'aux postes administratifs en passant par les responsabilités de mouvements para-communistes, de groupes éducatifs, culturels, de rencontres internationales, si ce milieu est à la fois la démonstration de vertus personnelles indiscutables et d'une efficacité humaine en plein labeur, on semble s'y passer fort bien de Dieu et Dieu ne semble manquer, ni à rien ni à personne.

Un tel milieu peut nous mettre dans une *tentation* où nous ne reconnaissons pas *l'épreuve*. Tentation d'autant plus forte que nous pouvons voir peu à peu ce qui était autrefois pour nous signe de Dieu, *avec* les yeux de nos camarades et de nos amis.

Ces signes nous paraissent alors illisibles pour celui qui ne sait pas d'avance ce qu'ils veulent dire.

Simultanément, malgré les plus grandes affections, nous nous sentons devenir étrangers aux autres par la foi qui précisément nous les fait aimer de plus en plus. Il se peut qu'à ce moment-là nous accusions la foi tout haut ou tout bas d'être étrangère à notre monde. C'est une grande souffrance. Si nous ne voyons pas, camouflée par la tentation, l'épreuve nécessaire, nous pouvons très facilement succomber. Mais, si, au contraire, nous croyons en celui qui, nous ayant appelés, est fidèle, si nous lui demandons ses leçons, il nous dit, à cette occasion, ce que nous avions oublié et peut-être jamais su tout à fait pour être des convertis vivants : la foi est un don de Dieu.

Don de Dieu, la foi, étrangère au monde, est donnée au monde. Croire, c'est consommer entre elle et lui, dans le temps, une alliance éternelle.

Si elle fait des fidèles, il ne s'agit pas d'une fidélité de sang, de patrie ou d'honneur, mais d'une fidélité personnelle au Dieu vivant qui appelle et auquel celui qui est appelé doit répondre librement et toujours avec son cœur d'homme libre.

A cet appel, comme à cette réponse, la solitude est nécessaire. Elle n'est plus tentation mais l'indispensable lieu de contact avec Dieu. La prière renforce ses racines — notre vision de toute communauté dans l'Église se transforme — les arbres qui doivent former ensemble une forêt vivent chacun de leurs racines solitaires. Nous apprenons que, pour nous proposer la foi, Dieu appelle chacun par son nom, que la foi n'est pas un privilège dû à l'hérédité ou à notre bonne conduite... qu'elle est la grâce de savoir que Dieu fait grâce, la grâce d'être dans le monde voué avec le Christ à sa mission de Rédemption.

Remis en état de conversion, nous apprenons que la foi au Fils de Dieu et au Fils de l'Homme nous lie inextricablement à Dieu qui la donne et à l'homme, l'homme de la création, l'humanité tout entière. Car nous aussi nous pouvons dire « un pour tous ». C'est pour tous que chacun de nous reçoit la foi.

La solitude où Dieu nous a poussés nous rend consciemment solidaires de tout homme venant en ce monde, de toutes les nations que le Christ convoquera au dernier jour.

La foi et le temps.

L'accusation d'anachronisme que nous murmurions sur la foi, elle aussi, peut être ou tentation malfaisante, ou épreuve qui nous régénère. Nous pouvons apprendre que la foi est, en nous pour tous, un engagement temporel de l'amour éternel de Dieu. « La foi passera », dit saint Paul, elle durera en chacun de nous le temps que nous durerons nous-mêmes. Elle passera avec le monde quand le monde passera.

A être taxés souvent d'idéalisme, nous nous demandons, philosophes ou non, si nous n'avons pas fait, avec la foi, de la philosophie sans le vouloir. Nous nous demandons si, dans notre vie pratique, la foi a gardé son réalisme propre, celui d'une vie viable seulement *dans* la vie de l'homme que nous sommes, dans cet homme créé par Dieu, mobile, évolutif, changeant. Il semble que, soi-disant au nom de la Rédemption, il nous arrive d'annuler un peu de la création : sous prétexte d'être chrétiens, nous nous évadons de la condition humaine. Dans des cas extrêmes, nous faisons de la foi ce que les spirites font des « esprits » : esprits qui les inspireraient, leur parleraient, mais resteraient comme flottants autour d'eux. Plus fréquemment encore, nous pourrions dire de la foi : « J'y suis comme un poisson dans l'eau. » Or, la foi nous est donnée pour que nous devenions elle et pour qu'elle devienne nous-mêmes.

Nous-mêmes, Dieu nous a inventés quelque part dans l'histoire de son univers, soumis aux lois de la création. Ces lois nous lient non seulement au temps, mais à un temps qui nous conditionne. La foi que Dieu nous donne en 1964 est une foi pour 1964. Elle n'a pas pour but de faire durer ce qu'elle fit pour tel ou tel temps et qui est passé avec lui. La foi est faite pour que l'amour éternel de Dieu soit révélé aux hommes à travers tous les temps. Elle est faite pour toutes les évolutions comme pour toutes les vitesses temporelles. La foi que tant d'hommes ont portée en eux sur les routes ne quitterait pas un homme bondissant dans une fusée. La foi aurait pour cela besoin de moins d'entraînement que notre corps et peut-être que notre courage. La foi est vouée à la vie éternelle, mais elle est mobile et diversifiante autant que l'est notre programme.

Un maitre qu'on n'attendait pas.

Les temps nouveaux et leur guide.

Nous ne sommes pas les premiers à devoir, en tant que chrétiens, étrenner un « temps nouveau ». D'autres ont dû, avant nous, marcher sur des sols inconnus sans pouvoir imiter un précurseur, un camarade. Mais Dieu reste Père, il n'éprouve pas pour faire tomber en tentation. S'il le faut, il nous envoie des guides... et la grâce de les reconnaître.

Avec l'aube de chaque temps, ces guides surgissent. Aujourd'hui, Paul VI est le pape de l'Église en route, il veut trouver en marchant la ressemblance du Christ et la rencontre du monde. Pour nous mettre sur cette route, bien des guides nous l'ont signalisée. Rappeler leur mémoire ou les évoquer serait chose trop longue. Je parlerai d'un seul d'entre eux : Jean XXIII. Il est inséparable de la leçon spirituelle dont je parle avec vous. Il en fut le dernier maître : celui qu'on n'attendait pas. Il nous a ramenés là où nous avions besoin de revenir : à la maternelle.

« Un tout petit miracle. »

J'ai lu un livre de gosse qui portait ce titre, je pense que Dieu a donné aux pauvres gosses que nous sommes — pauvres gosses qui ne sommes pas de vrais enfants — « un tout petit miracle ». Ce miracle est Jean XXIII.

Je ne cherche pas le comique en rapprochant de ce gros homme qui fut un grand pape les mots : « un tout petit miracle ». Au temps des prodigieuses découvertes humaines, au temps où l'humanité étreint l'univers de façon vertigineuse, nous aurions, si nous avions demandé un miracle, demandé un prodige à taille cosmique... ou bien, dans l'Église, des transformations soudaines et universelles. Nous aurions demandé du stupéfiant et de l'immense. Un tel prodige, je ne sais si certains de nous l'ont demandé. En tout cas, ce que nous avons reçu ce fut un pape, un vieux pape, venu de chez les pauvres, homme parmi tous les hommes, prêtre parmi les prêtres, évêque parmi les évêques. Ce pape a pris la vitesse de notre temps. Il s'est mis au travail comme s'il disposait d'une vie à peine entamée. Il a travaillé se sachant condamné à mort. Il savait que le Christ avait racheté le temps, chaque temps de tous les temps. Il n'a pas flâné en ébranlant des décors, en se libérant, quand faire se pouvait, d'une situation antipathique ou incompréhensible à la plus large part du monde. Il a été au plus pressé, il a pris les paroles du Christ à la lettre, sachant que les palais et les administrations ne peuvent pas à eux seuls les retenir. Il les a vécues avec son réalisme de paysan. Ce qu'il n'avait pas le temps de faire, il l'a laissé pour que Dieu trie l'ivraie et le bon grain. Il a laissé le dépérissement agir, se contentant de ne pas lui venir en aide.

Ce pape a tendu les bras au monde entier et l'a saisi. Il a été le proche de tous, laissant à la Providence ce que du destin des classes, des races, des masses, il n'avait pas le temps de réaliser. Il a pris au monde d'aujourd'hui la voix que la technique lui offrait pour atteindre aux quatre coins de la terre chaque homme dont Dieu est le père.

De Dieu paternel et bon, il fut le témoin humble, fidèle et retentissant. Il témoigna lui appartenir comme tout homme vivant. Parmi les hommes créés par Dieu, il se situa lui aussi d'abord comme une réalité. Il nous a fait comprendre que seule notre volonté raisonneuse peut tenir captive la mission du Christ. Que cette mission est libre quand celui qui la porte en lui obéit à celui qui la lui donna.

Mais il nous a rappelé que si l'Évangile du Christ doit être annoncé en langues humaines, il ne peut être séparé du langage même de Jésus-Christ, de ce langage qui est la bonté. Il nous a rappelé que la bonté tellement dévaluée dans le monde..., et aussi chez nous, était avec notre cœur la chair de la charité. Au bout de ses premières semaines de pontificat, beaucoup d'entre nous se sont reconnus analphabètes de l'Évangile. Il nous parlait des « œuvres de miséricorde » comme d'une science de la Maternelle. Nous, nous ne savions même plus leur nom. Mais quand il « pratiquait » l'une d'entre elles, les incroyants devant leur télévision, leur radio, leur journal, s'étonnaient comme devant un phénomène inconnu.

Il s'est mis simplement et clairement au seuil du cœur de chaque homme, non en juge, mais en ami, réservant solennellement à Dieu de reconnaître en chacun la bonne ou la mauvaise volonté. Dans notre planète convulsée de peur, il n'a pas attendu les lentes pacifications auxquelles il œuvrait, pour être lui-même un pacifique. Il nous a laissé la sécurité de son réalisme, celui d'un paysan qui connaît les lois des semailles et des vendanges. Il nous a appris que, quel que soit le sol de notre monde et de notre temps, les paroles du Christ sont des lois immuables, qu'elles ne passeront pas même lorsque le ciel et la terre passeront.

Quand il mourut, pendant que tant d'incroyants pleuraient, il nous restait de savoir être reconnaissant qu'il ait vécu. Il nous reste encore à solder la dette analogue sans doute à celle des gens qui ont connu des saints : il nous reste à faire ce qu'il nous a appris... qu'on vive à Ivry ou qu'on vive ailleurs.

Jean XXIII nous a démontré que même pour un pape la vie chrétienne est viable dans notre monde et dans notre temps.

Postface

par L. Augros

A ceux qui ont entrepris de rassembler et d'ordonner ces textes qui nous ont permis d'entendre encore la voix de Madeleine Delbrêl, ces lignes voudraient dire un grand merci. Notre temps demeure si proche de celui où ces paroles furent écrites ou prononcées! Les problèmes posés à notre foi sont tellement les mêmes! C'est pourquoi les réactions exprimées en ce livre peuvent être pour nous, gens d'aujourd'hui, lumière et réconfort.

La meilleure manière de le prouver n'est-elle pas de dire ce que fut pour nous cette femme durant les années 1940 à 1954, c'est-à-dire en ce tournant si brusque de l'histoire de l'Église et du monde?

Madeleine Delbrêl ne fut, on l'a vu, ni une femme de lettres, bien qu'elle ait écrit des pages admirables qui pourraient trouver place dans une anthologie de textes classiques, ni un de ces chrétiens qui, par le rôle qu'ils ont joué dans l'Église, se sont imposés à l'attention de manière si évidente qu'ils furent conviés à représenter leurs frères et sœurs en Jésus-Christ dans l'*aula* conciliaire.

Elle fut un témoin caché et qui s'appliqua à le demeurer sans cependant renoncer à quoi que ce soit de ce qu'elle considérait comme une exigence de sa mission. Aussi bien demeure-t-elle pour nous le signe de ce que requiert toute présence chrétienne en monde païen.

C'est presque par hasard que je la rencontrai pour la première fois à Lisieux, en septembre 1941. Je venais d'y arriver avec la charge d'y fonder le séminaire de la Mission de France. Le choix du titre était plein de promesses mais comment les réaliser? Personne ne se sentait qualifié pour le dire.

A un moment où, de plusieurs côtés, on me pressait avec insistance de faire de cette fondation une nouvelle congrégation religieuse, je rencontrai Madeleine venue faire sa retraite en ce haut lieu spirituel. Elle me parla de ce qu'elle essayait de vivre avec quelques amies, sans règle ni consécration particulières et sans souci de durer au-delà du temps d'existence que Dieu leur concéderait à chacune. « Nous croyons que l'Évangile a été écrit pour être vécu et nous pensons que Dieu nous appelle à le vivre ensemble. C'est tout. Et nous ne pensons pas devoir chercher plus loin. »

Cette parole fut pour moi d'autant plus libératrice que je ne me croyais pas du tout appelé à être un fondateur religieux. Et sa signification concrète me fut révélée le jour où je découvris *Nous autres gens des rues* [1]. Ce texte inspira profondément notre effort de formation durant les premières années de Lisieux.

Lorsque le séminaire fut en route, Madeleine vint plusieurs fois parler à la communauté, soit avant, soit après la Libération.

Avant que retentît, à travers toute la France, le cri d'alarme du Père Godin [2], elle nous révéla la profondeur du monde païen qui vit à nos portes ou plutôt au sein duquel nous vivons. « Il y a en France des secteurs qui sont plus profondément étrangers à l'Église et plus paganisés que tout ce que l'on peut rencontrer en Chine ou en Afrique noire », et elle nous fit part de ce que l'expérience lui avait enseigné concernant les exigences fondamentales du témoignage chrétien en terre païenne.

Et puis elle ne vint plus. Pourquoi? — Sans doute eut-elle petit à petit l'impression d'un désaccord, tout au moins d'une dissonance entre notre position et la sienne.

Madeleine Delbrêl vivait d'une foi peu commune; d'une foi qui avait traversé l'épreuve du doute et de l'incroyance; qui, ne s'étant pas refusée à être interrogée et mise en question par l'athéisme, s'était purifiée profondément et fondée sur le roc;

1. Cf. p. 63.
2. *France, pays de mission?* par H. Godin et Y. Daniel, septembre 1943.

d'une foi qui lui faisait trouver Dieu dans le bruit de la rue tout aussi bien que dans le silence d'un monastère, parce qu'elle savait faire en elle des creux de silence; d'une foi qui lui faisait sentir douloureusement entre elle et le monde athée comme un mur de séparation mais qui, en même temps, lui permettait de tout prendre en elle, dans l'amour, pour tout relier à Dieu; d'une foi enfin qui savait accueillir en elle la Parole de Dieu afin qu'elle s'y incarne et se fasse encore entendre au monde.

Guidée par cette foi vécue pendant de longues années au cœur du marxisme, elle savait non seulement d'instinct mais en pleine lucidité comment se situer. Elle connaissait le piège qui menace de façon si dangereuse le chrétien généreux mais peu clairvoyant qui aborde cet univers jusque-là inconnu où il rencontre, contrairement aux affirmations de l'apologétique la plus classique, de beaux types d'hommes, sereins, équilibrés et généreux bien qu'installés dans le paganisme positif le plus radical.

Et elle savait bien que toute sa raison d'être en milieu païen c'était d'abord de manifester, au travers d'actes quotidiens inflexiblement fidèles, que le chrétien n'est jamais seul. Là où il est, là est Jésus-Christ, fils de Dieu et fils de l'homme. La foi l'a greffé sur lui. Toute sa vie semble habitée par cet Autre. Et il en parle comme de son amour, et s'il en parle c'est parce qu'on ne peut pas ne pas parler de celui qu'on aime mais aussi parce qu' « ils » ont besoin qu'on leur en parle. Ils en ont tellement besoin que parfois ils interrogent. « Le jour où notre vie leur a fait découvrir en nous des hommes vrais, libres d'engagements politiques, travaillant et souffrant avec eux, la question se pose pour eux de savoir ce qui nous anime. »

Ainsi était-elle.

Mais la plupart (sinon la totalité) de ceux qui furent embarqués dans les différentes « missions de France » de 1944 à 1954 n'en étaient pas là. Leur foi était profonde, certes, d'autant que pour beaucoup elle était née et avait grandi en vraie terre de chrétienté. Chez certains elle était même marquée d'une note mystique. Mais elle était insuffisamment réfléchie et, d'autre part, structurée dans une théologie élaborée dans un autre temps et pour un autre temps. Ces lacunes, banales en d'autres situations, devaient être lourdes de conséquences.

D'autre part, cette foi n'avait pas traversé l'épreuve du doute, du moins celui que provoque nécessairement la rencontre d'une humanité positivement païenne et qui cependant se manifeste si parfaitement réussie. De ce fait ils n'étaient pas préparés à flairer le piège qui leur était ainsi tendu; d'autant moins qu'ils n'étaient pas alertés à ce sujet. Rares étaient ceux qui avaient fait une semblable expérience. Même ceux qui, dans l'Église, avaient fait entendre l'appel à la Mission et avaient provoqué un éveil, ne voyaient guère le monde dit « païen » que comme le monde des pauvres ou des non-pratiquants. Ils ne connaissaient que par les livres l'existence d'un paganisme positif, celui-là même qu'allaient rencontrer les prêtres ouvriers.

C'est en tenant compte de ces faits que l'on peut comprendre un peu ce qui s'est passé. Tout d'abord, ces prêtres que le Seigneur avait poussés vers cette nouvelle terre de mission furent si impressionnés, dès leur arrivée, par ce vide radical de Dieu que n'accompagnait aucune inquiétude (du moins apparemment) qu'ils n'eurent plus qu'un souci : « Être dedans, bien enfouis afin que, par eux, l'Église soit dedans et y naisse. »

Sans doute leur intention n'avait-elle pas la même netteté que celle de saint Paul. Mais, comme lui, ils auraient pu écrire : « Je souhaiterais être moi-même anathème et séparé du Christ pour mes frères, ceux de ma race » (Rom. 9, 3).

Ils savaient que partout où l'Église se rend présente c'est pour y annoncer Jésus-Christ et rassembler les hommes dans la foi en son nom. Mais au sein de cette masse païenne, la distance leur apparaissait si grande entre la mentalité des gens qu'ils rencontraient et le message dont ils étaient porteurs que le silence leur parut d'abord nécessaire; jusqu'à ce qu'ils soient devenus l'un d'eux et reconnus comme tels; jusqu'à ce que leur comportement dans la vie provoque de leur part une interrogation. Malheureusement, petit à petit, ce qui leur était apparu nécessité pratique et temporaire finit par leur apparaître chose normale. Pourquoi? Effet de l'habitude ou déplacement de leur centre d'intérêt?

Ils savaient sans doute que l'Église c'est Jésus-Christ et que le salut passe par Jésus-Christ présent dans l'Église, mais ils ne savaient pas, et personne parmi leurs supérieurs ou leurs frères ne pouvait leur montrer à partir de faits d'expériences, comment on peut glisser insensiblement de la foi au salut de l'homme par Dieu (agissant par Jésus-Christ dans l'Église) vers la foi au salut de l'homme par l'homme; du souci de la construction du Corps du Christ au souci de la seule libération temporelle. Aussi bien ne virent-ils pas ce glissement s'opérer en eux; et qu'ils n'étaient plus tout à fait dans la foi de l'Église et à son service alors qu'ils croyaient y être encore.

Ils savaient aussi qu'on ne peut coopérer au salut de l'homme qu'en demeurant dans l'Église, donc dans l'obéissance à l'Église, même si cette obéissance vous crucifie. Mais, en ce temps-là, on vivait dans cette atmosphère de remise en question générale qui a marqué toute une génération au lendemain de la Libération, et l'Église (du moins l'idée que l'on doit s'en faire et son mode d'être dans le monde) n'échappait pas à cette remise en question. Et le Concile a montré que ce n'était pas sans raison.

A différentes reprises, dans les pages qui précèdent et dans *Ville marxiste*, Madeleine fait écho à certaines interrogations souvent entendues concernant les déficiences relatives au choix et à la préparation de ces pionniers; et aussi à leur souci trop peu visible d'associer tout le peuple chrétien à leur mission.

Il y a du vrai dans ces remarques, c'est bien évident. Mais si l'on veut être juste et objectif, il faut éviter de les généraliser. La réalité est tellement plus complexe qu'il n'y paraît! Et ce qui fut vrai des uns ne le fut pas de tous.

D'autre part on a beaucoup parlé de cette affaire comme si elle s'était soldée par un échec total. En fait, si on se souvient du choc et du remous produits dans tous les milieux par ces quelques prêtres (une dizaine en 1944 et une centaine en 1954), on doit dire que par là le signe fut donné au monde, manifestant que l'Église est servante des pauvres et qu'elle veut être présente au monde moderne. Et quand on sait de quel prix certains ont payé leur fidélité infrangible à l'Église et ce qu'a coûté à d'autres une fidélité gardée tant bien que mal en des conditions difficiles, on voit à quel point, malgré les apparences, ils étaient engagés dans la voie de la Rédemption par la Croix.

Par contre, ce qui doit nous apparaître avec une clarté aveuglante quand nous nous retournons vers ce passé si proche et qui cependant paraît déjà si lointain, c'est ceci : ces pionniers n'étaient pas prêts certes, mais parce que l'Église dans son ensemble n'était pas prête à assumer la responsabilité de cette aventure missionnaire. Comment auraient-ils pu être prêts alors que l'Action catholique spécialisée n'avait encore qu'un droit de cité très aléatoire? Comment aurait-on pu intéresser rapidement le peuple chrétien à ce type de mission alors que sa mentalité demeurait encore le plus souvent de chrétienté? Alors que pour lui le mot mission évoquait un apostolat en pays lointain, au sein de populations étranges par leurs mœurs, leur culture et leur comportement religieux?

Fallait-il donc attendre? Mais pouvait-on attendre? Tous ceux qui, de quelque façon et à quelque place que ce soit, ont participé à ce drame savent qu'ils étaient tout aussi pressés d'aller vers leur destin que les héros des drames antiques; que se refuser à partir leur eût semblé désobéir à Dieu.

En fin de compte, si le diable s'est manifesté présent à ce carrefour (comme c'est normal chaque fois que se joue quelque part le destin de l'homme et de l'Église), Dieu aussi s'est manifesté présent, au point que certains moments ont revêtu, de façon étonnante, le caractère printanier de la première Pentecôte.

Et s'il faut regretter tout ce qui a été gâché et en assumer tous ensemble et concrètement la responsabilité, il faut aussi admirer la fécondité de cet événement, tant pour les personnes que pour l'Église. Si aujourd'hui elle nous apparaît capable de reprendre à son compte cet aspect si important de sa mission (et cependant si longtemps oublié et délaissé) n'est-ce pas parce que, entre 1944 et 1954, d'autres ont osé courir un tel risque?

Donc, à cette époque, si étonnant que cela puisse paraître aux gens d'aujourd'hui, la position si claire de Madeleine ne pouvait guère être comprise (sinon intellectuellement) de ceux qui pourtant se sentaient appelés à quitter le « monde chrétien » pour rendre l'Église présente au « monde païen » et y agir en son nom. Leur foi — pour des raisons complexes et qui tiennent pour une part aux déterminismes historiques — n'était ni assez solide, ni assez lucide, ni assez réfléchie.

Il n'en reste pas moins que Madeleine avait raison. Maintenant que beaucoup de choses ont été clarifiées, on le voit mieux. C'est pourquoi la publication de ces textes vient au moment opportun. Encore faut-il, pour juger de leur valeur, que l'on comprenne exactement la nature et le sens du message qu'ils nous livrent.

C'est le message d'un témoin de la foi qui vécut toute sa vie d'adulte au cœur même de cette ville marxiste qui lui fut si chère.

Madeleine fut une contemplative. Elle appartenait à la catégorie des « spirituels » pour qui il y a premièrement Dieu (car ils l'ont rencontré comme le Tout, l'Ami, le Bien-Aimé). Et il y a ce dessein de l'amour de Dieu manifesté en Jésus-Christ qui tend à rassembler en Lui toute l'humanité comme les membres de son Corps. Et parce qu'il s'agit de son dessein à Lui ils sont disponibles pour tout ce qu'il veut ou voudra pour que son règne arrive.

Mais cette vie contemplative ce n'est pas dans un cloître qu'elle l'a menée (comme sa sœur Thérèse de l'Enfant-Jésus) ni en ermite vivant séparée des hommes, mais intimement mêlée à la vie de ses contemporains, participant aux soucis, aux responsabilités de ceux qui expriment de la manière la plus authentique les aspirations du monde moderne.

Enfin, à l'encontre de ces « spirituels » que l'on rencontre à toutes les époques en conflit ou en dissidence par rapport à la hiérarchie, elle voulut toujours — tout en étant parfaitement lucide sur son besoin d'*aggiornamento* — demeurer pleinement d'Église (car l'Église c'est Jésus-Christ continué), et dépendante de la hiérarchie (car la hiérarchie est le signe de la présence parmi nous du Christ comme tête du Corps).

Finalement, disons qu'elle fut de la famille de ces spirituels qui, comme François d'Assise, sont suscités par Dieu pour opérer à l'intérieur de l'Église le renouvellement qui lui permette de jouer son rôle de levain dans une civilisation nouvelle; de ces « spirituels » qui savent comme d'instinct (parce que dans l'Esprit) que :

— pour être levain, il faut être dans la pâte (au sein de cette civilisation à transformer, à la pointe du monde moderne à évangéliser);

— pour être levain, il faut être de Dieu (en communion avec lui, disponible à l'Esprit, capable de parler et d'agir dans la force d'en haut);

— pour être pleinement de Dieu et au service de son dessein, il faut être pleinement intégré dans l'Église et soumis à la hiérarchie.

Telle m'apparaît avoir été Madeleine Delbrêl. Et c'est précisément par là qu'elle doit nous intéresser, nous tous que le Seigneur appelle à témoigner de lui au sein d'une civilisation qui naît païenne comme tout ce qui naît au monde. Sa parole comme sa vie nous disent les exigences essentielles d'une telle mission.

Kairouan
août 1966
L. AUGROS

Ouvrages et articles déjà publiés par Madeleine Delbrêl

1927 *La Route* (poèmes), prix Sully-Prudhomme 1926, Éd. A. Lemerre 1927, (139 p.)

1934 *Ampleur et dépendance du Service social*, Éd. Bloud et Gay, épuisé, (48 p.)

1938 « Nous autres gens de la rue », *les Études carmélitaines*, 23e année, vol. 1, p. 32. (5 p.)

« Le service social dans la réalité vivante », *Revue des Jeunes*, 29e année, n° 6, p. 693. (11 p.)

1941 « Notre pain quotidien », vol. *Contemplation* de la collection « Rencontres », Éd. du Cerf. (8 p.)

La Femme et la maison, Éditions du Temps présent, épuisé. (61 p.)

1942 *Veillée d'armes* (*aux travailleuses sociales*), Éd Bloud et Gay. (190 p.)

1946 « Pourquoi nous aimons le Père de Foucauld », *Vie Spirituelle*, novembre, p. 537. (13 p.)

1947 « Joies venues de la montagne », *Études carmélitaines*, 26e année, tome I, page 185. (8 p.)

« Liturgie et Vie laïque », *Cahiers de la vie spirituelle : l'Oraison*. (15 p.)

1949 « Le Bal de l'obéissance », *Vie Spirituelle*, août-septembre, p. 195. (2 p.)

1951 « Diversité et unité de la condition prolétarienne », revue *Esprit*, Juillet-août, p. 54. (9 p.)

1952 « Nous autres gens de la maison », revue *Offertoire*.

1953 « Les Zéros et l'Infini », revue *Offertoire*.

1957 *Ville marxiste, terre de mission*, Éd. du Cerf, collection « Rencontres ». (235 p.)

1958 « Ville marxiste et présence de l'Église », revue *Parole et Mission*. 1re année, n° 3, p. 367. (16 p.)

1959 « Une voix qui criait l'Évangile » (portrait spirituel du Père Lorenzo), numéro spécial de la *Lettre aux communautés* de la Mission de France, août-septembre 1959. (7 p.)

1963 « L'athée existe-t-il? » *Semaine religieuse de Paris*, n° 5705. (6 p.)
« En marge des réactions communistes à *Pacem in Terris* ». *Journal de la Paix, Pax Christi*, juin 1963.
« Les hommes de bonne volonté ». *Journal de la Paix, Pax Christi.*

TABLE ANALYTIQUE

Table

59-139 = 80

213-281 = 68

148

148
4
5,920

AUBIN IMPRIMEUR À LIGUGÉ (6-91)
D.L. 2e TR. 1971. N° 2813-4 (L 37953)

LIVRE DE VIE

1 FRANÇOIS MAURIAC
Vie de Jésus.

2-3 THOMAS MERTON
La nuit privée d'étoiles.

4 FÉLIX TIMMERMANS
La harpe de saint François.

5 JACQUES LOEW
En mission prolétarienne.

6 GEORGES BERNANOS
Dialogues des Carmélites.

7-8 SAINTE THÉRÈSE DE L'ENFANT JÉSUS
Manuscrits autobiographiques.

9 A.-M. ROGUET
La messe.

10 MARCELLE AUCLAIR
Bernadette.

11 ROGER AUBERT
Problèmes de l'unité chrétienne.

12 L'imitation de Jésus-Christ.
TRADUCTION DE LAMENNAIS

13 JEAN GUITTON
La Vierge Marie.

14 ROMANO GUARDINI
Initiation à la prière.

15 SAINTE THÉRÈSE D'AVILA
Le chemin de la perfection.

16 E. B. ALLO
Paul, apôtre de Jésus-Christ.

17 Contes de Noël.

18-19 RAÏSSA MARITAIN
Les grandes amitiés.

20 MARIE DE SAINT-DAMIEN
Sainte Claire d'Assise.

21-22 SAINT-FRANÇOIS DE SALES
Introduction à la vie dévote.

23 YVES DE MONTCHEUIL
Aspects de l'Église.

24-25 BLAISE PASCAL
Pensées (édition LAFUMA).

26 FRANCIS DVORNIK
Histoire des conciles.

27 SAINT IGNACE DE LOYOLA
Autobiographie.

28 A.-M. ROGUET
Les sacrements.

29-30 LOUIS BOUYER
La Bible et l'Évangile.

31 Fioretti de saint François.
TRADUCTION D'A. MASSERON

32 CARDINAL SUHARD
Essor ou déclin de l'Église.

33-34 JEAN-FRANÇOIS SIX
Vie de Charles de Foucauld.

35 JACQUES RIVIÈRE — PAUL CLAUDEL
Correspondance, 1907-1914.

36 JEAN DANIÉLOU
Dieu et nous.

37 JEAN GUITTON
L'amour humain.

38-39 HENRI QUEFFÉLEC
Celui qui cherchait le soleil.

40 H. I. DALMAIS
Initiation à la liturgie.

41-42 JACQUES LOEW
Journal d'une Mission ouvrière.

43-44 Le Nouveau Testament.
TRADUCTON OSTY ET TRINQUET

45 FRITZ HOCHWALDER
Sur la terre comme au ciel.

46-47 DOM CÉLESTIN CHARLIER
La lecture chrétienne de la Bible.

48 JEAN-CLAUDE BARREAU
Annonce de Jésus-Christ.

49-50 JACQUES LECLERCQ
Vie du Père Lebbe.

51 T.-S. ELIOT
Meurtre dans la cathédrale.

52 LOUIS BOUYER
Initiation chrétienne.

53 M.-D. CHENU
Pour une théologie du travail.

54 EMMANUEL MOUNIER
L'affrontement chrétien.

55 LOUIS-JOSEPH LEBRET
Dimensions de la charité.

56-57 DANIEL PÉZERIL
Pauvre et saint curé d'Ars.

58 ROMANO GUARDINI
La prière du Seigneur.

59-60 La Quête du Graal.
TRADUCTION BÉGUIN ET BONNEFOY

61-62 PIERRE TEILHARD DE CHARDIN
Hymne de l'Univers.

63 Récits d'un pèlerin russe.
TRADUCTION DE JEAN LALOY

64-65 FRANÇOIS VARILLON
Éléments de doctrine chrétienne, *tome 1.*

66-67 FRANÇOIS VARILLON
Éléments de doctrine chrétienne, *tome 2.*

68 JEAN-MARIE PAUPERT
Pour une politique évangélique.

69-70 CHARLES DE FOUCAULD
Lettres et carnets.

71-72 RENÉ LAURENTIN
Bilan du concile Vatican II.

73 Récits du temps de Pâques.

74 LOUIS-JOSEPH LEBRET
Action, marche vers Dieu.

75-76-77 MARCELLE AUCLAIR
La vie de sainte Thérèse d'Avila.

78 ROGER SCHUTZ
Vivre l'aujourd'hui de Dieu.

105 BORIS SIMON
Les chiffonniers d'Emmaüs.

106 DIETRICH BONHOEFFER
Le prix de la grâce.

107 MADELEINE DELBRÊL
Nous autres, gens des rues.

108 CLAUDE TRESMONTANT
Comment se pose aujourd'hui le problème de l'existence de Dieu.

109 PAUL TILLICH
Le courage d'être.

110 MARCEL LÉGAUT
Travail de la foi.

111 ANDRÉ MANARANCHE
Je crois en Jésus-Christ aujourd'hui.

112 HILDA GRAEF
Histoire de la mystique.

113 PIERRE TEILHARD DE CHARDIN
Le Milieu divin.

114 SAINT JEAN DE LA CROIX
La montée du Carmel.

115 MARC ORAISON
Le mystère humain de la sexualité.

116 A.-M. ROGUET
Initiation à l'Évangile.

117 MAX THURIAN
L'Essentiel de la foi.

118 C. H. DODD
Morale de l'Évangile.

119 JEAN-FRANÇOIS SIX
Jésus.

120 SIMONE WEIL
Lettre à un religieux.

121 JEAN DANIÉLOU
Les Manuscrits de la mer Morte.

122 UN MOINE DE L'ÉGLISE D'ORIENT
La Prière de Jésus.

123 RÉGINE PERNOUD
Jeanne d'Arc par elle-même et par ses témoins.

27, RUE JACOB. PARIS, VIe